2021
笔会文粹

我也浮过生命海

文汇出版社

辑一

曹景行
我也浮过生命海　3

鲍尔金娜
雪神保佑东北小孩　7

裘山山
年龄这回事　13

舒飞廉
一件"礼物"　20

谢冕
燕巢之恋——我在燕园住过的几所院宅　26

史宁
囤书喜忧　32

唐韧
父母应该去看看孩子的工作　38

顾文艳
存在与时间　42

辑二

陈保平
泉州的神明　49

读史老张
卿云楼外的传说　54

甫跃辉
小历史　61

胡晓明
始随芳草去，又逐落花来　69

单三娅
又到伊犁——王蒙笔下的新疆　74

徐则臣
向南，向西，向西南——重走西南联大之路　80

章念驰
忆学工学农　94

郑宪
总在遥望这工厂　98

辑三

陈冲
也许记忆里最后消失的就是感情和音乐　105

陆正伟
四见夏公　110

沈芸
亲爱的凡尔赛奶奶　119

陶洁
一张合影　127

许钧
师者，勒克莱齐奥——南大学生的"勒爷爷"　134

赵珩
"文化里的胃"——怀念沈公　140

赵武平
满人老舍　145

郑培凯
怀念梅芳　153

辑四

李宏昀
日常生活的奇迹时刻　　161

韩羽
红楼二题,兼谈三国　　168

吴令华
说说《秦妇吟》　　177

吴学昭
"立德立言,酬知酬愿"
——写在《杨绛日课全唐诗录》出版之际　　183

王占黑
蹲着的时候看到的风景　　188

刘慈欣
中国科幻的未来走向何方　　193

陈子善
一个很有趣的国际文化现象　　196

陆蓓容
格高　　200

黄可
张乐平是一座艺术宝库　203

辑五

潘向黎
山阴道上行　213

陈成益
当徐渭遇上天堂电影院　219

谷曙光
"得意缘"——吴小如先生的一篇花笺题记　225

刘摩诃
向彼岸——也说《汉广》与《蒹葭》　233

陆建德
繁体直排　238

南帆
书法是脸面，还是表情？　242

谈瀛洲
"六十岁学吹打"　247

雍容
丹青可久，雅道斯存　252

孙郁
昆曲小识　259

沈次农
沉思　263

辑六

陈思呈
春天里最轻盈的树　269

何频
夹竹桃——南树北移的波折　277

黄开发
校园里的鸟兽　284

吉米平阶
拉萨的北京中路　290

张宪光
喝茶　298

郁土
老而好学，改打长胶　302

路明
老足球　306

张蛰
在城市步行　310

孙小宁
那么好的电影，那么寂寞的电影院　314

辑

一

曹景行
我也浮过生命海

2020年11月24日中午，我从手术的麻醉中一点点醒了过来，最初的朦胧意识中隐约飘现"浮过了生命海"六个字——那是父亲1968年出的一本书的题目。

父亲曹聚仁一生发表了四千多万义字，台湾的李敖先生自认中文写作天下无对手，但就不止一次对我说过："这点上我比不上你老太爷。"

父亲的这些文字中集成出书上百种，若说"著作等身"并不为过。《浮过了生命海》可能是其中文字不多、看起来单薄的一种，却能经常吸引我去翻看几页，尤其在我也浮过生命海的今天。

《浮过了生命海》是父亲1967年重病入住九龙广华医院两个月间记下的文字，出院后继续写录，先作为报纸上他每天的专栏文章，次年成书。他人生第一次能从内里体察一所医院的众生相。

书中写道："我力疾过海到了广华医院急诊部，虽未昏迷，却已瘫痪，但恍恍惚惚，觉得这是一个广华城。崇高的12层楼，组成了一座现代化新设备的大机构……用一譬喻来说：这是大型生命车子的修理厂。"

父亲1950年为全家谋生独自移居香港，一直没生过大病，没进过医院。不料年过六十开始病苦缠身，由轻转重，一年里慢性肝炎扩展到胆囊，身体垮了下来，体重减去60磅（54斤半）之多，瘦剩80几磅的皮骨，不得不进医院动手术。

这也让他有机会摆脱世间繁事息下来，再次思考生与死的人生大问题；上一次应该是在抗日战争中，作为战地记者每天都须直面生死。《浮过了生命海》一半记事，另一半写生死。他说："生、老、病、死，原是人生历程，我这回以65岁的小老头儿进了广华城，在我也是学了人生的一课。""生病的经验……也和坐牢的经验一样，可遇而不可求，原是可宝贵的。"

我比父亲幸运，直到去年73岁才遇上"生老病死"中"病"这个坎。2020年1月31日，完成在日本长崎的拍摄，我与老伴飞回上海。受疫情所困，原来整年周游全球整两圈的打算只得放弃，转为在上海和周边的采访拍摄，因而也有了体检的想法。

香港老人没有什么医保，我们已好几年没做体检了，上次做胃肠镜还是2013年。年复一年拖着，对自己的身体不那么放心，但也没那么紧迫。直到去年8月有机会跟上海长征医院的朋友说起体检的事，马上得到安排。

第一天检查下来大致没事，一些指标偏高已好些年，知道如何对付。第二天一早再去做胃肠镜，全身麻醉。推进手术间刚做胃镜，医生就召唤我女儿进去说发现明显癌变。

就此开始，我的人生出现了重大转折，与癌对抗成为我和家人的头等大事。先化疗四次,再动大手术切除五分之四的胃和周边已扩散的淋巴,伤口愈合后再放疗25次,接着又化疗……

这八九个月间我也第一次有机会从医院里面来观察社会,观察当今医疗体系的运作。尤其是转去上海肿瘤医院作放射治疗期间,恰好遇上那儿确诊一例新冠阳性。那天,我和老伴如果晚两小时离开,就会同整个医院及隔壁的医学院一起被封在里面隔离两周。第二天我们接电话通知去检测核酸,没事,再转去浦东分院继续放疗,春节前夕又转回浦西本院。如此紧急关头医院为我们病患做出最快的安排,不知后面牵扯到多少医护人员的付出。为了补上封院损失的时间,他们春节没有休假,大年初四我完成最后一次放疗。

生癌与治疗,让我第一次直面并认真思考生与死的问题。这时翻看父亲的《浮过了生命海》,会出现一种隔世隔代同他对话的念头,还想写下一些文字,或以"我也浮过生命海"为题出书。

我也浮过了生命海,还在挣扎上岸,过程辛苦,但也很值得。每天都有新的体会,每天都从遭遇到的人和事中获得新的感悟。生命的力量实在顽强,科学的发展已让"带癌生存"变成越来越多人的现实状态,甚至可以"带癌工作"。

最近我们摄制团队与长征医院外科大夫周海洋合作,在网上推出11集视频专题"肠久之计",我以自己的病例请教周医生。作为科普也作为公益,效果不错,已有二百多万的阅读数,在相关榜单上居前。

接着,我与音乐界朋友钱世锦、李青约在上海大剧院,以当年引进音乐剧《悲惨世界》为题,录了一下午节目。与作家陈丹燕合作的项目有点规模,要拍摄到"五一"前后。当然,这期间我还要继续化疗。

治疗让我有机会结识越来越多的癌症患者,还有陪伴他们的家人。我们相互交流,更是相互鼓励和支持。前不久我住院三天做第八次化疗,出院时邻床"病友",一位刚要高中毕业的女孩拖住我合影。我们都笑得很高兴,发自内心的……

鲍尔金娜
雪神保佑东北小孩

北京前天下了今年第一场雪。我在窗外空调上为野鸽子设置的野餐点被厚雪完全淹没。昨天上午鸽子们按时来吃饭,爪子落在松扑扑的白雪上,什么都抓不到,歪头看我,小眼珠转得有点谴责的意思。我就知道。它们飞走了,我等着雪快点融化,好证明我不是个随便断粮的坏人。我对北京的雪反正不是特别留恋,气温在这摆着,再漂亮的雪也留不住。

沈阳昨天下了今年第一场雪。家人告诉我,预告是暴雪,下到后来也确实有了点暴雪的意思。

父亲在小区迷宫一样的雪地里给想要下楼锻炼的奶奶踩出一条细细的小路,然后按照他"逢大雪则浴之"的习惯在雪地的白光下赤膊雪浴,平日不健身的人见了许是要觉得肉疼。我家的黑猫飞龙站在窗下望雪,耐心等我母亲放他去阳台玩。飞龙喜欢雪,站在雪地里也有水墨画的美,然而他对于雪是什么玩意始终想不通,每次出去踩雪,总要时不时回头紧张地盯我母亲，生怕她关窗。看起来是一条黑不隆咚的彪形大汉，内心却是个随时可能晕倒的贵族少女。

朋友说，她的孩子因为雪天停课了，停多少天不好说。我俩感叹，现在的小孩完全不知道扫雪的乐趣。当然，儿童不用在冷天室外做劳力，是社会的进步，我们那时候对于扫雪的异常狂热，多少也有点集体患斯德哥尔摩综合征的特征。可是，现在的小孩不知道"雪停就是命令"这句话对于当年坐在中学教室里的我们有多强烈的吸引力，到底是错过了一点奇幻的经验。春游和运动会当然也令小孩子兴奋，可惜每年都只有一次，因果受制于人，期盼都变得机械化；可在东北冬天，雪神决定解放孩子们多少次，学校根本无能为力。哪怕考试卷子已经拍到桌子上，只要广播一句话，冬眠了一上午的后排同学也会以爽利的直角弹起来。一群人急着抢着出门取铁锹，零下二十度的空气里充满狂欢、不上进、疯疯癫癫的甜味，老师只能叹气。只要不上课，干什么都行，是我们那时候默认的精神理念。以扫雪的苦替换上课的苦，怎么看都合算——对我们来说，在雪里干活就是在雪里玩，守纪律也就是那么回事。怕冷怕感冒，是长大之后才有的属性。

当然，一场扫雪如果真的只是扫雪的程度，那就完了。阳光一照，松软的雪地成了泥汤子，三两下就得收工回去继续上课，对我们来说是最欺骗感情的情景。一场真正让我们打高分的扫雪，灵魂全在于跟梆梆硬的冰坨子作斗争。除冰不是俏活，要出真力气，懂敲、砸、踹的技法，还得结合巧劲儿，更得靠人定胜天的决心。扫雪穿什么无所谓，戴再厚的帽子，睫毛也会冻得一根是一根，看世界全是亮闪闪的重影。挑选铁锹才是真正的讲究：最好用的是短粗杆的大脸铁锹，发力稳准狠，敲打雪壳子如有神助；那些行动缓慢的小孩最后都只能拿到杆子细长,锹面轻飘的破玩意,磕起冰来软若无骨,像小鸡叨米。有好铁锹的同学都不愿意跟有破铁锹的同学挨着,容易被老师认为干活不麻利,看起来也不专业。东北小孩子干什么都讲个有样儿,扫雪也不例外。除非有好铁锹和坏铁锹的同学彼此喜欢,那就没关系了。两个人默默窜到一起,帮彼此铲对方地界上的冰坨子,顺便唠点有的没的:"你冷不?""不冷。""晚上放学去桥洞底下吃炸鸡腿?""我看你长得像炸鸡腿。"鼻涕都冻出来了也不丢人,毕竟是在那样寒冷而脆楞的蓝天下,四周都是咔咔敲冰的声音,说点什么都是秘密,气氛是很好的。

眼看一块一块黑色的柏油马路从白色蛋糕糖霜一样的厚冰块里被铲出来重见天日,形状跟麦田怪圈一样整齐,平润,富有图案美;路过的汽车开得四平八稳,行人不打出溜滑,都是因为我们重新把大地打开了,那种成就感真是有滋有味;更重要的是扫雪从开始到结束,包括中间夹着的打雪仗、男女生打情骂俏、发呆发愣、因为差点被车撞而被老师训斥等种种水分时间,我们每次在校外扫雪分担区里一呆,几小时轻松就过去了,老师想在放学前挤进最后一堂课是万万不可能的。

我记得自己那时候总是在头一天睡觉前就盯着窗外初具模样的小雪花看,心里祈祷雪神不要三心二意,下一会儿就干别的去了。只有经历一晚上苦寒保存的积雪才有导致我们停课的潜力。雪神长什么样,我不知道。我就觉得应该有这么个神,这个神一直在默默保佑着东北小孩,让我们在冬天里能停课扫雪,在冰上骑自行车上下学也不会摔坏脑袋,回家还能吃冻梨。

咱们古代其实有雪神,名叫滕六。滕是跟了周代的滕文公姓,六是因为雪花有六角。尽管有典故,滕六这名字还是很有街头江湖味,不知道还以为他的父母怕孩子不好养活,起名时故意漫不经心。唐人小说里的滕六,做事也符合名字的气质。刺史要上山打猎,忠厚长者祈求降雪以救群兽。也是这么个微妙的点上,滕六写信告知长者自己丧妻,长者听话听音,赶紧找狐狸抓来一个美丽娘子,进贡上去,滕六马上就施法下大雪。这么听着,滕六似乎是个任性,没什么原则的孤独男子,关心的事情跟河神差不多。怪不得古代文人雅士都不太搭理滕六,神灵接地气可以,但应该有个度。

希腊神话里的雪神是喀俄涅,北风神玻瑞阿斯与山风女神俄瑞堤亚之女。也许跟古希腊的地理环境有关,她爸妈就没什么权势,生了个孩子,更没什么好果子吃,只能掌管晦涩的雪界,在奥林匹斯山的名利场上当个边缘人物。关于她的传说只有一个,读起来也老套无趣——喀俄涅与海神波塞冬偷摸恋爱,有了孩子,因为怕父亲发现,便把儿子欧摩尔波斯丢进深海,被波塞冬救下,完。听起来是个屈服父权,胆小怕事的女神,而且智商也不太高的样子——明知道情人是海神,还把儿子丢进深海。除非她是故意让孩子活命,宁愿自己背负恶名,那又是另外一个故事,但依然是母性本位的神,歌颂起来全是传统的空虚。她这个儿子长大后也没什么本事,故事到这儿也就没了下文。

北欧神话里的冰雪女神叫斯卡蒂。地位高,本事大,文武双全,是不好惹的独立女性,结过两次婚,在神话里不多见。后世有许多讲她的童话,新近也有了拓展人物的动画片。如今许多人一说起北欧冰雪女神,印象都跟着艾莎走,虽然也是勇敢无惧,但到底是迪士尼的公主,滑溜,俏皮,大眼睛,能歌善舞,重点还是漂亮。面目模糊的斯卡蒂被推到更远的地方去了。而且也许是因为距离遥远的缘故,我依旧觉得这个北欧雪神没签证,大概率不会中文,掌管不到我们生活的地界。

我想的雪神一定是个本土神，而且生活在东北的天上，但不是滕六。和一个插画家朋友说起我的想法，她问这个雪神是外表冷酷内心温柔的帅哥吗？我说不知道，建议她画出来我们看看。老实说，我也不知道为什么，想来想去，我心里最靠近雪神形象的其实是个素人，名叫王爷爷。

王爷爷是我小时候认识的一个老爷爷，住在我姥姥家院门口的收发室里。我小学时每天跟表妹一起在姥姥家吃午饭，有时候也吃晚饭，放学后总爱去王爷爷的小屋停留一会儿。我七八岁的时候，王爷爷看起来就一百多岁了。小孩子看老人总是这样，对岁月的法术谈不上敬畏，也谈不上恐惧，与老人交流时糊涂随意，倒最容易建立平等的友谊。王爷爷的屋子小，站三个人都嫌挤，屋里有条窄炕，没窗户，没家具，装雪花啤酒瓶子的塑料箱子摞在一起，随便放放东西。墙上糊着报纸，房顶悬着一个暗淡的小灯泡，房子里面一年到头都是夜晚，像个神秘的纸盒子，对我们院子里的小孩来说有种难描的魔力。我们也喜欢神秘小屋附送的王爷爷，他对小孩子永远和善容忍，随我们玩逮人时在他的小屋里跑进跑出，无聊的时候坐在他炕上碰碰这个，抓抓那个，乱翻报纸；而且他虽然住在家门口，收发报纸和啤酒瓶子的同时也算半个门卫，却是一个与我们的现实生活毫无关联的人，从不问我们作业写没写完，在学校是几道杠，长大了想不想当爱因斯坦和牛顿。虽然他没什么好吃的招待我们，但偶尔有橘子，就扒橘子给我们吃，再把橘子皮放到小煤炉子上烤。屋子里的味道立刻清爽芬芳，小煤炉里冒出来的热乎气比谁家的暖气都更管用。于是，冬天里，我和表妹格外喜欢去王爷爷的小屋串门。有时候根本不说话，就看着王爷爷读报纸，或是看他在屋外的银杏树下弯腰扫雪，一边思考他有着怎样神秘的生活。王爷爷老了还是个大个子，长得也好看——至少是在小孩子眼里，在一百多岁的老人们当中，他算是挺精神挺好看。小学毕业后我就再没见过王爷爷，他是哪年去世的我也不了解。不在人间的王爷爷是不是比滕六更配当雪神，这不好说。我所见过的王爷爷掌控的最大权力也只限于报纸、啤酒瓶子和自行车库。就算我投票选他当雪神，大概别的东北人也不能同意——王爷爷算老几？可是，长大后每一次在电视上看到重播《绿野仙踪》，多萝西的房子被龙卷风吹到天上那一幕，我总是立刻想起王爷爷的小屋；每逢东北下大雪，我在某种特定的心情里也总是会想起王爷爷，想起他跷着二郎腿坐在温暖的小煤炉边上，守护着一群还没玩够，不愿意回家吃饭的小孩。我觉得他比滕六可爱。

　　北京的雪如我所料，融化得很快。野餐盘里的雪被太阳晒干了，我重新倒了一大碗鸽子粮在里面。鸽子们很快就回来吃饭，看出来饿了，互相抢食时骂骂咧咧，不到十分钟就空了盘。吃完饭，它们把屁股对着窗户晒翅膀，之前的不愉快就跟没发生过一样。

　　沈阳的雪也终于下完了。看朋友圈里的照片，雪人人口激增，一夜间站满大街小巷。胖的、瘦的、戴帽子的、没戴帽子的、抹了腮红的、脸色苍白的，不管长什么样，看起来都可爱——都是被温柔的人凭空造出来的生命，而它们的生命长度在阳光下又那么不可预测，看一眼是一眼。

2021.11.10

裘山山
年龄这回事

前年我去某地采风，是一位认识的作家邀请的。我一个人坐动车抵达，走出车站后东张西望，没看到想象中接站的人。于是便发微信给那个作家：请问接站的在哪儿呢？信息刚发出，就见前面一个头发花白的男人和一个年轻女士一起回过头来。男人问，你是裘山山？我说我是。他愣了一下，一言不发，接过我的箱子就往前走。我马上明白了，他就是那个作家。

说来我们有一面之缘，上世纪九十年代初曾同台领过一个文学奖。但是刚才，他没有认出我来，我也没有认出他来。近三十年的岁月横亘在我们之间。我很抱歉地说，不好意思我没认出你来。他依然无语，我继续抱歉说，我变化太大了，你也没认出我来吧？他摇头叹息，那一声叹息比说什么都清楚了。他身边那位女士明白了他的意思，打圆场说，我觉得裘老师很年轻啊。他终于按捺不住，痛心疾首地说，不，她完蛋了。跟着，他马上又补了一句：我也完蛋了。

我忍俊不禁,几乎要笑出声来。甚至后来的几天,我一想到这句话就想笑,此刻写到这里又笑了。我真的一点儿也不生气,反而觉得这个率性的人太好玩儿了,这句"完蛋"太有意思了。真话有毒,有毒也很可爱。

很多时候,我们见到很久没见的朋友,都会说些善意的谎言:你怎么一点儿没变呀?或者,你越来越年轻了。即使彼此心知肚明,依然不乏真诚。可是这位先生却心口如一,非常坦率地表达了他的心情,失望,伤感,痛惜,无奈。随后他又补了一刀:你不知道当年她是多么鲜白。"鲜白"这个词也不知是否他的独创,反正和"完蛋"一起让我刻骨铭心了。

不过我得说,我也挺委屈的。我是完蛋了,可我并没有做错什么呀。谁能架得住近三十个春秋的磨砺?谁的生命是随时可以更新的App?看看连那些靠脸吃饭的演员都无法让自己一直鲜白,何况我这个成天面对电脑的文人。我觉得我已经很不易了。莎士比亚在他的十四行诗里慨叹:四十个冬天围攻你的容颜,在你的脸上挖掘沟壑(大意)。何况已经围攻了六十个冬天。

写到这儿我又忍不住乐了。

其实在年龄这个问题上,人们还是需要善意的谎言的,超级需要。有时候某人告诉我他(她)的年龄时,眼神充满期待,我就义无反顾地说:哎呀简直看不出来,我还以为你只有四十多(或五十多,根据实际年龄减去十到二十岁)。对方立即笑逐颜开,心情大好。这种张嘴就能做的好人好事,要多做。咱们就把心口如一留到别处吧。

古人就如此。你看古人对年龄的定义,不但很文学,还很人性化。二十弱冠,三十而立,四十不惑,五十知天命,六十耳顺,七十古来稀,八十杖朝,九十耄耋,一百乐期颐,都是拣好的听。倘若都实话实说,三十发胖,四十脱发,五十眼花,六十记不住,七十睡不着,八十听不见,九十走不动……那岂不是太让人悲观了,还是得把"福如东海,寿比南山"这样的祝福传承下去。

如今人们对年龄越来越在意了。过去是女人谈,现在男人也谈了。其热度仅次于挣钱和减肥吧。也许是日子过好了,有条件在意了;也许是职场对年龄越发苛刻了,我曾看到一家公司,要"辞退34岁以上老员工";再也许是媒体太敬老了,常常看到些让人哭笑不得的表达,比如,这位八零后的大叔告诉我们,或者,五十岁的张大爷说。

自然,也对应出现了很多鸡汤文,努力安抚着人们对年龄增长的忧虑。什么年龄只是一个数字,只要心不老就永远年轻。什么每个年龄段都有每个年龄段的精彩,不必在意岁月的流逝。还有,天增岁月人增寿,这是自然规律,等等。

我也写过类似的,我老了说明我没有英年早逝。但尽管所有的道理都明白,也无法坦然面对。有一次坐机场大巴,忽见一男人招手给我让座,机场大巴从来都是人多座位少的,居然还给我让座。我大惊,难道我已经老到一眼就能看出来的地步了吗?正尴尬时,听见他喊了声裘老师。原来是熟人。大松一口气,然后觉得自己太可笑了,太没名堂了,对年龄竟如此过敏。可是,这就是真实情况。

其实就算你全力以赴地折腾,成功地向世人掩饰了你的年龄,你能向自己掩饰住吗?你自己身体的变化自己最清楚,热情的消退,疲倦的滋生,睡眠的减少,食欲的下降,等等。纸是包不住火的,真相总会脱颖而出。

我发现,随着年龄的增长,在称呼上是节节升高,在感觉上却是节节败退。以四川话为例,通常是从小妹开始,小妹,大姐,孃孃,婆婆,太婆。越高越难受。一开始无法接受人家喊大姐,后来无法接受人家喊孃孃,现在连婆婆也不得不忍受了。

每个人都不想在年龄上摆谱,尤其是女人。倘若碰到一个年纪相仿的人叫了一声大姐,马上就追问,你哪年的?你几月?表情严肃到像来办案的同志。如果对方果然比自己小,便悻悻作罢。一旦对方比自己还大,心里那个懊恼,别提了。

男人也一样。我认识一朋友,名牌大学老师,善短跑,年年参加校运动会,年年拿名次。有一年参赛前,却怎么也找不到自己名字了,去会务组问,会务组说,哦,某老师,你分到老年组了。那年他刚满五十,他自己一点感觉都没有,怎么就,就老年组了?他拂袖而去,从此不再参加运动会。

还有一朋友,退休办了老年卡,一上公交就响起清脆的一声:叮咚,老年卡!满车厢都听见了。他愤怒地说,这公交卡太不人性化了,老子不用了。

这样令人捧腹的例子很多。

老是不知不觉到来的,脚步很轻。比如你忽然意识到,你说话和举止跟母亲越来越像了;比如重阳节一大早你就收到了祝福;比如你一看到黑白照片就凑近看,总以为里面有自己;比如你一听人家说身体不适,马上就巴拉巴拉告诉他(她)该怎么做;还比如你时不时就会遇见一个阔别几十年的朋友,时间久到像是上辈子。

你感觉日子越过越快,好像咕噜咕噜往下滚。因为前几十年你在爬坡,费力费劲儿,自然慢。五十岁以后,或者六十岁以后,不管有没有抵达你预设的山顶,都开始放松了。一放松自然下坡。下坡省力,肯定就快。叮咚一声,就有了老年卡。

那年有个记者采访我后写了篇稿子,估计写之前去查了我的资料,故开篇第一句就是:下个月就是她的生日了,这个生日对她来说有些残酷,因为那一天意味着她跨入六十岁的门槛。他写完发给我过目,我当即就把"残酷"两个字改成了"特殊"。我真的不是为了我自己,是为了广大人民群众。你想六十岁就言残酷,那七十岁的人怎么办?五十岁的人还往不往前走?从用词看,显然他比我还怕老。

当然,六十岁的确是个坎,坐实了老年这把椅子。现在长寿的人多,活两个半百已不稀奇,但活两个甲子还是少见吧?这预示着,你的生命的确已过去大半了。不然,为什么那么多文人墨客会在六十岁时写诗作赋呢?

我所知道的比较著名的,是郑板桥六十岁写的对联:

上联为:常如作客,何问康宁,但使囊有余钱,瓮有余酿,釜有余粮,取数叶赏心旧纸,放浪吟哦,兴要阔,皮要顽,五官灵动胜千官,过到六旬犹少;下联为:定欲成仙,空生烦恼,只令耳无俗声,眼无俗物,胸无俗事,将几枝随意新花,纵横穿插,睡得迟,起得早,一日清闲似两日,算来百岁已多。

真是太赞了,难怪流传至今。我对照检查,和郑大师有一些相似之处,比如囊有余钱、釜有余粮、瓮有余酿也不难。他是睡得迟起得早,我是睡得迟起得迟。大家还都有"几枝随意新花",他可能是自己折的,我的是买的。但"五官灵动胜千官"差得很远,"耳无俗声眼无俗物胸无俗事"更是达不到,毕竟不是大师。

当然,能达到郑大师境界的肯定是少数。多数人都会在花甲之时生发出种种遗憾。比如我父亲,六十岁时给自己写了首《六十自寿》,开篇就是"六十光阴瞬息过,学书学剑两蹉跎"。他是一个穿军装的工程师,故出此言。在我看来,他一辈子那么辛苦,那么努力,也小有成就,怎么到了六十岁这天,还是会发出这样的感慨呢?

不过我倒是悄悄咪咪就过了。一来不会写诗作赋,二来不希望惊动(告知)更多的人。

认真追究起来,人们在年龄上是存在着悖论的。成天说怕老,不想老,可是细想,你所做的一切努力,锻炼身体,控制饮食,吃保健品,坚持体检,参加各种有益于健康的娱乐活动,等等,不就是为了让自己一直活着,活成一个老人吗?

既然如此,干嘛不理顺呢。何况活到老并不是件容易的事。

最近我在朋友圈看到老友们聚会,其中一位已然是大爷模样了,头发花白,眉目沧桑,想当年他可是出了名的帅哥。可是我一点儿也不觉得伤感,反而很高兴。因为,他终于走进了老年。若干年前遇见时我看他脸色差,问他是不是身体不好,他自嘲说:能好吗?喝了一卡车的酒,抽了一卡车的烟。果然,他生了大病,动了大手术。但现在,终于挺过来了。老归老,气色好。下次我若见到他,一定要给他敬一杯酒,祝贺他终于活成了老头。

年龄大了肯定有诸多不好,要忍受自己变得越来越难看,要忍受身体经常出毛病,还要忍受失去越来越多的亲朋好友。可是,当你这么一想时,会发现比之第三,前两条(自己的衰老)算不了什么了。

这算我的鸡汤文吧,或者不好喝,算药汤。

岁月是什么？我不想说它是杀猪刀，是镰刀吧。它一茬一茬地收割你的生命，先是童年，而后青年，而后中年，而后老年，而后连根拔起。它无比锋利，不管你的稻穗是大是小，不管你的年成是好是坏，时候一到就开镰，决不手软，无一例外。饱满的，不饱满的，统统都离开生命的田野堆进了大谷仓，不再享受日照，享受雨露，享受肥料，享受深情抚过的阵阵清风。只能眼看着新一轮的稻子茁壮成长起来，在你曾经站立过的田野里招摇。

面对这样的结局，你所能做的，就是能享受的时候尽情享受，无法享受的时候，祝贺自己，终于在经历了无数个风霜雨雪后，成为一粒成熟的稻谷。

肯定还是觉得不甘。

那你也可以重新成为种子，继续生长。你也可以继续上坡，坚决不下坡。这个不归老天管，归你自己。

我特别羡慕那些埋头事业完全忘记自己年龄的人，快然自足，不知老之将至。像九十岁的科学家袁隆平，九十岁的超模卡门，还有年逾九旬的导演伊斯特伍德，夕阳红也是可以亮瞎眼的。

我也特别敬佩那些敢于重新出发的人，在人生的晚年，掉过头来做年轻时想做而没做成的事。读书，写作，旅行，绘画，唱歌，练健美，甚至创业……让自己的生命继续延伸，闪亮，甚至下半场比上半场打得更好，一辈子当两辈子过，不把年龄当回事。

"不要温和地走进那良夜，老年应当在日暮时燃烧咆哮。"借英国诗人狄兰·托马斯的诗句谢幕。

完稿于2021年立春

舒飞廉
一件"礼物"

我在村小学读四年级。这年暑假，在嘉鱼县做泥瓦匠的父亲，收到我替母亲写的信，搭长途车回家割早稻。他在门口楝树荫放下行李网兜，身后跳出来一个城里孩子，男孩，斜睒着眼睛，头发比我长，穿着崭新的黑皮凉鞋。父亲介绍说这是他们建筑队队长的小孩，放暑假，托父亲带到乡下玩，与我同龄，也属虎，他的名字叫黑黑，其实长得并不黑。对，像鲁迅《故乡》里的故事，只是在这里，由城里下乡度假的小孩不是我，我的角色是闰土。

虽然不在东海之滨，我们江汉平原也是种瓜的。这时候，西瓜已经长过了拳头大，鼓出"洋辣子"一般的纹路；有一种本地的香瓜，嫩黄色的皮，折褶厚实，内瓤也已变甜变软；一种叫"洋糖罐"的小白瓜，刚由外地引进来，也可以尝尝看。第一批挂枝的西红柿，嘴尖尖上也开始发红了，我们盼了一个春天的高粱秆，挂上穗，扬了花，可以砍倒当甜水秆吃了，刚刚结出来的棉桃，甜甜的，也可以打牙祭。我们领着这位城里来的小朋友,光脚板光上身汗津津地在田埂上跑,用田野来请客。自己家种的,慷慨地献个宝,不是自己家的,悄悄弄一点给黑黑也没事,我们村里也有"六一公公"啊,他们看到穿着海魂衫、皮凉鞋,兴冲冲跟在我们身后的城里娃,也会摆手说:"好好的摘,不碍事。"

　　要是那时候我像现在这样,熟读了鲁迅的书,说不定,也会在明月夜里,屏住气,用粪叉去抓一只猹,装笼子里给黑黑玩玩。没有猹,田野里兔子、刺猬、黄鼠狼也还是有的,我不怕它们。但那时候,我着迷的,还是摸鱼与抓鸟。爬到枫杨树心的枝桠上,就可以由上往下看喜鹊搭好的井井有条的窝,窝里摆着好几枚鸟蛋,又光滑又好看,但最好不要将这些鸟蛋掏走,喜鹊们是出名的护崽与记仇。麻雀会衔来稻草,将窝搭在屋瓦下面,由屋檐下的砖洞就可以摸到,再深些,还可以触碰着肉乎乎的刚孵出来的小麻雀。真要捉麻雀的话,得晚上打着手电筒去杉树林里,手电筒的光柱打上去,它们就像被施了定身法,可以像石头一样,捡到蛇皮袋里,这样照青蛙也是可以的。我们去砍竹子做钓鱼竿,从来村里摇拨浪鼓的货郎那里买到尼龙丝与有倒刺的鱼钩,将牙膏皮捶成坠子,折大蒜秆染靛做浮标,挖红蚯蚓做鱼饵,一大早去村东的池塘里钓鱼、钓虾;如果是遇到下雨天,天边的云山倒掉了,满天都是乌云,打雷闪电,化成倾盆大雨落下,稻田放水,每一条田塍都水流如瀑,每一条水沟都浩浩汤汤,我们取出小抄网,到处去捞鱼虾泥鳅鳝鱼。黑黑高高兴兴地跟在我们屁股后头,他跟着学,只是笨手笨脚。要是考试不考数学、英语,而是考摸鱼与抓鸟,该多好啊,我们读书就不会比不上城里孩子。夏天的太阳毒,黑黑晒得又黑又红,他不以为意。父亲看到,也很高兴,因为他请假回来的时候,黑黑爸爸嘱咐过,就是要让黑黑下乡,当一个小知青,晒得像面酱一样黑。

撒一把白米，用木棍支起一面小筛子捉鸟，这个办法我也会，我还会支起一块木板来抓老鼠，但这些游戏是找不到伙伴，一个人无聊时，自己玩的，没有什么意思。现在是暑假啊，大家不上学，作业也不多，不用赶忙，我们全村的孩子，当然要聚在一起，结伴好好玩个痛快。跳绳，跳房子，拍烟盒子，弹玻璃珠子，抓石子，踢毽子，滚铁环，扳住一条腿蹦来蹦去斗鸡，赶在电视机与互联网还没有哄骗、统治我们之前，我们发明了无穷无尽的游戏，足够让我们不知不觉玩到天黑，天黑了也没有关系，吃了晚饭，继续出来玩。凉风吹来，树叶哗哗响，不用扇扇子，月亮明晃晃的，也不用点灯，每一条村巷都树影珊珊，通透如同龙宫。我们玩"闯麻城"，一群孩子紧紧地手挽手，由一个孩子冲过来，将手拦起来的"城池"撞开，黑黑是客人，当然被要求来"打城"的次数最多。我们玩捉迷藏，胆大的孩子会躲到打稻场上的草垛里，打稻场边的棉花地里，黑黑一时还摸不到门路，自然是像将头拼命往沙子里钻的鸵鸟，一下子就会被发掘出来。最后的压轴戏会是"打仗"，我们由电影《小花》里改编过来的"大型真人秀"。一伙人分成解放军与"白狗子"两大派，分别从树影与墙角里冲出来"巷战"，枪是我们用芝麻秆扎成，或者用杉树枝刻出来的，"子弹"也应有尽有，这时候，枫杨的翅果与楝树的球果，一掳就是一把，塞满了我们的每一个口袋。"打仗"的规则是，只要被对方掷出的翅果或球果打中，哪怕只是碰到衣角，你就必须捂着胸口，乖乖地扮死下线。这个时候，黑黑会被推选成为解放军的"排长"，除了我们对城里孩子的"迷信"之外，还因为他的确有一把能够打响火炮的玩具枪。

黑黑随身带来的玩具还真不少。文具盒被姐姐妹妹、春娥翠娥她们看了又看，好像那里面藏着爱丽丝的仙境，这也太娘娘腔了，没啥。

文具盒里的自动铅笔,一按就可以吐出笔芯,这是懒人的装置,用处也不大。几本小人书,都崭新崭新的,不像我们的小人书,皱巴巴像由奶奶的腌菜缸里掏出来似的,他一个人翻看,我们每一本小人书,可是要被全村的小伙伴轮流看几百遍的。玻璃珠的花色比我的也多一些,这没关系,下次提醒货郎大叔进货时多挑一些就好。有一些新鲜的香烟盒子,看样子下次我们沿着京广铁路线捡香烟盒子时,要尽可能地走得更远一些,沿着小松树林走到保光村。但这把玩具枪太好了,它的枪架是用乌黑的粗铁丝扭成的,枪托与枪杆上一圈圈缠着细密的铜线,枪身用自行车的链条贯连起来,一共九节,扣动扳机,撞针就会被橡皮筋拉动,高速穿过链条串的孔洞,撞向前端的螺帽,螺帽的臼窝里刮入火柴梗头的火药,越多越好。黑黑说这叫链条枪,是他爸爸给他做的,他爸爸之前做过钳工。

我们的木头枪、芝麻秆枪虽然做得也惟妙惟肖,但它们是没有灵魂的。黑黑的链条枪会打火药,被击发后,发出啪的一声巨响,硝烟缭绕,气味令人陶醉,枪身也是热的。他的枪是活生生的,无限接近于"真枪"。我们搬凳子去宝伟家看《射雕英雄传》,丐帮的伙计们在电视里抢夺的"打狗棒",就像后来《倚天屠龙记》中的"屠龙刀"与"倚天剑","宝刀一出,谁与争锋",大概就是黑黑的链条枪这个样子。黑黑当排长,指挥着他的小分队的时候,我们修改了游戏的规则:只要听到枪声,闻到硝味,就应该哎呀一声,捂着胸口乖乖下线。

朝云暮霞,蝉声如雨。时间飞逝,转眼就是一个月,父亲割早稻,栽秋秧,搞完双抢,就得拎着行李网兜返回嘉鱼县的工地,黑黑也要跟着回家。我躲在灶屋里,接替妈妈烧开水煮猪食,不敢去楝树底下送他们。我还没有告别的经验,不知道怎么办。妈妈走进来,看到我眼睛红红地坐在灶前的木凳上,还以为我被烟熏到,或者是被浮萍麻痒到了手与眼睛,她高兴地说:"这个小崽子走得好,再不会糟蹋我的火柴了。"晚上我闷头闷脑,一个人在木盆里洗澡,掀开蚊帐,爬上床睡。过去的一个月,我睡在床的南头,黑黑睡在床的北头。我去收起他的枕头,发现枕头下面,放着那把链条枪。

是他收拾行李时,忘记了吗?他的文具盒、小人书、玻璃球,都收拾得干干净净,没有一点踪迹,好像他从来没有来过我们村、我们家。是他想将链条枪送给我做礼物吗?我不太相信,谁会把屠龙刀送人呢?他也没有跟我提过,一次都没有,每天晚上,他都将枪擦得干干净净,这是他喜欢的东西。我要给父亲写信,求他替我问问黑黑吗?在父亲回信的空当里,我要拿着它去参加小伙伴们的打仗游戏吗?他们会认为这是黑黑的礼物,还是我偷偷将人家城里孩子的玩具藏了起来?窗外依旧是明月如水,青蛙打鼓,帐子外蚊声如雷,我在帐子里翻来倒去睡不着,激动、兴奋、羞耻、喜悦,一浪一浪席卷着我。

第二天早晨,我没有跟妈妈讲,悄悄将黑黑的链条枪藏在床头垫絮下的稻草里。我决心照着它的样子,自己做一支链条枪。那一年的秋天与冬天,我都在筹划这件事。偷偷地从我家的自行车链条上取下来三节链条,帮同学扫地,求他们从自己家的自行车上取一节链条给我,自行车的长链条,取下一二节,问题不大的。周末步行去镇上的供销社,买《少年文艺》《儿童文学》《故事会》的同时,也找同样型号的铁丝与铜丝。晚上我在煤油灯下写完作业,就掀开垫絮,对着黑黑的链条枪,用父亲留在家的钳子与锤子,来组装我这些由各处搜罗来的零件。

我已经不记得这个秘密工程的结果了。就像爱因斯坦的小板凳,我那支DIY的、笨拙的、充满了工业风的、蒸汽朋克的、乌托邦的链条枪研发完成没有，有没有祸害到妈妈灶屋里的火柴，我已经全无印象。我没有长高多少，上学的成绩，却好像忽然变好了，先是语文，接着是数学，再到初二初三的物理化学，老师摸着我的头说，你有希望吃上商品粮，做一个城里人。

于是我就走上了成为城里人的不归路，抱歉诶，没有成为闰土。

2021.05.29,武汉

谢冕

燕巢之恋
——我在燕园住过的几所院宅

筒子楼"万家灯火"

上世纪五十年代中期落脚燕园,不觉已过了一个多甲子。其间有五年时间住学生宿舍,分别是十三斋、十六斋、二十九斋、三十二斋。当年北大宿舍都叫斋,斋者,书斋之谓也,这称呼很雅致,听起来仿佛飘着淡淡的书香。后来,斋统统改成楼。这一改,原先的一点文气消失殆尽了。与此同时改名的,还有燕京大学初建时命名的湖边七斋。这七斋,分别是德、才、均、备、体、健、全。后来这些斋,也通通变成了"楼"——红一楼、红二楼,一列数字排列下去。

所幸燕园周遭的那些前朝留下的园林,除了上世纪六七十年代有过短暂的"新命名",大抵还是保留了原有的园名。因为我在北大工作的时间长了,许多旧园,也都住过,也都是沿袭旧名。需要解释的是,前述的斋中,多数都是学生宿舍,唯有十六斋例外,是改造了用以接纳新工作职工的"婚房"。新中国成立初期,学校大发展,新职工结婚后没有住房,临时改学生宿舍予以安置。十六斋即其中之一。二十世纪六十年代,我刚毕业,结婚,生子,没有家属宿舍,也在这里"筑巢"。十六斋二楼的一间十二平方米的房间,成了我在北大最先的家属房。

十六斋位于校中心著名的三角地。楼三层,一家一间,平均分配。没有厨房,也没有单独的卫生间。楼道即是厨房,那时都烧煤,各家门前安放各自的煤球炉、煤饼、厨具、拖把等等,也都在门边安家。每个楼层有一间"公厕",校方规定,一、三层为男厕,女厕在二层。那时条件如此,大家也都满意,因为毕竟有了一个"窝"。今天看来"不可理喻"的,当时却是寻常。记得当时成为邻居的,有校工厂的工人,有校医院的医生护士,更多的,则是刚毕业参加工作的年轻教师。依稀记得,罗豪才、沙健孙,可能还有王选,都住过。

楼道成了厨房,早晚生火,烟熏火燎,菜香飘扬,甚是热闹。邻居久了,彼此熟悉,南方人北方人,口味相异,各做各的,每日似乎都在进行厨艺比赛。时有美食,亦曾彼此分享。葱蒜油盐,缺了互通,如同一家。居间狭窄,互谅互让,少有龃龉,毕竟是读书人。这样的日子,有好多年。我的儿子谢阅在此诞生,当时妻子在读王瑶先生的研究生,要做学业,更请不起保姆,就把岳母请来照看孩子,一间房竟住进了三代人!一晃,也是三四年。苦是苦,也有难得的欢愉。

朗润园旧日烟景

我有属于自己的宿舍是六十年代中叶的事。那时,沿朗润园湖岸盖起了六七栋宿舍楼。楼高四层,分配我住的是十二公寓二层一间房。一个单元共四间房,一下子住进了三家人:化学系一家三代人,住一个较大的套间;我们已有孩子,住朝阳的一间;地球物理系一对年轻夫妇,住朝北的一间。一个单元总共约五十平方米,共用一个厨房,共用一个厕所,记得有一个没有热水的淋浴设备,也是三家共用。这次乔迁,我们终于告别了"万家灯火"的筒子楼。虽然依然窄狭,做饭,洗浴,特别是如厕,都要"排队",邻居一个小孩,喜欢在厕所"引吭高歌",我们也要耐心等待。困难,却总算是有了一个相对封闭的自我空间了。

朗润园位于燕园北,属于后湖地区,是前清旧园。山间有亭,也是旧物,记得还有恭亲王奕䜣的题额,这里有皇亲贵戚的别业,亭台楼阁,皇家气派,特别是临水的美人靠,让人喜悦。朗润园是一座四水环绕的岛,西山那边的水流经挂甲屯,注入朗润园,这一带因之顿现湖光山色的美景。明人米万钟有诗曰:"更喜高楼明月夜,悠然把酒对西山",应该是此地当日风景。

我入住朗润园不久,吴组缃和陈贻焮两位先生也成了我的邻居。不过,他们的住房比我宽敞,是独住一个单元。与我比邻的,还有季羡林、金克木、季镇淮等先生。他们和我一样住的是新盖的公寓。令我特别羡慕的有两家住房,一家是温德先生,美国人,单身,终生都住燕园。温德先生家是一个半四合院,温住正房,厢房住着中国佣人一家。温先生不仅是一位学者,还是一位营养学家,他在院里种了许多鲜花和蔬菜。温先生九十岁还骑自行车,还能在游泳池仰泳。

另一家则更美,是孙楷第先生家。前面我说过朗润园是一个岛,孙家更绝,独占了一个岛中之岛。几间平房,前后树林,亦是四面环水,宁静如村居,有小木桥通达。上世纪某个年代,消息传来说,现任教授可以自费修缮入住,我和一位同事,曾动念两家合资修缮此岛,终未如愿。梦想成真的,倒是后来我主持北大诗歌研究院,在当时校长周其凤和校友骆英的全力支持下,在濒临孙楷第小岛左近,盖了作为诗歌研究院办公场所的采薇阁。我为此写过《采薇阁记》,并以石铭之。

蔚秀园听十里蛙鸣

燕园是北大现今校园的通称,它的基本版图是原先燕京大学的校园旧址。当年司徒雷登校长为建校多方奔走,筹募资金,斯园始成,令人铭感。北大入驻燕园之后,燕大原先的规模跟不上现实发展的需要,于是有了在附近园区寻"空地"建房的思路。朗润园沿湖的楼群即是开端。事情到了七八十年代,这种思路就延展到了此刻的蔚秀园,也包括嗣后的镜春园和承泽园。一切也如朗润园一样,在湖边找"空地"建房。这样一来,原有的园林格局毁坏无存,而受益的却是我们这些渴求"蜗居"者。

蔚秀园原先的主人不可考,可以确定的是非一般的人。此园正对着如今北大的西校门,中间隔着当日由西直门通往圆明园的御道,如今也是由北京城里去往北大、清华、颐和园和香山的必经之途。蔚秀园呈现的也是一派旧日皇家园林的气象,它的特点是在当日京畿的郊野造出迷人的水乡烟景。园内溪流婉转,有山,山间有亭;有水,水上有桥;有岛,岛上绿树环绕,村居隐然其中。

为了盖楼,砍树,修路,毁弃稻田,填塞河道。顷刻之间,蔚秀之风光几尽丧失。记得当年,我们步行出游圆明园,往往出西校门穿越蔚秀园。田间道旁，苇荡摇曳，蕖荷凝香，稻田夹岸，让人仿佛回到了遥远的江南。当时盖楼，为了扩展面积，将原先的河道改为水泥暗沟，偶尔还能见到贪玩的野鸭"偷渡"暗沟的身影，见此，掩不住的心酸，它们是在寻找失去的家园吗？

但当时在我，却是另一番心情。日盼，夜想，终于盼到了在燕园有自己独立住房的日子。蔚秀园二十一公寓顶层五楼，一个小两居成了我的新家。新居有一个简易的卫生间，没有客厅，中间过道可置一小桌，用以餐饮和接待朋友。我终于告别了三家三代人"拼居"的朗润园，开始了安适的、也是宁静的教师生活。在蔚秀园，我带研究生，教学，研究，写文章。一些有限的学术成果都得益于这个相对平静的环境。蔚秀园五楼有一个可供晾衣的小小的凉台，由此可以眺望当时还是一片稻田的畅春园。那一片稻田属于海淀西苑乡，是著名的京西稻的产地。高楼明月，夜景凄迷，蛙鸣起于四野。从午夜到拂晓，此起彼落，可谓彻夜狂欢。蛙唱扰人清梦，当年烦恼莫名，如今却成绝唱，思之惘然！

畅春园最后一方稻田

我宅居燕园的最后一站是畅春园，这是我的户口本注明的迁移地。畅春园是康熙驻跸郊外避喧理政之所，它的历史早于圆明园，更早于颐和园。从遗存的绘图看，园区起于现今北大西门，一路南向铺展，直抵现今的海淀、苏州街、稻香园、芙蓉里一带。全园山水连绵，亭台楼阁，湖区分别以花堤连接，极一时之胜。史载，康熙曾在此延请外国老师讲授，研读天文、地理及算术等。这些前朝盛事，如今已被遮天蔽日的楼群所堙没，只剩下屹立于北大西门的两座畅春园已废寺庙的山门，坚守着数百年的寂寞。

畅春园的居住条件好于以往的几处住房，三室一厅，独门独院，只是面积仍然偏小，可用面积才五十多平方米。我住一楼，有一小花园，园内种了两棵石榴，沿墙植竹，另有凌霄花爬满篱笆。我在此度过八十年代最后的时光，在此迎接了九十年代。

北大的畅春园区，即是康熙旧日的住所。应该说，我不慎踩了皇家的地面。印象深刻的是紧挨着院墙的那一方水田。水田面积不大，似乎是有意的"留存"，告诉人们，这里曾经生产朝廷食用的贡米——著名的京西稻。稻田平时不见耕者，每隔些时，便有穿着长靴、戴着遮阳帽、骑着摩托的人前来"打理"。这些人心知肚明：这是最后一方水田！他们不想挽留，也不能挽留。令人心痛的最后的一方水田，最后的一代"种田人"。

2021年1月6日于北京昌平北七家

史宁
囤书喜忧

每年临近"双11""双12"这些日子都是妻子异常亢奋的时候,除了年中的"6·18",就要数年末这两次网络购物节最能制造剁手党们的集体狂欢了。家里的日用品几乎都是每年"双11"妻子囤下的库存。每当妻子在"双11"之前奋力谋划购物清单准备蓄力囤货的时候,我心里想的是或许我应该再囤几套书吧。但至多是想一想而已,并不敢肆意妄为,家中可以供我囤书的空间已所剩无几。

我从不将自己这种囤积行为妄称藏书,在心目中只有像张元济、傅增湘、郑振铎这些人物才能担起藏书家之名,他们的修养、眼界、见识使得藏书二字成为一桩风雅美谈,又饱含沧桑血泪,令无数后来人望尘莫及。虽然对书的收集和保存一事大同小异,但我心里总是偏执地认为自己所做的用"囤书"比"藏书"界定更为精准恰切。长存追慕圣贤之心,而毕竟取法乎上仅得乎中,囤书之于我,已是一件人生乐事。有人对囤书下过定义,认为囤书者只是单纯的在意"买"和

"囤",而不重利用;还有人与之相反,认为藏书者重在藏,而囤书者是为了读。我个人私以为对于囤书的定义每个囤书者都有自己个性化的一套标准。在我看来囤书和藏书没有本质上的区别,只是规模和境界不同,在很多时候二者是十分相似的。

相似处之一在于藏书是一种癖,而囤书亦是一种病。囤书的人总是经常说:买书如山倒,囤书如搬山。是的,正如其他许多剁手党一样,囤书人在打折、促销等让利情况下同样经受不住诱惑,他们在清空购物车乃至收拆包裹时的喜悦也同其他网购重度患者别无二致。但是,这其中还是有一个显著的区别。和其他日用品、家电、服装鞋帽这类商品不同,书这种东西不会产生明显的消耗,甚少出现耗损、折旧、淘汰、升级更新。只要保存得宜,书的价值不降反升。于是囤书就造成了一项巨大的困扰,通常它是只进不出的,存储的书页只会越来越满,越积越多,也越发无情地占据吞噬着生活空间。这早已经成为爱书人的恒久话题。

作为囤书爱好者,我在"囤"这件事上似乎还有一项偏好,那就是酷爱收"集"。"全集控"之癖于我而言无异"痛并快乐着"的一桩刑罚,以同一作者为例,从选集、文集、全集再到补遗卷、别集,似乎对这位作者稍有一篇作品的遗漏都是我所不能接受的,总是想竭尽全力将其所有作品悉数收入怀中。藏书家韦力先生曾说,爱书人必须贪心。此言不虚。出版企业似乎也看准了我等人群的癖好,总像是故意地将知名作者的作品巧立名目做各种排列组合推出不同的套系,一次次诱导我辈入坑就范,屡试不爽。举例来说,读过《万历十五年》后,我便找来《中国大历史》读,后来三联出了一套《黄仁宇作品系列》,非常精美,买下之后才发现稍早之前九州出版社就已经出了一整套更完整的《黄仁宇全集》。慨叹之余，留下的唯有无尽的纠结与不甘。即便是买下全集后，之前收存的文集或选集也不忍轻易处理掉，因为它起码还有一层版本学上的价值。囤书之病着实害人不浅！

　　从一方面说，我喜欢作品集是源自占有全部的贪婪，有如面对美食的老饕；另一方面，作品集往往制作精良，摆放在书柜上颇具规模很是气派。许多套装书一套就占据了书柜的一层，一册册密实地排列成阵，看起来齐整有序，赏心悦目。有一就有二，尝到甜头势必要乘胜追击，于是一来二去书柜尽被各种作品集所垄断殆尽。可是，有不少作品集的体量超出了一层书格的容量，那就只得被迫拆解分离，见缝插针地码放于任意尚存的空隙之内，长此以往，许多的"集"只好被人为地分散各处，即便再体面靓丽的书脊也失去蔚为大观的气势与阵仗了。集子收得越多，无法展示其完整风貌的缺憾也就越大，不仅丧失了继续上架的可能，甚至干脆龟缩在柜中桌下难见天日。以至于现今我已不敢再贸然入手卷帙浩繁的大集，眼看着这些书册被身首异处如五马分尸一般四散零落，着实令人心忧。盘算着有朝一日总能令其合璧，但现实的惨况瞬间击碎了遥不可及的幻想。与其长期忍受这般忧虑，不如在一开始就断了念想，坚决抵制。

　　资深媒体人张弘先生也是一位藏书家，他说对于爱书人而言，买书最大的阻碍是北京的房价。他家的房子已经足够大了，但还是装不下他两万五千多册的藏书。这其实很能代表爱书人的囤书之癖已病入膏肓，任凭你有多大的空间，日积月累总能水滴石穿般将它填满，甚或变得拥挤逼仄。到那时，囤书的唯一障碍就是房屋面积。记得从前有一位同事，后来改行当了影视编剧，事业做得风生水起，很有影响力。他也很喜欢囤书,后来在一篇访谈里曾说,现在他已经能够达到想买什么大书不用再计较价格的水平了。这种成功的快意或许只是表层的慰藉,背后也一定有着不足为外人道的"书吃人"之忧。这是囤书人的通病,谁都在劫难逃。鲁迅先生当年在上海大陆新村的寓所颇为促狭,他又在溧阳路专门租下一间房屋辟为藏书室,两处相距不远,出入往来十分便捷。如今对于囤书这件事,我确也时常苦恼于家中早已捉襟见肘的空间,不过是否要效仿鲁迅先生在住所附近赁屋藏书,北京的房价成了最大的否决。于是只得提醒自己要冷静与克制,要时刻努力与这病魔做长期抗争。

偶有朋友来家,面对四壁之书总能抛出那经典而又直击灵魂的拷问——这些书你都读过吗?每当这时我都会坦然地答曰:当然没有!言语间也流露出些许的理直气壮。遇到完全不理解收集控的朋友,我基本都是清一色地解释囤书的意义仅仅在于满足买和囤的欲望;遇到稍有些层次的朋友我便会搬出翁贝托·埃科当作挡箭牌。他的二万册藏书显然不可能都通读过,未曾读阅的书,能够让作家本人在智识上保持一种持续的饥饿感。也就是说,这些环绕着你根本读不完的书会让人有一种负罪感,它不断在提醒着你的无知和浅薄。此种说法的确能够成为支持囤书一项名正言顺的理由,我在许多时候也正是如此开导劝慰自己。囤书不在书的数量与阅读量是否成正比,而是一种警示,每每看到四周那些未读的书,心下就会催生出不少驱动力,使自己不得虚掷光阴。是的,我个人所秉持的囤书行为必然要包括阅读。只囤不读的囤积丧失了读书人原本的使命,但这种阅读应是一种不带功利心和目的性的随意而为。我从不给自己立志愿定指标,我相信书与人的相遇是一种缘分,而人能读阅某一本书更是依靠奇妙的因缘，早也不行，迟也不行，刚刚好就在此时此刻。所以，我更崇尚随便翻翻式的阅读。偶然翻开一册书，不一定非要从头读到尾，那种随机的相遇已然足够美好。当在某处看到或听到某本书里的一句话或是观点，我能够还算轻易地在自己所囤的书海中找到那本书的那句话，这是令人倍感幸福的时刻。比如，我带学生参观中国现代文学馆的时候，讲到京派文学，里面出现了废名的照片。我此前依稀记得有人曾经形容废名的代表作《桥》既是小说，也是散文，又是诗歌。但是我还没有读过废名的文字，当时只得草草含混过去。回家赶紧翻出《废名集》补课，看了长篇小说《桥》的所有文字之后，我终于理解了《桥》在形式和意蕴上所独有的无限魅力。如果说囤书似病乃是一种譬喻，而我认为阅读确是人们能够对抗时间的唯一良药。吾生也有涯，而知也无涯，秉烛展卷，围炉夜读，已使我们能与古今圣贤对话，与千万年人类思想精华对坐相逢，岂非善哉！

　　读书只能延展扩充人的内蕴，但人终有一天会和书相别，书比人长寿，这也是囤书人终归要面对的课题。每个读书人其实心里都有一个最简单明了的算式，自己一生中能完整读的书总共有多少，恐怕答案早已知晓，剩下那些根本没机会读的书又当如何呢？想起"豆瓣"上有一个名为"女儿，让爸爸给你建一座图书馆"的豆列，创建者意欲为女儿建一座图书馆做嫁妆，实在是一位爱书慈父所能想到的绝妙创意。我也一度受其启发，况且我囤的各种集恰好稍具一座图书馆的雏形，假以时日必有规模，而且我恰好也有一个小女儿。自从她出生后，我的囤书行为已收敛了许多，日益为她的成长空间让位。她若在不久的将来也能成为一个爱读书的孩子自然能令我欣慰万分也免除了后顾之忧,我这些书足够陪她度过青春花季,甚或组建自己的家庭了。

可是,且慢,有一天我忽然发现自己根本没有权力规划她的人生,她是否能成为小书虫是她自己的命运,我无法强求。相比于这些前途未卜的书卷,我更希望女儿拥有属于自己健康而快乐的人生。

唐韧
父母应该去看看孩子的工作

大概三十年前,父亲从北京到南宁来看我。那是他第一次来南宁,我们带他玩玩溶洞,喝喝早茶,找各色小吃给他尝新鲜。他蛮高兴。

有一天,他笑眯眯地提出一个要求:"我可不可以……去听听你上课?"

虽然有点出乎意料,倒也不是什么难事儿,反正教学楼不设门禁,学校也没有不许旁听的规矩。阶梯教室那么大,爸爸就悄悄坐在教室后排好了。

还记得那门课是当代文学史,那一讲的主题是《青春之歌》,刚好是父亲年轻的时候喜欢的。

我上初二那年,从双杠上掉下来,左上臂骨裂,请中医蜡疗,敷药,头一晚痛得睡不着觉。他也不睡,守在我床边,记得那个晚上,他就是在读《青春之歌》。他三四十年代在上海做地下党,林道静的那种经历,也许似曾相识。

按作品在当代文学史上的分量,《青春之歌》讲二十分钟也就够了,可那天我讲了一节课。重点放在小说遭遇的批判和杨沫修改小说引发的争议上,让学生反思林道静形象的价值。

《青春之歌》出版时好评如潮,但迅即遭严厉批评,认为林道静地主家庭出身,没走过与工农相结合的道路,怎么可能一跃成为坚强的布尔什维克?

虽然茅盾、何其芳等学生们所熟悉的知名文学评论家对小说持保护态度,作者却虚心接受批评,迅速作出修改。一是将林道静的亲生母亲设定为被侮辱被逼死的贫雇农女儿;二是安排林道静被国民党追捕,到定县农村教书,从而走上和贫下中农结合的道路。这一修改后来受到了不少诟病。

知识分子的思想转变应该怎样写?课堂上学生们也给出了看法:大体是认为在三四十年代,不少身处反侵略反压迫社会环境中的知识分子,结合切身体验和实践,认真阅读马克思主义理论著作,也能实现思想转变,不一定非要长着贫雇农的"黑骨头"和参加反对地主的斗争。在与工农结合的形象之外,写这样的知识分子成长道路也同样有价值。

对我这样讲《青春之歌》,爸爸后来以老党员的身份表示了认可:"不错。接受共产主义理想的人是各种各样的,成长过程肯定也不尽相同。像我和你妈妈都不是好出身,当时也没下过乡,可都坚定地跟了共产党……"

说着说着,父亲又转而回忆起我小时候的糗事。三岁在上海,他和妈妈抬着一大盆洗衣服的水去倒,我在后面想帮忙抬水,却反把盆搁翻,还因此挨了揍。又想起上海解放时,他和妈妈被派出城迎接解放军,把我寄放在谢姓朋友家,恰逢国民党飞机轰炸,我飞快地钻进桌子底下,瑟瑟地蜷起身子躲炸弹……然后说:"看现在……"

哈,父亲听课也不专心,脑子里肯定在过这些电影,感慨当年那个小不点儿,想不到长大当了文学教授,站到讲坛上侃侃而谈……

大学的课一般是三节连堂,中间休息两次。下了第一节,父亲笑着点点头,走了。学生们马上好奇地围过来问我,听课的是何方领导。下来我当笑话告诉父亲,他大笑说:"你干嘛告诉他们我是你爸爸,你就说,教委领导检查工作!"

没想到前不久,这段历史重演。

我二十几年前教过的学生到重庆出差,来看望我。她上大学的时候,经常上我家改文章,跟当时念高中的女儿挺熟。犹记女儿上大学前一晚,已经毕业工作的她还拿着裁好的裙子到我家,给女儿量身修改、钉拉链,作为送她上大学的礼物。

那晚聊天的时候,她从手机上调出了女儿的照片,对她说:"看看!这是我从网上下载的,是你开讲座的视频,好些网都转了,你现在挺有名的耶!"

我看了看,这些照片我倒没见过。

当晚,小外孙睡着了,我在网上点开了女儿讲座的视频。

是个小礼堂,讲台上还摆着鲜花。她穿件厚太空服,在和台下的科学教师对话,在大屏幕上翻动 App,播放录像片段,打比方,举例子……她讲的这个命题还真是我以前没考虑过的——当老师的一定要学会琢磨学生课堂发言中可能隐藏的真实想法。

跟父亲当年一样,我脑子里也跑开了野马:她小时候各种淘气和恶作剧数不胜数,我常拿粉笔画个圈让她罚站;她中学那会儿,我们娘俩一起趴在枕头上证几何题；我去批高考卷，她给我擀的手指宽、巴掌长的面条儿……

然后心里也说："看现在……"

听孩子讲课的感觉跟在家看着她的感觉全不一样：好像在那里开讲座的是别人，不是那个从小跟屁、犯浑，长大还撒娇、自由散漫、整天丢三落四的丫头片子。

后来和女儿聊到这件事，她还说起他们学校开国际会议，请了她的导师来做讲座，全程录像直播。临走的时候导师问，方不方便拷一份视频，带回家给他妈妈看："她看过我上物理课，总说还想看看我怎么讲教育学，但一直没机会。"快六十岁的导师把拷了视频的U盘小心翼翼装进背包内袋，那也同样是一位老妈妈"看现在……"的期待。

不知道有多少父母用心地看过孩子工作时的样子。孩子若当领导、演员、运动员、播音员……工作的样子在电视上就能看到。也有些工作场景，因为危险性或者私密性，是难以看到的，比如警察抓坏人、医生动手术、远洋航海、火箭发射……但我想，二百六十行里，方便让父母参观一下的应该还有不少。

真该让父母有机会去看看。父母在"看"，会让孩子更有自信，而看孩子工作的父母也会感受到养大了这样一个孩子的成就感。这样的"看"，本身就是对人生延续的一种检阅。

人生长河潺潺流淌。每一代有自己的"河段"，河段与河段水波相接，怎能说上一代与下一代之间只有"沟"？代与代之间，应该更多的是一种难以言说的、绵密而柔韧的依存感。正是这种绵长的眷恋，使每一代在终要流出自己的河段时并不觉得"万事空"，因为知道"后浪"的"看现在……"里，饱含着和前浪一起走过的岁月点滴。

顾文艳
存在与时间

不知从什么时候起,我对微信产生了恐惧。

可能是某一个夜晚。那晚白昼和黑夜的交替太过匆忙,以至于我突然发现自己的时间变成了黑色。在骤然的黑色的时间里,微信的即时性令我胆怯。我开始害怕一切即刻的回复,害怕解锁荧屏时炫目的瞬间。我害怕没有悬念的重复的对白,害怕我的生活陡然宣布在言语里隐退。

但也可能是某一个午后。我坐在杂乱的书桌前,决心看一会儿书。我从没开启过手机里的微信消息通知,所以每次都需要我匆忙而笨拙地点开绿莹莹的图标才能登录进去看消息,相当于登录邮箱。我试图为自己保证一小部分专心致志的时间。当然,这个过程也需要集中很大一部分的消极意志力,我必须努力克制自己不刻意点进去等待某个消息。但那个下午,我是坐在电脑前看的电子书,看的大概是拉辛的《菲德拉》,同时用电脑登录了微信。就这样,我惊恐地发现,我和家人朋友同事领导的重重对话顺利地进入了古典主义剧本，菲德拉的痛苦与疏狂也轻盈地渗入了我毫无意义的日常。

至于我究竟为什么如此持久地恐惧微信，我也是大致清楚的。最重要的可能还不是即时性的问题，因为我毕竟只有在毫无防备地发现时间变黑的情况下，只有在那种夜晚才有的悲伤里，才会感受到"秒回"的压迫感。我更害怕的是这个系统最初有关无限可能性的信誓旦旦。我害怕的是每次点开手机里微信图标时，屏幕上那个孑立在圆镜般地球影像前的人影。在5G信号或无线网速很快的情况下，停留在这个缓冲画面的时间非常短暂。须臾间，画面里只身面对浩瀚宇宙的独影决然抛下了这个姿态原本属于典型欧洲浪漫派主人公的纵恣与抒情，迅速地构建起一张张无穷无尽的现实主义的关系网络。世界是无限的，那个独影是这么说的：这种无限不是浪漫主义的崇高与无垠，而是隐藏在现实世界固有虚构性中无穷的可能，是叙述如何与他人发生关联的无数种方法；人要认识自己，必须认识自己在世界中的位置，因为有关个人的定义只有在与众人的关系中才能得到实现。可是，当个人与世界发生关联的可能性变得无穷无尽，当我们注定要与他人共在，一起陷入命运与历史巨大的不确定性中，我们又要如何得偿"认识你自己"的古老夙愿？

不管怎样，你已经与世界发生了关联。独影讪笑着说。打开微信的一瞬间，宇宙向你敞开，整个世界已经铺展在你的面前，照进此时此刻你的全部生活。我讨厌独影语气里不由分说的强势，讨厌用形容词最高级和现在完成时点缀权威的形式修辞。微信让疫情时代的隔离显得那样轻而易举，甚至理所当然，因为微信本身就是隔离。所有无法真正共在的关联存在，本质上都是隔离。可是要知道微信只不过是这个时代的媒介，很快就会被其他平台软件替代的，就像其他的社交平台、之前的有线电话、再早以前的信使一样。微信出现以前，我们也一直在等待。等一个电话、一封信，等一个未知的消息，一个与世界发生关联的瞬间。那个瞬间很可能是令人胆战心惊的，因为任何一场人与人的联系都具有风险。偶然的危险肆意迸发，只有最无畏的赌徒才愿意无数次地把自己投掷到凶险的人际关系里。

　　我胆子不小，但实在不是什么赌徒。因此，我对微信向来保持警惕，没想到后来还忽地演变成了畏惧。于是我开始试图消解微信的强权。我尝试取消微信不同于前数字时代媒介的实时性。除了屏蔽消息，我还故意拖延已经看到的信息的回复时间。我习惯性地拖延，按照个人对事件轻重缓急的判断决定拖延的时间，从几分钟到几小时到几天几个月几年不等。这种做法的结果就是为我自己争取了不少意外的时间权力，也就是延宕的权力。卡夫卡所有无名的主人公都在法的门前反复地提醒我们，世界上最强大的权力不是拒绝人的权力，而是把某一个人置于不确定状态的权力，也就是命运式的悬而未决。小时候常听大人劝导不能把话说太满，尤其是在允诺他人的时候：办一件不太能办成的事，帮一个不太现实的忙，参加一场不太有价值的活动，见一些不太重要的人。你不能立即拒绝，他们总这么说，你不能立即把话说死。你必须拖延，不到最后一刻千万不能给微信那头焦头烂额的人一个确定的回复——当你确定你拥有上帝般至高无上的时间权力时，就请肆意地挥霍吧。

　　但这么做不仅仅容易得罪人。这种行为本身就带有蔑视他者的意味。不尊重他人的交往方式违反了世上大部分现有的道德准则，比如康德的定言令式:永远要把人当作目的,而不是手段。当代德国人的预约(Termin)文化可能也可以算是在道德理性传统下矫正人们滥用时间权力的天性。"预约文化"里的"预约"不是大众点评上随时可以取消的预约,也不是上级对下级拖延到最后一刻的"随时"的权力。预约文化就是要把话说满,把话说死,把未来的某一天某一刻、某一段生命时间交付给彼此。预约文化里的人们愿意相信话语,相信言行必果。预约文化寄托的"信"不是信息,而是信赖与信念。

所以,曾在预约文化里生存的我总提醒如今来到微信文化的自己不能太过火。故意延宕的时候必须懂得分寸。毕竟我针对的只是傲慢的微信本身,而不是想要琢磨日常生活中的人际关系。我针对的是微信"随时"联络的承诺,是这种数字时代交往无限可能性的最肤浅的表现形式。随时随地,你的整个世界、你的全部生活都在你的手机里;随时随地,不容辩驳的存在与时间。酒席上扫二维码加微信的仪式总令我惴惴不安,尤其是在刚认识的陌生人发来一个名字、一串电话号码和一朵玫瑰表情的时候。"随时联系,随时联系"——加微信还不够,还要惠存电话号码,还要确保在那些不会到来的、需要互相帮助的时刻,我们能够随时联系。

或许其实是在这样的时刻,我真正开始害怕微信。允诺的"随时"和不容故意延宕的消息让我看到了这个时代消解"即时"霸权的徒劳。也是在这样的时刻,我看到了微信小人隐秘的忧伤与希望。存在是在时间深处渐入人群,在人群深处寻找孤独。独影满怀希望地看着世界,忧郁地承诺着个人与众数"随时"的联络。"与人为群,在己无偶",钱锺书曾引曹植与李陵文词中"众裹身单"的忧伤,并置于海德格尔的"独在-共在"说:"孑立即有缺陷之群居,群居始觉孑立"——

独在是残缺的共在，独在的可能性正是共在的佐证。随时联系，时时刻刻，微信联系。我在数字时代的"共在"中看到了残缺的"独在"。我看到了黑色的时间和危险的存在。

2021年5月6日

第二辑

陈保平
泉州的神明

与陈丹燕一起去泉州采访提线木偶。车刚进城,她的第一个感觉,这里怎么这样像台湾?不高的山脉、路旁开着刺桐花、红砖厝墙间可见芭蕉摇曳。街上的小吃也是章鱼丸、糍粑、大肠包小肠等等。我是第二次来泉州,上一次只去了开元寺,对泉州的大街小巷并未留下什么印象。现在一路走来,街头巷尾不时可见剪瓷雕的庙宇祠堂,耳边飘来的又都是闽南话,这与台南、台中一带真的很像。

去拜访的那位提线木偶传人叫庄丽娥,50岁模样,脸色看上去有点憔悴。她家里陈设很简单,较显眼的玻璃橱柜内摆满偶头,从古代到现代,雕刻都十分精细。窗边挂着两具她演练用的木偶,一具惠安女,另一具是她新创作的嫦娥。庄老师似不善言谈,更愿直接用木偶演示动作,一边向我们介绍传统悬丝傀儡的知识。我问庄老师,木偶戏现在票房如何?她犹豫了一会儿,说,主要靠节假日的活动和一些公益演出。我觉得自己问错了话,有点尴尬。这时,庄老师转身去拿嫦娥的勾板,当她把几十根线缠绕在指上的那一刻,精神为之一振。她两手轻舞,瘫软在地的木偶顷刻焕发了生命:轻盈的碎步、飘逸的长裙、频频颔首的微笑。特别是庄老师创造的嫦娥四季换衣、提壶倒茶、挥毫书写这些动作,都在木偶的手指间一刹那完成,令人十分惊奇。有时你会产生些许迷惑,人偶之间,她们的意识、精神真是靠这几根线传递的吗?庄老师每次去学校给学生上非遗课,只要表演到这一组动作,孩子们都会大呼小叫,兴奋不已。唯有这个时候,庄老师才会从全神贯注的木偶身上抬起头,露出微笑。

泉州木偶从宋元起,至今已有上千年历史。这几十年风风雨雨,老一代艺人走得差不多了。虽然现在剧团已盖了新楼,造了现代剧场,但庄老师谈吐中似更怀念她学艺时的老剧场。她在那里排演了经典剧目《目连救母》。她仍然记得她老师的言传身教,不只是多加几根提线的技巧,而是他们每加一根线要让木偶活起来的那份孜孜以求。我们是跟着庄老师穿街走巷去看旧址的。天飘着蒙蒙细雨,平时开放的大门这天紧闭着。庄老师用本地话喊一个人的名字,传来女子的回应,但未见人影,门却开了。这是一个百来平方米的院子,东西两边一大一小有两个戏台,大的那个正在拆卸,台上堆着废弃的杂物,积满了灰尘,只有头顶几个绿色的吊扇,好像还等待着开场。奇怪的是院内不见一人,台前右角却供着一炉香,烟雾缭绕。另一边小戏台可能是排练场,只有十几个位子。现在舞台已变成供奉的地方。台中摆着一尊红脸红衣的菩萨,仪表堂堂,庄严肃穆。台前同样供着一炉香,稍暗的屋子里可见香头灼灼。我们问庄老师,这供着的是什么菩萨?她说叫相公,是戏神。过去演戏之前都要拜戏神。"那现在这里不演戏了,谁还在烧香?"庄老师说:"这里要改造,团里请了个阿姨来看守房子,她带了两个孩子住在这里。""她敬戏神干嘛?""也许保佑房子安全,也许喜欢木偶戏,也许把戏神当一般的神敬吧? 我也不知道。"庄老师说。

从旧址出来后,我们去了"黄清辉木偶工作室"。黄老先生是泉州雕刻偶头的名师。在木偶界,制作偶头几乎和表演一样,是最见艺术功力的活。他工作室里呈放着的偶头,除了他自己雕刻的,有些比庄老师家的年代更久远。从赵子龙、程婴、钟馗到孙悟空,个个栩栩如生。有的眉清目秀,有的愁眉苦脸,有的金刚怒目,这个民族几千年来的喜怒哀乐、爱恨情仇仿佛都刻在这些偶头上了。据说上世纪改革开放初期,台湾来了一些收藏者,把泉州的偶头一扫而光。黄老先生手巧口拙,他把一旁的儿子介绍给我们,说"你们问他吧"。小黄二十多岁,一身休闲装,耳朵上打着闪亮的耳钉,看上去聪敏活泼。他告诉我们,他跟着父亲做偶头,自己也演木偶。"你也演木偶?"我们很惊奇。"是啊!"他边说边从木偶架上拿起一个小沙弥表演起来。他像跳舞一般摆动着手脚,小沙弥在他身前活蹦乱跳,喜笑颜开。因为寺庙寂寞,小沙弥溜出去寻乐,一路遇到下雨、摔跤、迷路,最后还是折回寺庙。这出叫"小沙弥下山"的经典戏在他手里演得惟妙惟肖。小沙弥被提线牵着,又放飞自我地狂奔下山,这情景让人留下无限遐想。我们问他平时去哪里演出,他说各地都有,前几年还常去台湾。他说,台湾比较多的是布袋木偶。他曾在宜兰收了一个徒弟,教他提线木偶,之前每年都去,今年因疫情没去。他说这些时,父亲一直在旁边憨厚地笑着,俨然主角已成了儿子。此时,小黄正拿着相公木偶给我们表演,那个红脸偶头、大红袍子与剧场旧址看到的戏神一模一样。我们说一起拍个照吧,他捧起戏神,迟疑了一会说:"与戏神一起拍行么?"

我们不置可否,他又咕噜了一句:"应该没问题吧?"他抬起手,把戏神郑重地托在身前。可就在快门按下的前一刻,他突然说:"等一会",飞快转身又把戏神换成了小沙弥,这才露出轻松的笑容。

　　我们在泉州待了五天,有个问题一直存在疑惑:现代技术、娱乐这么发达,像提线木偶这类传统艺术还能传承下去吗?临走前一天,我们去拜访了泉州历史文化中心的几位老先生。那是一间坐落在文庙蔡清祠内的建筑,古色古香,屋里堆满了书刊。三位老人都已七十多岁,两位耳背,其中一位郑先生眼睛也不太好。他们退休后一直在挖掘整理泉州的历史文化。好几年前开始,他们就结伴作实地考察。一大早在办公库房前集合,然后沿着泉州中山路两侧巷道踏勘,写了几万字的日记。翻阅他们的记载,泉州的故人往事便跃然纸上。如马坂巷7号是名中医傅若谦宅。当年门首悬有"傅氏医寓三世堂"牌号。傅自学成才,留心收集民间秘方验方及其疗法。初行医,多为贫苦人诊治,不收诊金。中山南路567-3,门匾"道德世家",乃慈善家李宏成、佛家居士李开善故居。李宏成以经营竹木起家,为清末民初泉郡巨贾。他笃信佛陀,率全家吃斋念佛,举凡地方赈灾救难,不遗余力。他的曾孙李开善倡言复建了承天寺。他们记录的街巷许多我们都走过,可惜只知其外,不知其内。还有许多小庙,如惠存庙、辅德庙、金刚宫等都是为祭祀英烈而建。据说之前还有杨老令公祠堂。军人为救乡亲们牺牲了,当地老百姓也会为他建个小庙。

　　"那你们觉得像提线木偶这类文化能延续下去吗?"我们终于还是把问题提了出来。坐在对面的杨先生迟疑了一会,说:"很难吧。"旁边的李先生则微微一笑说:"只要政府重视,应可以的吧。"我又问:"泉州美食、小吃总可传承下去吧?"杨先生笑笑说:"美食中国各地都有啊。"那位郑先生半闭着眼,从头到尾听着,没说过一句话。一旁的朋友说他可能听不清。于是,我提高嗓门问:"郑先生,你觉得什么传统可延续下去?"他头一抬,腮帮鼓了一会,突然蹦出两个字:"神明。""神明?"我们有点惊讶,也有点忽然开悟。旁边两位老先生则频频点头。李先生补充道:"在我们泉州,来个明星没多少人感兴趣,但说明天哪个神来,每家每户凌晨三四点就起来摆放敬神供品。""你们都摆吗?"我问。杨先生笑笑说:"我们不摆,家里人摆,一个人摆就等于全家都敬了。"

最后一天,庄老师陪我们去新建的木偶剧场看他们彩排,剧目是《赵氏孤儿》。没想到这个千年古城,至今仍用木偶表演着这出千年古戏。那一幕正是外面杀声四起,公主跪地求救,程婴冒死把婴儿藏入药箱。一束红光投在程婴惊恐、凛然的脸上。我们坐在台下,竟然仍有点激动。程婴的红脸忽然让我想到了戏神。一瞬间,人、偶、神仿佛融为一体,孰真孰假,难以分辨。

读史老张
卿云楼外的传说

在复旦大学校园(邯郸路校区)东南角,有一幢老房子,名叫"卿云楼"。卿云楼名,源于"卿云烂兮,糺缦缦兮。日月光华,旦复旦兮"诗句,名字古雅,样貌却很平常。乍一看,还以为它是老工房,火柴盒式样,五层楼,格子窗,灰墙。无论是年代、颜值还是名气,卿云楼都难以与奕住堂、子彬院和相辉堂等老建筑匹敌。它的独特之处,在于其里程碑式的地位:复旦第一幢留学生楼。

一

复旦正式招收留学生,是在1949年以后。最早的留学生,来自日本,名叫今富正巳。今富正巳于1952年从私立上海学院转入复旦中文系,师从过贾植芳先生。1953年夏,今富正巳提前毕业,贾植芳将自己的散文集《热力》赠予他留念。1955年后,贾植芳因"胡风案"蒙难,复出后遍寻《热力》无果。没想到,到了1983年7月,他忽然收到日本寄来的复印件,寄件人今富正巳,此时已是东洋大学教授。贾先生说:"打开一看,正是《热力》,是我当时送给他的那本,扉页上还有我的题辞,不过今富先生在前面又加了一句:'时隔三十年'!"(贾植芳《狱里狱外》)

今富正巳之后,又来过三位日本留学生:中田庆雄、山下好之和菊地升。1956年9月,他们进入中文系,跟随胡裕树先生,学习现代汉语。据中田庆雄回忆:"我从未缺席过胡裕树先生的讲课,而且还直接在教研室接受他的辅导。他还给我指定阅读的参考文献,平均每三天为我上一次课,还常常把我叫到他的家里。"(中田庆雄《冰花》)中田庆雄毕业后,长期从事中日友好事业,曾任职于日本国际贸易促进协会,受到周总理的亲切接见。他还多次回访复旦,并被聘为复旦顾问教授。

我一直有个疑问,上述日本留学生入学时,复旦还没有留学生楼,他们住在哪里呢?得知1957年入读中文系的陈光磊先生曾和他们一道听过课,我去向他请教。陈光磊说:"我们中文系男生当年住在学生宿舍6号楼;日本留学生住在哪里,我倒不清楚。反正在6号楼里,我没见过他们。"我又到复旦档案馆查找史料,没有日本留学生的住宿记录,却在今富正巳的学生登记表上,发现了他的通讯地址——"上海市虹口溧阳路853弄167号楼下"。

二

1959年,复旦来了一位苏联留学生,名气最响。他叫米沙,全名米哈依尔·列昂季耶维奇·季塔连科。季塔连科出生于1934年，1953年入读莫斯科大学哲学系，后来成为著名汉学家，曾任俄罗斯科学院院士、远东研究所所长、俄中友协主席。早在大二时，季塔连科偶然读到郭沫若《十批判书》俄译本，便着了迷。他提笔就给郭老写信，表示对中国哲学的强烈兴趣。两个月后，他收到了郭老的亲笔回信："亲爱的苏联朋友，非常高兴收到你的来信……如果你真的对中国哲学感兴趣，真心想深入研究，作为长者我要告诉你，你需要掌握汉语，但不仅仅是现代汉语，还要学习中国的文言文。"就这样，1957年2月，季塔连科赴华留学。他先就读于北京大学哲学系，受业于任继愈、冯友兰先生。1959年9月，转到复旦哲学系，师从胡曲园、严北溟等先生。

那时，中苏关系尚在蜜月期。学校对季塔连科很重视，专门拨出一套住房，作为他的"留学生宿舍"——在复旦历史上，这是个特例。季塔连科后来说："复旦大学的条件很好，我被安排在一个有四个榻榻米的日式小房子里……"这个"日式小房子"，位于徐汇村（今复旦第二宿舍）27号，原为卢鹤绂先生寓所，卢家迁往第九宿舍后，这里就成了季塔连科的家。据复旦子弟李北宏先生回忆，他曾去过27号，"走进他家，第一感觉是屋子里陈设简单，不过出奇的干净。一幅列宁的画像挂在朝南的前屋，他的太太正在熨烫衣服。"（李北宏《回忆复旦季塔连科》）季塔连科的太太娜嘉，在华东纺织工学院（今东华大学）留学。他们一家，在徐汇村一住就是两年。

当年在复旦，少有外国人。季塔连科高眉深目、身材颀长，在校园里非常显眼，几乎人人都叫他"米沙"。他记得："在毕业典礼上，校长陈望道教授宣布：'1号毕业证书将颁发给一名外国留学生、一位苏联公民——米沙同志。'他们误把我的名字当成了姓。大会结束后我不得不作出解释,因为这样的证书对我是无效的。一周后,系主任胡曲园给我补发了姓为'季塔连科'的毕业证。"(季塔连科、维诺格拉多夫《一生为中国而战》)

三

复旦有临时留学生宿舍,是在1965年。那年9月,根据外交部安排,复旦首次接收越南留学生,共计214名。学校腾出原学生宿舍4号楼,让越南留学生入住。4号楼位于校园东侧,靠近国定路,环境幽静,住宿条件也最好。秦湘老师曾担任过留学生的班主任,她告诉我:"4号楼每个房间里,生活用品一应俱全。越南留学生的待遇,比中国学生好多了!他们的日常开销,都由我们承担。那时,孙保太先生任校办副主任,负责留学生管理,他工作非常细致、认真,大到服装定制,小到杯子式样,都要一一过问。"复旦4号楼,见证了中国人民节衣缩食、抗美援越的真情。

一年以后,"文革"爆发,越南留学生陆续归国。临别时,他们抱头痛哭,依依不舍。不久前,孙晓刚校友赠我一册越南留学生影集,说是他父亲孙保太收到的留学生礼物。打开扉页,黑卡纸上粘贴着一行金色的中文字:"越中两国人民的友谊万岁!"一看就知道,那是越南留学生回国前,费时费力精心制作的。

越南留学生走后,4号楼回归为普通学生宿舍。1974年,复旦恢复招收留学生,至1978年,已达近40名。这些留学生,大多由西方国家公派。他们与中国学生一起,合住在4号楼。其中,有一位英国留学生,名叫迈克尔·兰克,中文名为阮迈可,他由英国文化交流协会派遣,于1975年到复旦研修汉语。留学期间,阮迈可酷爱研究上海老地图、老地名。他带着相机走出校园,用那时还很罕见的彩色胶卷捕捉上海瞬间:邯郸路上的有轨电车、福州路上的三山会馆、南京路上的样板戏电影宣传牌和黄浦江上的老帆船……这些风景,今天早已绝迹,却是上海城市变迁的写照。2005年,阮迈可将它们发布在社交媒体上,曾引起轰动。

阮迈可在复旦留学时,就住在4号楼,他曾晒过一张宿舍照片:一只木质书架,书架上挂着热水袋,放着白色搪瓷茶缸;两张木质单人床,床上铺着草席,放着纸板箱;白色的墙上,钉着一幅有些年份的列宁画像……看得出,当年4号楼已经老旧,阮迈可们的留学生活,谈不上舒适,甚至有点寒酸。

四

1978年初,复旦决定投资33万元,建造一幢独立的留学生楼。1979年,留学生楼建成,这就是后来的卿云楼。该楼建筑面积约3 000平方米,共有90余间房。每间寝室14平方米,可供两位学生居住。那时,我住在学生宿舍6号楼,七人一间房,没有空调,也没热水,每层楼只有一台黑白电视机;而留学生楼环境幽雅,设备高档,不仅有阅览室、文娱室、厨房、餐厅和浴室,单是24小时热水供应,就让人欣羡不已。记得我第一次去留学生楼,那黄色灯光、红色地毯、栗色书架,让我有点迷幻,仿佛置身于高级宾馆。1981年世界杯男排赛期间,我"蹭"在留学生楼里,看过一场电视实况转播。那一次,主攻手汪嘉伟受伤,戴廷斌麾下的中国男排意外输球,大家一片叹息。只有我,好像并不太沮丧,因为"享受"了大彩电,反倒有某种心理补偿。

留学生楼建起后,学校画风渐变。本来,男生一律蓝灰色服装,松松垮垮;女生也不事妆容,素面朝天,色彩有点沉闷。有了留学生楼,校园东南角的风景,忽然明丽起来。那些留学生们,有穿牛仔裤和拖鞋的,有穿大格子花衬衫的,还有衣着暴露、曲线尽显的……他们出没在留学生楼外,面容阳光,个性奔放。我曾亲眼见过一名女留学生,抹着深红色口红,扎着一缕红头绳,袅袅婷婷,行走在"南京路"(今光华大道)上。她耳垂坠着的金属耳环,随着摇曳的身姿荡漾,叮铃当啷,就像风铃一样,赚足了校园回头率。

留学生楼一侧,有个大草坪。课余,留学生们喜欢躺在草坪上,敞开衣襟的男生喝啤酒、穿得很少的女生晒太阳,全然不顾"有碍观瞻"。草坪对面是个理发店,据说常有中国学生跑到店里,东张西望。那时,不少人思想还有点保守,对此议论纷纷。事情反映到校长办公室,据时任校办主任的王邦佐先生回忆:"我就跟谢希德校长汇报,说影响很不好,建议不要再让留学生去那里晒太阳了。我以为她会支持我,结果没想到她说这有什么,国外这样的人多得很啊,她们喜欢晒太阳,就晒吧。"过了一些日子,留学生楼另一侧多了一排躺椅,留学生们都去那里晒太阳了。"那边是留学生楼,我们的学生过不去,也看不着了。"(王邦佐《"实事求是,留有余地"》)谢希德校长处理问题,既灵活又兼顾各方感受,令王邦佐真心折服。后来王邦佐到上海师大担任副校长、校长,一直铭记着谢校长的叮嘱:"实事求是,留有余地。"

1984年后,政通路上建起了几幢新的留学生楼,留学生们陆续迁往新楼。后来,原留学生楼改名为"卿云楼",另作他用,淡出了人们视野。有一阵子,政通路被誉为"老外街",名扬校内外;退隐的卿云楼却长期不为人所知,默默无闻。前几天,我又特地去了校园东南角,但见卿云楼外,一片清冷……谁会想到,几十年前,那里曾经色彩最艳丽、风景最迷人?

写于2021年10月,复旦燕园

甫跃辉
小历史

对保山历史的回望,最近是在滇西民俗博物馆得以实现的。博物馆是蒋开磊兄一个人办起来的,原先位于保山农民街。好几年前我去过,东西挤挤挨挨地堆在一起,印象最深的,是好多个灰扑扑的陶罐。问是什么,答是骨灰罐,还是元代的。后来,听磊哥说是搬走了。搬到哪儿了?记得他说过,我忘了。这次才知道是搬进保山学院来了,免费向学生开放。

我和保山学院是有些渊源的,2015年6月,我被聘为保山学院客座教授。不过所谓"客座教授",只是每次回施甸时,有空的话,到学院里做一次讲座,和相熟的老师们聚一聚。大多时候,我回家都在学生们假期间,为此,至今只去做过两三次讲座,对学校的道路,仍不熟悉。

磊哥将车开进保山学院后,拐了几个弯儿,停在图书馆前。上到三楼,走到一道门前,门边一块似乎只是临时挂一挂的打印牌匾,写着"滇西民俗博物馆"几个大字。进门后,迎面许多橱柜,陈列的都是有关滇西抗战的物品。

1942年5月，日军攻陷缅甸后，先头部队抢劫华侨汽车，装作难民，从滇缅公路进至怒江西岸，企图越过惠通桥，所幸被中国守军及时发现，将惠通桥炸断。远征军和日军隔着怒江对峙，那时候的施甸有老百姓近十万，而驻扎的远征军还不止十万。1944年5月，远征军渡过怒江，经松山攻坚战、腾冲围歼战、龙陵大会战数场血战，于1945年1月27日与驻印远征军在畹町附近会师。这两年多时间里，滇西远征军在保山这片土地上留下了太多故事和遗迹。

去年八月底，我回施甸老家，到保场老街看当年存留的抗日标语，土坯墙上石灰泛黄了，剥落了，有竖排的小字标语"节衣缩食毁家纾难是后方民众的责任"，也有横排的大字标语"还我河山"。无论大字小字，皆因墙体残破不堪而难以辨识。那些残破的墙头，颤巍巍地支撑着一个残破的村子。老街上的门大多关着，偶有几户开着门，门边支一把躺椅，躺椅上歪着银发的老人。见我们经过，老人们慢慢转过脸来，不动声色地看着。喊他们，他们的嘴唇翕动着，却并没发出声音，看我们的目光仍是木然的。我挺想听他们说一说，关于那些战争年月里自己的故事别人的故事。他们中有些人是亲历者，有些人虽不是亲历者，也该从长辈那儿听来许多故事的。但我不知道怎么开口。我们往保场财神庙去了，那儿也有一些和抗战有关的遗迹。那天之后没多久，我还去拜访过远征军老兵，一天之内见到五位老人，其中四位均为九十七岁，最年轻的一位九十岁。他们有的参加过松山战役，有的参加过腾冲围歼战，还有的后来参加过志愿军。可惜时间匆促，仍没法听他们多讲。或许即便时间宽裕，他们也讲不出多少了吧？时间太过久远了，记忆定然有些已经模糊不清。就在今年初，其中一位九十七岁的老兵过世了。至此,施甸县内剩下的老兵,只剩下十二位了。

再后来,我又去了惠通桥,去了龙陵松山。桥和山,都静着,等着人到来,看着人离开。人终究是要离开的,而物往往能长留下来。

磊哥搜集的这许多战争遗物,从中国军队的各类枪支、炮弹和训练弹、南侨机工的汽油桶、美军帆布担架,到日军三八式枪军刺、宪兵袖套、日本木屐、日军慰安妇所用的胭脂盒和水壶,林林总总,让我对那段历史,有了更直观的认知。在同一个展室里,来自不同阵营的物品,仿佛静静地诉说着它们各自的战争岁月。七十多年后,枪与炮,仍是让人警醒的;血与泪,仍是应当铭记的。

我以为馆里放的都是与滇西战场有关的东西,再往里走,才发现那不过是馆藏物的很小一部分。滇西民俗博物馆嘛,顾名思义,还有包括历史的、民俗的种种。远者有唐代执壶、明代青花龙纹罐、万历年间的墙砖("万历戊子秋"的字样仍很清晰),还有独特的巫画碑刻、羌人咬蛟石雕等等;近者有笊篱、勺箩、各类祭司道具、傩舞面具以及布朗族等保山境内少数民族服饰。

从这么多展品面前走过,仿佛穿过漫长的时光隧道,保山的历史和文化,在身边如丛林生长,嘈嘈切切,错综纷繁。既有我熟悉的、记忆里的保山,也有我闻所未闻见所未见的陌生的保山。

在整个看展过程中,磊哥一直在旁边为我介绍展品,还和我讲了不少收集这些展品的过程。比如哪些文物是必须上缴国家的,哪些文物是民间可以收藏的;比如如何开了证明,才能通过边防检查;比如将一架风车运回保山城里,运费比买风车的钱还多;比如如何从工地里挽救刚挖出来的元代骨灰罐等等。经过一只小小的瓷碗,磊哥说起，当年想要买这只瓷碗，却因卖家要价过高，迟迟达不成交易，就在这时，卖家清洗瓷碗，一不小心，将瓷碗的底下掰坏了一点儿，磊哥又是心疼又是兴奋，说这么一来，刚才的价钱可以买到手了……我说，你记日记吗？这些事情不用修饰，单纯记下来就是一本书啊。磊哥说没有，事情太多了，记不过来。这时候，磊哥的妻子发话了，说跟着磊哥这么多年来，经历的事真是太多了，福么没享到，苦倒是受了不少。连连说了好几桩他们经历的困难，印象最深的，是说他们为了收某件东西，弄得两个人拢共只剩下一块钱。一早醒来，磊哥拿出那块钱递给她，说你去买个包子当早点吧……那些日子虽说辛苦，可听他们现在说起来，倒是有几分忆苦思甜的意味。这么说来，开头说滇西民俗博物馆是磊哥一个人做起来的，是有失公允的，还有他妻子的一份功劳。

忽想起多年前，我曾和磊哥到施甸县城去看文物。知道磊哥来了，好几个朋友拿着各自的收藏过来。我不记得那次磊哥有没有买下什么，只记得那地方虽然处在我很熟悉的县城，可我却从没涉足过。施甸大河从山里流下来，经过几个村子，再经过施甸中学后门，来到我们停留之处。河水不深，倒映着明艳的晚霞。我在河边站着，听众人谈论施甸文物。我头一次意识到，施甸的历史正如这脚下的施甸大河，虽说不曾汹涌澎湃，也不曾蜿蜒万里，可也有着自己独有的历程。

这些年，在保山收集文物的人，当然不止磊哥夫妇。比如还有和我同辈的李建康兄。他家住在观音寺，离外婆家所在的永平村不远。我去外婆家，必定从他家门口经过。然而，我到外婆家那么多次，从未注意到他家，只因从路边到他家，还得穿过一条虽直却窄的小巷。进入院子后，从一道窄窄的门绕进去，还能进入一处宽敞的院落。建康的妻子是傣族,在家里做傣族菜,将后院经营成一处独具特色的傣族菜馆。每次去他家吃饭,我们总要在前院坐坐,看看那些他从四处搜罗来的施甸古董,有太师椅,有香炉,还有各色陶器、瓷器、玉器。

我在案几上看到一片石头,攥在手里,冰凉,坚硬。问建康是什么,建康说,这就是"雷锲子"了嘛,老人们说,小孩子被吓到了,就用雷锲子煮水喝。这么一说,我想起来了,小时候经常听老人说谁的胆子大,是吃了雷锲子。原来,世界上还真有雷锲子这种东西。见我颠来倒去把玩,建康又说,这是新石器时期的石斧啊,是在打黑江边捡的。我说,这都能捡到?建康说,打黑江边以前多呢嘛,很容易捡到。我不知道这话真假,心思不由得远了。如果是真的,那曾经的打黑江边,得有多少古人在活动?

过了几天,又到建康家里吃饭。饭后已是夜里十点多钟,建康要去打黑江边抓鱼,说是和人约好了。我是没去过打黑江边的,但知道那要翻越重重大山才能到达,路虽然修通了,却仍然不好走,何况已经很晚了。建康不管这么多,说已经在县城找好车了。我犹豫了一下,终究没有一起去。如今回想起来,倒是有几分后悔。或许去了,我也能捡到 两枚能为我壮胆的雷锲子呢?

回到上海后,我总还想起这事,总想起那枚被我握过的"雷锲子"。和建康说,雷锲子多少钱一个?我想买几个。建康说,你要这个?那我送你两个得了。过不多久,两枚雷锲子便从施甸远道而来。现在,它们就静静地躺在我的书桌上,躺在现代电力造就的温柔的灯光下。它们真是石斧么?我不是考古专家,并不能确定。但我确实能在它们身上看到明显的打磨痕迹,它们也很适合握在手中,冷硬,笃定,恰可作为击打或切割的工具。

保山地处边陲,并未深度参与中国的大历史,直到西汉元封二年(公元前109年)内附,保山的"小历史"才和中国的"大历史"相关联。但在此之前,保山早已有无数先民繁衍生息。

1987年,施甸县南部姚关镇小汉庄北侧万仞岗,出土一个智人头骨化石,称作"姚关人",经专家鉴定,距今约一万至七千年,为国家一级文物,现存于保山市博物馆。头骨呈灰黄色,是云南旧石器时代遗址中发现的最完整头骨化石,且有一独特之处:上颌有两颗门牙不见了——据说是源于施甸一带的少数民族旧有风俗,女子在结婚时需拔掉两颗门牙。

2019年9月,也是和开磊兄等人一起,我连续看了好几处保山有名的历史遗迹。我们开车翻过重重大山,来到隆阳区平坡村。村口大青树下悬一口大钟,看了铭文,竟然是乾隆五年三月铸造的。在村中吃过早饭,沿南方丝绸之路永昌古道往下走,石板路上不时可见马蹄印。不算多么坚硬的马蹄,竟能在如此坚硬的石头上踩出一个个深坑,不能不让人惊叹。

走到霁虹桥边,看到一面摩崖石刻。这不就是我在书里看到过很多次的霁虹桥边的摩崖石刻么?这些石刻最早是明代的,前前后后,凝聚着五百年的历史,其中就有明代永昌人张含的《兰津渡》:"山形宛抱哀牢国,千崖万壑生松风。石路其从汉诸葛,铁柱或传唐鄂公。桥通赤霄俯碧马,江含紫烟浮白龙。渔梁鹊架得有此,绝顶咫尺樊桐公。"可不是说因为修建小湾水电站,2008年蓄水后就将这些石刻都淹没了么?我心中又是激动,又是惶惑。问了才知,眼前的摩崖石刻是复制品,原先的摩崖石刻连同老霁虹桥已经淹没在水底了。

一直陪着我们的村支书说，他小时候常在摩崖石刻边玩儿，那些石刻至少有现在的五倍大。我们听了，只能叹息几声。俯下身看，悬崖底下是缓缓流动的澜沧江水。正是雨季，江水呈现出浑浊的铁红色，流动得很是迟缓，几乎听不见水声。河面上有索道，还有新的霓虹桥，从这边滑到对岸或走到对岸，就是大理了。明嘉靖进士吴鹏曾在崖壁上题写"西南第一桥"，字大如斗，端肃恭严。俱往矣，现在所有这些题词，正被冰冷的澜沧江水日夜冲刷，或许早已杳不可寻了吧。在新的时间里，我们头顶正诞生着新的建筑，那便是赫赫有名的大柱山隧道。看不见修隧道的工人，只隐隐听得到机器声，忽然声如霹雳，人人抬起头看，一大块三合板直直坠下，拍在江面，散为齑粉，发出巨响，夺人心魄。

暮色深沉时，我们在老营吃过驴肉宴，才从澜沧江边回到保山城区。

第二天，去看仁寿门。始建于唐天保二年，几经翻修，重建于明洪武年间的永昌古城墙和八座城门在1949年前仍保存完整，如今，是仅余仁寿门了。城门不高，其上布满灌木和藤蔓。不少砖块松动了，门洞内倒还好，砖块不知经了多少人的手，起了一层包浆。穿过门洞，是一条安静的老街，街边的村子很老旧了，在午后显得格外岑寂。一大蓬紫红色三角梅从土坯墙后探出身来，郁勃丰茂，机警地藏起言语，花底一道窄窄的涂满蓝色油漆的木门打开，走出一位老者，站在花底下，拄着拐杖，许久不出一声。老者面向的地方，一道煊赫的大门，门两侧贴对联的位置蓝底黄字，一面写着"伟大的中国共产党万岁"，一面写着"伟大的领袖毛主席万岁"。穿过这道门，后面可见草木葱茏的太保山。不时有摩托穿过门洞迎面而来，也有摩托从身边闪过，穿过门洞远去。这些呼啸而过的摩托,在经过城门洞的一霎,仿佛正穿过新旧时光的屏障。

　　仁寿门是保山市重点文物保护单位,而保山城边,还有一处和城有关的遗址,则于2001年被国务院公布为全国重点文物保护单位,即汉庄城址,或称诸葛营遗址。我们驱车前往,穿过几个村子,又经过一些工地,来到一片农田间。田边立着一块石碑,石碑上分明刻着"诸葛营遗址"几个大字,抬头则刻着"云南省重点文物保护单位",最底下是两排时间:"一九八七年十二月公布","一九九三年二月立"。石碑后有说明:"诸葛营遗址,为汉晋时期古城址,始于东汉(公元25—220年)。遗址以城墙为标志,东西长365米,南北宽310米,面积11.6万平方米。城西有外廓,范围不清。城墙夯筑层次清楚,并有大量汉晋时期的几何纹砖、布纹瓦、卷云纹瓦当等遗物。东汉永平十二年,公元69年,哀牢夷内附,保山设为永昌郡,诸葛营遗址为了解这一历史提供了实证……"

　　四面望望,日光明艳,田地间一道长长的隆起,灌木莽莽榛榛,缭乱如同火焰。这就是当年的夯土城墙么?除开这一处隆起,目之所及,俱是农田,种着莲藕、玉米、山药和水稻,田埂上爬满开花的牵牛花,扎满不开花的笔管草。朋友说,走这么远的路,你就为了来看这个?我说,是啊,就为了来看这个。说话间,几百只树麻雀不知收到什么讯息,忽地从身边的稻田间飞起,一片灰云,喊喊喳喳,呼呼地扇动翅膀,盘旋几圈,密密匝匝地往远处飞去。

2020年11月4日0:59:01

胡晓明
始随芳草去，又逐落花来

母校七十岁生日，我们做了两个文献展，一是二十四位社科大师的文献展，一是华东师大作家批评家文献展。如所周知，除了书籍，更重要、更迫切、也更有特藏价值的文献，就是手稿了。我们的野心是在这个基础上建一个手稿馆。手稿包括文稿、手札、手迹、书信、书法、日记、笔记等，具有魔力价值与意义价值。鲁迅诗"怒向刀丛觅小诗"，手稿写作"怒向刀边觅小诗"，可以用来分析作家当时创作的心态：当初鲁迅先生改了这一字时，他的下笔何等勇敢呵！这就是意义价值。而故宫博物院里苏东坡的《送辩才法师诗》，那种高人交流的气息，宋代文明的气场，就是魔力价值了。

人类已经进入书写革命与信息化时代，人们当然有充分理由怀疑图书馆做这些"前现代"的文献，有什么意义。有一个同学曾经问过我一个问题："老师，同学们到图书馆都不是来看书的，只是借这个地方上网，你怎么想？"图书馆已经越来越云端化、虚拟化了。前些天我还跟校长一起参加了一个重要的会议,学校跟阿里云公司签订了一项战略合作协议,涉及教育数字化正在加速发展这一课题,会议传递了一个重要共识:数字化,不仅是一个工具、一种方法,而且它是一场革命。数字化时代,图书馆可能越来越真的告别纸质时代了。近一二十年来,图书馆遭遇的是一场巨大的变革。然而在这样一场大变革当中,图书馆像一艘巨大的船,能够乘风破浪而未沉没在大浪之下,凭借的正是数字化智能时代的风力。而我们收集手稿,跟图书馆的转身,反差真大。不过,我并不就此认为,智能时代的云计算与古典时代的手稿馆是一种不共戴天的关系。图书馆作为人类文明一项古老而聪明的发明,历劫不死,自有其三生之精魂,自带其不朽之气场。我好几回在高大密集而寂静如林的书架前徘徊,仿佛听得见幽深的森林里无数伟大灵魂的低语声!如果说图书馆的使命是文明传承,那就从珍惜一张纸开始吧。于是这个文献展,这个手稿馆,又从云端回到土地,也有点像往后看,我们在这里相聚而流连,重新去寻找过去的记忆;我们回到一张纸、一行字、一支笔,回到纸质的时代,好像又成为一个时光的游荡者,一个收集往日岁月的收藏者、穿越者,一个弯下腰来的拾稻穗者——反者道之动,我们暂时返回到那样一个纸质书写的时代。有时候,也许时代的发展太快了,我们的步子太快了之后,我们的灵魂会赶不上。

所以,学校说七十周年校庆,图书馆做点什么活动?我就想能不能以文献展这种方式来给七十周年做一个献礼,这样好像是古代的一种方式,传统的纸质与手作的方式,收集一些往日时光的回忆,留存一点温暖的人情味,做一个温暖的图书馆。正如展览会大家看到的,见字如面的感觉很不一样。正如我们常常在线上课,线上线下的感觉完全不同,线下就亲切得多,有很多丰富层次的交流,线上就好像是对着机器,对着冷冷的玻璃板自语。所以我们要做一个见字如面的文献展以及后续的手稿馆,甚至我都想要收藏某个作家的一支钢笔、一盏台灯、一块橡皮擦。一草一木总关情,总之,我们要做一个温暖的图书馆。其实一个好的学校里的每一个系所、每一个机构,它的背后根本的就是活生生的人,活生生的生命。所以首先要有对人的命运、情感与个性的关心,有对人的关心的学校,才是一个温暖的学校。我们图书馆人,首先温暖我们自己,然后我们才能够温暖这个世界。

手稿馆与文献展,当然还有打捞当代学术史料、文学史料的意义。这就从图书馆自身,延伸到了外面的学界与文化界。不久前上海市社联做社科大师的媒体宣传、纪念活动与学术地图,也用上了我们收集的老照片和信件、日记等资料。前几天学校举行纪念地理学家胡焕庸先生诞辰120周年活动,也用上了我们新建的名师库中的种种文献。这些都只属于华东师范大学图书馆的特藏,是学校生命记忆的一部分。感谢支持作家批评家手稿展的所有捐赠人与借展人,他们翻箱倒柜地找出了尘封的书写时代的留存物。我们可以透过这些略显发黄的纸张,看到当代学术史与文学史的皱褶里被忽视的细节,感受到历史与人物在场的气息。譬如,有几封作家之间私人的书信,真切地传递出上世纪九十年代文坛的一种空气:一种沙漠化、人文精神枯干、功利与拜金流行的空气。某作家写道:"真正的旁观者(比如你我)能否有理由和可能保持冷静? 旁观者的写作是否是一种奢侈? 这个问题对写作者来说非常关键。"类似这样一些严肃、用心的讨论,为后人唤回了时光,作家朋友之间的亲切问候、相互砥砺、彼此激励,正是丽娃河畔作家与批评家不甘于风花雪月、不坠于虚无主义,而更富于精神生活的见证。

当代作家的手稿都有收藏价值么？最著名的大学手稿馆也曾经遇到这样的问题。英国著名诗人菲利普·拉金（Philip Larkin, 1922—1985），曾在一篇讲辞《被忽视的责任：当代作家手稿》中写道：二十世纪初，牛津大学图书馆等英国图书馆，由于不关心当代诗人作家的手稿，结果那些手稿被美国一些大学图书馆收购。当时有图书馆馆员提出，他们不知道谁的作品将来会有收藏价值。拉金回答说："当然是一个极度错综复杂的问题，而且还会引发文学评估的全部话题，但我并不认为这就是放弃收集手稿的理由。就像我从不认为如果猜不准哪匹马能够跑赢，就不该下赌注一样。"他又说，"我怀疑，如果一位图书馆馆员对这种魔力加持不产生丝毫反应，他能否成为一位出色的手稿收集者"；"一个国家的写作者是它最珍贵的资产财富。如果英国的图书馆馆员将这些手稿的收藏保管拱手交付给其他国家的图书馆馆员，等于是以不可挽回的方式，漠然放弃了自己最具回报价值的一项责任"。（见《思南文学选刊》2021年第5期）

拉金还提到一件令我深感惭愧的事：二十世纪三十年代，美国布法罗大学洛克乌纪念图书馆馆长查尔斯·阿布特曾发起一项运动——他注意到作者手迹对于全面研究一首诗的重要性，所以开始向诗人们写信索要手稿。1938年春，阿布特居然乘坐著名的阿奎塔尼亚号邮轮，到英国四处采访，依靠一己之力开展这项行动。三个月内他拜望与接待了不少诗人，取得很大的成功。——而我这回收集作家批评家手稿，只不过动动手指，在朋友圈里转发了几回征集函而已。弯下腰来，柔软身段，是每个图书馆馆员做手稿收集应有的态度。

许江教授曾为王元化先生办过一个手迹展，他的序名为"敬正的风神",其中写道:"王元化先生是我们尊敬的一位著名学者,他以一种温厚的笔法,书录他的著作语要,书写敬正风雅的文人气息,文质而彬彬,可谓形美、义真而入自在与感心之境。这种重书写内涵、重书之风神的学者书艺,正应为今日学界所推崇。"

我的好朋友张索教授曾经在书法系带领学生发起用毛笔书写日记的活动,称为"敬书"。我们在图书馆也用多种形式,推广手写的书写活动。

当今,机器写作时代、信息洪流时代所导致的粘贴重复、抄袭风、图片化甚至口水化、粗暴化,跟大学生不注重敬正的书写,错字连篇,废话满纸,整体写作能力下降、独立思考能力下降,内在是有关系的。正如林毓生教授指出:"当代年轻人在聊天软件里快速反应,即时回复,时间久了容易形成'浅碟子思维'。手写时代的写作品质正在被侵害。"也许我们无法抗拒新的书写方式席卷天下而来,然而我们仍然坚信书写本身强大而持久不衰的生命力。这个时代是双刃剑的,我们希望能发扬中文系的书写传统,能面对中文写作的问题危机和契机,有办法珍惜写作、守护中文。

禅宗有一则公案,问一个和尚:"从何处而来?"答:"始随芳草去,又逐落花来。"落花芳草,堂前旧燕,恰是大化生机,往复循环,法无去来,不住成坏的启示语言。俟手稿馆成,当大书一幅,悬于首端!

二〇二一年十月三十一日

单三娅

又到伊犁
——王蒙笔下的新疆

又到伊犁了。这是第三次,我与王蒙一起回到他的故地,他的忘不了的巴彦岱。

2013年巴彦岱镇修建了"王蒙书屋",如今已成为旅游景点和教育基地,出版社常有捐赠。今年7月上旬,江苏凤凰出版传媒集团又捐赠了1 300册各种版本的王蒙著作。捐赠仪式那天,在王蒙书屋小院的凉棚下,我们见到了肉孜·艾买提、哈力·艾买提,还有乌兹别克族的曼苏尔老师、汉族的金国柱和他的妻子张淑英等等。五十六年前的老相识们把王蒙团团围住,握手、拥抱、问候、流泪、大笑。透过人群,王蒙招呼我:"来,给你介绍一下,这是我写过的一批朋友们。"

其实我们是见过的,这次,我又仔细端详了一下。肉孜·艾买提穿白衬衣,戴紫花帽,脸色黝黑并刻着较深的纹路,他规规矩矩戴着防疫口罩,可是为了说话又拉到下巴上。王蒙的《哦,穆罕默德·阿麦德》中有他的影子。小说中的穆罕默德·阿麦德是那么完整的一个人：机灵俊雅，读诗说汉语，爱与女社员调笑，倾囊而出善待他人，在大锅饭年代用小砍土镘，在按劳取酬年代用大砍土镘，他当面顶撞干部为自己辩护，他向往过好一点的生活差点被打成"特务"。总之，他不是老实巴交的人，但他是好人，"绝无狭隘的地方民族主义"。小说结尾王蒙写道，阿麦德的妻子回南疆娘家探亲去了，他伤感地说，如果妻子不回来，他就到伟大祖国去"到处流浪"。我问王蒙，他的命运怎么那么让人遗憾？王蒙说，人生有这一面啊！眼前的肉孜·艾买提，如果说年轻时多情善感，如今也是成熟稳重的老者了。

迎面走过来的大胡子，高大伟岸，他就是当年的民兵队长哈力·艾买提，一看就是个爽朗人。他是王蒙《边城华彩》中民兵连长艾尔肯的原型之一。虽然家境不大宽裕，艾尔肯没有经常回请其他社员，但却永远是聚会上最受欢迎的人，他"又能喝、又能唱、又能说笑话……但又绝不流于庸俗"。"艾尔肯"曾有得意手笔，就是让王蒙协助写批判稿，给村里赢得了三十张看"批判电影"《冰山上的来客》的票，结果社员们浩浩荡荡、快快乐乐，与民兵一起高喊着"批判批判"，骑着马去伊宁市绿洲影院看电影，度过了美好的一天。

哎，这次不见了老支书阿西穆·玉素甫，他于2019年离世。上次他和王蒙拉着手很久不放的情形我还记得。别的民族名字我常常说不清，唯有阿西穆·玉素甫这个名字，我记得不含糊，因为王蒙没少提他，说他是土改时的积极分子，没多少文化，办事却很有水平，正派廉洁。王蒙知道他有病，生活困难，上次回京以后，逢到过年，就给他寄5 000元，当地帮我们送钱的同志还给他拉去了煤。老支书肯定知道，他当年领导的汉族小伙子一直惦记着他呢！

还有一些故人，王蒙再也见不到了。他回忆录中写过的在一个屋檐下共同生活了六年的房东穆敏老爹和阿依穆罕妈妈，王蒙1981年回伊犁时看望过他们，后来妈妈双目失明后去世了，老爹也不在人间了（《虚掩的土屋小院》）。还有能说大话又能干的依斯麻尔，多年前就英年早逝了（《好汉子依斯麻尔》）。

王蒙笔下的新疆，远不止我们所见所想的欢歌笑语的样子，那是五味杂陈、阴晴圆缺、春夏秋冬的全活。小说《淡灰色的眼珠》中，木匠马尔克一门心思要让得病的美丽妻子起死回生，不惜倾家荡产，结果连妻子托付的深爱他的姑娘最终也没能得到他的眷顾。在《爱弥拉姑娘的爱情》中，对于不顾家人反对远嫁天山公社的爱弥拉姑娘，虽然世俗都认为她没有善始善终，但是王蒙从她付出的代价中体会到了她曾有的幸福。他写得最动情的还是他的房东二老——穆敏老爹和阿依穆罕妈妈："我觉得他们给了我太多的东西，使我终生受用不尽。我觉得如果说我二十年来也还有点长进，那就首先应该归功于他们。他们不贪、不惰、不妒、不疲沓也不浮躁、不尖刻也不软弱、不讲韬晦也不莽撞。"（《虚掩的土屋小院》）这是多么高的评价和自省。

在《这边风景》中，王蒙塑造和提到了七八十个人物，其中有宽阔而且智慧的伊力哈穆，有温柔坚强的雪林姑丽姑娘，有被艰难的日子磨炼了的委婉坚忍的乌尔汗。除了维吾尔族，他还写了汉、哈萨克、锡伯、俄罗斯各族各色的伊犁儿女。王蒙在新疆，不是干部下沉，不是体验生活，他在伊犁是一名公社社员，各族群众对他不掩饰，喜欢与他喝上一杯，喜欢向这个汉族"老王"倾吐内心，从不讳谈自己生活道路上的挫折。他们有着质朴善良、讲礼貌、重情谊的优点，想办法把日子往好了过，把难事往开了想。可是他们又有着不讲效率、时不时动个小心眼儿的弱点。王蒙能够同情他们的欢乐与忧伤,了解他们的质朴而狡黠,知道他们的快乐与艰难。

在新疆的十六年中,王蒙有八年在伊犁巴彦岱度过,其间担任过副大队长,即新疆维吾尔自治区伊犁哈萨克自治州伊宁县巴彦岱红旗人民公社二大队副大队长。王蒙说,伊犁是好地方中的好地方。怎么个好法,王蒙深有体会。伊犁是肥美的河谷,是戈壁荒滩上的绿洲,王蒙与社员们一起,四时农忙,永远有干不完的活儿。很难想象当时瘦弱的王蒙能当多大的劳力,但他确实受惠于体力劳动锻炼,他的肩臂胸都挺厚实,不单薄,至今八十大几的年龄,不大出现肩疼腰疼这样的问题,直让我这个六七十岁的人惭愧。他回忆过在大湟渠的龙口会战,写到过扬场、割麦、植树、浇水、锄地、挑水、背麦子、割苜蓿、上房梁……这些要劲的活儿他全干过!

在中国版图上,北京之去新疆,一东一西,不知几千里也。而伊犁,更是在新疆的紧西边,与北京的时差是两小时四十分钟。如今从北京到乌鲁木齐,坐飞机也还要三个半小时呢,再到伊犁,则还需坐一个多小时的飞机。王蒙说,他第一次到新疆,先从北京坐火车到西安,沿途穿过保定、石家庄、邯郸、郑州、三门峡,到了西安住上店,游了大雁塔,再出发,经天水、兰州、武威、酒泉、乌鞘岭、嘉峪关、哈密、吐鲁番,最后到达乌鲁木齐。乌鲁木齐再往正西600公里,才到伊犁,紧挨着边境了。每次我懵懵懂懂坐大半天飞机到了新疆,都不禁要在心里问一句,王蒙当年怎么下得了决心带着全家去新疆?当然我知道,他说过,是为了争取一个更大的写作空间,也为了到一个完全陌生的地方,实践毛主席"经风雨、见世面"的号召。但这毕竟是从地域到心理的一大转折,某种意义上也是人生一大挫折,而且竟然是多少有些主动的选择。还是得说,对于王蒙来说,奋斗高于退缩,追求心大于平常心。

由王蒙与伊犁的关系这个话题出发,我的好奇心使我由点射面地拓展,丰富了对新疆对伊犁的更多认识。

到伊犁,不能不想起一个人,那就是林则徐。这位有着清醒的民族忧患意识的清朝禁烟功臣,一生中多次被重用又屡屡遭贬,也曾被遣戍伊犁踏上漫漫征途。伊犁林则徐纪念馆位于伊宁市经济合作区,占地很大,一片开阔。民族英雄林则徐像屹立馆前,他未戴官帽,面部微斜仰视远方,身后墙上镌刻着他的《伊江除夕抒怀四首》。伊犁三年期间,在推广先进农业技术,助力当地生产发展的同时,他敏锐地意识到英俄外部势力对我新疆领土的觊觎是一大隐患。过去我只知左宗棠自筹资金收复新疆,但是在林则徐纪念馆,我又发现了左宗棠收复新疆的原始动力。1849年林则徐再受起用,因病告假休养,在从伊犁返回家乡的路途中,曾约久闻其名却从未晤面的左宗棠于湘江小舟上一见。一个是赫赫有名的65岁的一品重臣,一个是抱负未曾施展的37岁后生。据记载,1850年1月3日的长谈,家事国事天下事,无不壮怀激荡、同声相应,终使林则徐以"西定新疆,舍君莫属"相托。之后不到一年,林则徐病逝,二十八年后的1878年,左宗棠打败了英俄支持的入侵者阿古柏,收复新疆。当讲解员讲完这个故事,我在心中直呼,这真是一次天衣无缝的壮志传递!使命对接!而这不负重托之人,当时仅只是一介布衣而已!

新疆从来就不是一片静土。自汉代并入中国版图,至清代左宗棠收复之后设省,至现代人民民主革命时期,这片广袤多元的土地上,不断地演绎着割据、分裂、融合、斗争的故事。新中国成立以来,作为祖国西大门的新疆伊犁地区,风云激荡,在国家认同与中华文化认同的主流之下，一直有着分裂势力的暗流涌动。在《这边风景》中，王蒙就有关于上世纪60年代伊塔事件的描写。但是最近几年再回新疆，我们看到的是干净整洁的农村街道，置身的是花团锦簇的村民小院，听到的是各族人民友爱的心声——新疆与祖国一起走向了小康。当年边民外逃的关口霍尔果斯，如今成了国际贸易大动脉的繁忙口岸。

虽已是知交零落，虽然从新疆调回北京已经历时四十二年，虽然已经进入耄耋之年，王蒙依然不断回来，不断回到他逆境中的福地，不断捡拾着新疆记忆，温习着伊犁和新疆各族亲人恩人般的怀念。他见到他们时那种回到过去的兴奋，那种相亲相爱、满眼泪水的动情，还有他讲起维吾尔语的眉飞色舞，陶醉激越，使旁观者也为之感动。他最爱说的是，困难挑战只是一时的骚扰，新疆各族人民的团结，伟大祖国的凝聚统一，永远不可战胜。

掰馓子喝茶吃瓜果，大家围坐条桌，永远有说不完的话。哈力·艾买提夫人有心地送给我一条黑花披肩，我戴着它与王蒙在巴彦岱红旗人民公社二大队队部前和大家留影。

王蒙常常对改变了自己一生的抉择而满意。为什么不呢？新疆不是他的苦难远行而是他的一个生命高地。新疆的太阳，给了他足够的钙质和强壮；恩重如山的新疆人民，给了他温暖的生活和情感；新疆同胞的语言和表达，使他增加了对不同语言的感受与修辞能力；甚至新疆人自强不息的嘚瑟劲儿，也给了他生活的激励。十六年的财富足以惠及一生，十六年同甘共苦的人民，成为他永远的念想。

徐则臣
向南,向西,向西南
——重走西南联大之路

凌晨五点,我在沅陵的雨声中醒来。这是2020年11月1日。一夜乱梦,一队人马在旷野的泥泞中前行,雨水铺天盖地。睁开眼,耳边响起的正是浩荡的雨声,豆大的雨点落在窗户和屋檐上,噼噼啪啪。昨晚太累,睡前竟忘了关窗。起来关了窗户继续睡,还有一天的路要赶。

这是"重走西南联大之路"的第二天,按计划,这一天我们要从沅陵到新晃。

昨天一早,我们从长沙出发,坐车兼步行,一路向西。走益阳、过常德,走走停停,到沅陵时,天已经黑透了。在此之前,是向南。至少对几位从北京来的朋友是,一路南下,我们从北京汇集到长沙。当年的西南联大差不多也是如此。1937年,卢沟桥事变后,华北日益动荡,直至日军占领了平津。日军不仅要占领城市,还要接管大学,他们深知文化之于中国的意义。为求学术的自由与薪火存续,北大、清华两所大学的师生从北京出发,南开大学的师生从天津动身,三校会聚湖南岳麓山下,成立长沙临时大学。八十三年前的这一天,11月1日,正是长沙临时大学开学的日子。不想其后日军侵袭加剧,长沙也放不下一张平静的课桌,临时大学遂决定继续向西南迁移,至云南的昆明,于是有了赫赫有名的国立西南联合大学。

前往昆明新校址有三条路线:一是走海路,乘火车经广东、香港,然后乘船到越南海防,再从河内换乘滇越铁路火车到昆明;另一条是陆路,由湘桂公路,经桂林、柳州、南宁,通过越南到昆明;第三条路线,穿越湘西、贵州和云南东部到昆明,全程三千六百里,徒步穿行。我们的"西南联大之路",走的就是这条线。当然,今日之重走,与当年三校师生的三千里穿越不可同日而语,且不说我们全程以舟车为主,徒步只是极少的补充,单看这条线上的道路,岂是当年的荒野泥泞可比。1938年的云南不像今天,全天下的人都去观光旅游,昆明、大理、丽江、西双版纳等地,一到节假日就人满为患,那时候云南还是极为偏僻的省份,内地到昆明的道路极尽迂回和复杂,山高路远,长路漫漫,行程之艰险可想而知。有鉴于此,长沙临时大学规定,只有男生才能报名这个"旅行团",还得通过相关的体检。

这个旅行团全名"湘黔滇旅行团",先期曾定名为"湘黔滇步行团"。284名男生入选,占到所有南迁学生的百分之三十。团员名单中,有任继愈、丁泽良、查良铮、郭世康、刘兆吉、屠守锷、李鹗鼎等,若干年后,他们都在自己的领域内成为卓有建树的大家。

我最早对西南联大产生兴趣,就源于查良铮。搞翻译和做学问时,查良铮用原名,写诗时署笔名穆旦。我视他为现代文学史上最好的诗人之一,念大学时疯狂地喜欢他的诗歌和译作。念研究生时,还选修过新诗研究专家孙玉石教授的"穆旦诗歌研究",学期论文是考察穆旦一首诗的变迁,对该诗作从初稿到一次次修改稿直至定稿作系统的比较研究。因为穆旦,我开始关注西南联大,继而因为研读朱自清、沈从文、钱锺书、汪曾祺等人,逐渐开阔和深入了对西南联大的兴趣。加之北大是我母校,在校园里也无数次看过西南联大纪念碑,越发觉得与西南联大有着某种断绝不掉的血缘关系。这也是腾讯组织此次"重走西南联大之路"时,我第一时间举手响应的原因。

湘黔滇旅行团中还有一位未来的作家,《未央歌》的作者鹿桥,后来去了台湾,名单里记下的是他原名吴讷孙。还有一位英语专家,许国璋先生,念书时我学习过他的《许国璋英语》。

1938年早春,旅行团师生三百余人从长沙出发。为确保此次行军安全,当时的湖南省主席张治中选定中将黄师岳担任旅行团团长,校方派出的团长是南开大学的黄钰生教授。随行老师也要求年轻力壮,经得起折腾,这些中青年的教授中,有闻一多、李继侗、曾昭抡、袁复礼等人。团员统一着装,土黄色军服、绑腿、干粮袋、水壶、黑色棉大衣、油纸雨伞。二月的洞庭湖水波浩渺,风带寒意,师生一行乘船三天两夜到达益阳,上了岸,正式开始三千里的徒步远征。不为赶路而走,出发之前,长沙临时大学的通告里写道:查本校迁滇原拟有步行计划,借以多习民情,考察风土,采集标本,锻炼体魄,务使迁移之举本身即是教育。

1930年代的中国西南,路很不好走,年轻的学子们想来也很久没有长途跋涉的经历,头三天脚全起了泡。三天后,适应了,开始健步如飞。幸亏行前提醒了不要穿皮鞋,胶鞋也尽量别穿,布鞋最好,要不就不单是起泡的问题了。他们走起来,发现布鞋也非最佳,最管用的是草鞋,不怕脏不惧水,空间也大,脚自由,还有足够的弹性。唯一的弊端是不经穿,一天下来就散架,好在便宜,几个铜板一双。沿途走村过镇,老乡们都穿草鞋,人人都是打草鞋的能手,随处有卖,师生们就买一双上脚,再买一双别在腰间备用。

旅行团只负责走路和背负简单的行李,大件行李都放在两辆汽车上。车速度快,每天负责打前站,提前跟老百姓协商,租用空房子给即将到来的师生们住。租下房子,再买足够的干稻草铺地,大家就睡草上。管后勤的是团长黄钰生教授,后来做了西南联大师范学院的首任院长。他计划每天的行军路线、宿营和伙食问题。山高路险,行军速度受限,一天从早走到晚,也就三十到五十里路,多了大家受不了。偶有多的,那真是急行军,最多的一天走了五十三公里,一百零六里。队伍拉得老长,先头部队吃过饭躺下很久,最后一批才半夜来到。

除去大自然的威胁,行军途中还遭遇过土匪,尤其湘西,三不管的飞地,向来匪患猖獗。据说张治中曾与大小匪帮们打过招呼,但似乎也不完全管用,还是经常被土匪们盯上。旅行团一副军人打扮,从面前经过,老百姓就觉得奇怪,这是哪来的队伍,一群年轻的娃娃,背后黑乎乎竖着的,不是枪,是油纸伞。土匪们不会蹭到跟前看,远远看去一支庞大的队伍,油水肯定不少,被称为"湘西王"的土匪头子就误以为他们是正规军,半道上拦住要买路钱。李继侗先生出面跟他们交涉,晓之以理,动之以情,方才放过。也没有白白放,旅行团还是被迫"意思"了一下。

资料中记载,旅行团在沅陵的凉水井镇也躲过一个晚上的土匪。11月1日这一天,我们最先去的一个点就是凉水井镇。这地方是周佛海的老家。雨一直下,温度骤降,我把能穿上的衣服全都穿上了。早上八点出发,车在雨中沿319国道前行。水汽弥漫在车窗玻璃上,窗外一片漫漶,恍惚间大路如水、大水如路。

确切地点是在现在的凉水井镇中学。旅行团走到凉水井,据传土匪要来,师生在驻地警备了一个晚上,土匪"爽约"了,有惊无险。我们进校园时,正值周末,学生没课,天又在落雨,人更稀少。校领导到底是文化人,很看重这段历史对学校的传统和当地的文化影响,但对我们也只能大致介绍当年的情况。无米之炊难做,旅行团在当地留下的传说并不多,也没法多,路过而已,转瞬即逝。不过这已经很好了,前一天我们经过另外两处旅行团行经之地,向当地人问讯,一无所知。一处名官庄,一处是马底驿乡的牧马溪村。

在官庄据说也遭遇了土匪。这一队人马远远看着太像军队了,土匪们小心翼翼地围上来,才发现这群穿军装的后背上戳出来的不是枪,而是捆扎好的雨伞。我们在官庄的指示牌下出了高速,同行的闻一多先生的长孙、社科院的研究员闻黎明老师帮我们钩沉了当年的这段历史。他是研究西南联大的专家,也是电视剧《我们的西南联大》和此次"重走西南联大之路"文旅线路的学术顾问,一肚子南迁的故事和细节。这条线他走过多次。当地人对我们的到来很是茫然,抱着孩子站在路边看。

牧马溪村情况也差不多,当地人只知道红军当年途经这里,曾驻扎过一些时日,至于走过一队学生娃,毫无印象。雁过无痕,啥也没留下。经过而已。此地乃是南来北往之要冲,天下泱泱,那时候又兵荒马乱,每天不知道要经过多少陌生面孔,升斗小民,贫苦与离散,自顾且不暇,哪有闲情去打问和记忆过路的每一支人马。八十年过去,时移世易,得多大的传奇和遗迹才经得起浩荡时光的筛选。当年的文字记载里,缘山的道路都是土石,一队人过去尘土飞扬,现在都是水泥国道,在阴雨天里闪着坚硬的光。人家还如当年那样,依山而建,房子高大了,也气派了。我们认真走了这一段牧马溪村的路,看着零散的人家在落雨的傍晚渐次点亮灯火,炊烟从潮湿的屋顶上飘摇而出。因为是环山,道路也一圈圈有了层次,过路车辆络绎不绝,强劲的灯光扯出一条条红白相间的光带,让山间阴郁的夜晚有了一点魔幻色彩。

出凉水井镇,我们继续沿沅江而行,水势浩大,滔滔不绝,与我们一起穿行在莽苍的大山之间。我喜欢叫沅水,大约是看了沈从文先生的文章,先入为主的好感。山间高速都是高架,一根根水泥柱子细脚伶仃地在高山大谷中高举起一条曲折蜿蜒的平坦大道,这种道路状况一直延伸到贵州。都说贵州的高速公路是人间奇迹,湘西的这一段也是。1938年穿草鞋拄拐杖挥汗如雨的联大师生们,是断断想不到道路还可以这样走的。天堑变通途,那个见一面就得翻越一座山的时代一去不回了。

高速公路有高速公路的效率,翻山越岭的步行者也有步行的乐趣。三千六百里、六十八天的长途跋涉,确是一次开放的课堂。一片积贫积弱的苦难大地、一个辽阔壮美的华夏河山,同时展开在联大师生面前;一个磅礴复杂的乡土中国、一种深邃幽暗的市井民间,也开始进入象牙塔里的年轻学子心中。北大外文系三年级学生林振述步行第一天的日记,以"林蒲"为笔名发表在1938年春的《大公报》上,在日记里他写道:

我们的船,就在当天晚上12时前后开出的。长沙与零散的街灯,很快便落入黑色的夜空。

船,交给小汽艇拖着前进。艄公抽出身子来,和我们闲谈。

他说为了我们的走,他的船被扣了二十多天,才领到两块钱伙食费。

"你为什么不逃走呢?"

先生们:这个码头不封扣我们,那个码头便封扣我们,我们没得法子哈。

问到他为什么不把我们的事,当作他自己的事看待,他眯眯眼睛说:"先生们天天吃肉,我们放几把盐巴度日咧!"

痛苦的心,像夜,日子无边地、忧郁地,压着这老人。

南迁之路上的闻一多先生刚满四十岁,四十当是不惑的年纪,他觉得自己刚刚开始认识中国了。步行途中,他给友人写了一封信:

国难期间,走几千里路算不了受罪。

再者我在十五岁以前,受着古老家庭的束缚,以后在清华读书,出国留学,回国后一直在各大城市教书,过的是假洋鬼子的生活,和广大农村隔绝了。虽然是一个中国人,而对于中国社会及人民生活,知道得很少,真是醉生梦死啊!现在应该认识认识祖国了!

这当然是闻先生的自谦和自省,但这一路对中国西南的田野调查,不能说没给他和联大师生们以前所未有之震撼与省思。闻一多先生看见了乡土中国之清苦,也看见了大好河山的壮丽。行至贵州镇宁,在火牛洞里传来英文歌曲《桑塔·露琪亚》,唱歌的人就是闻一多。

"《桑塔·露琪亚》这首歌是什么意思呢?"闻黎明老师介绍,"歌词写的就是港口旁边的一个长工,欢迎客人到船上来,他划着船到海上去兜了一圈,一边兜圈一边唱歌,唱什么呢?唱我的家乡,那种自豪感。……闻一多爱国,这首诗也是爱国的,都很优美很抒情。"

行军的途中不惟见识了民间的苦难、洞察了中国的现实、领略了山河之美并讴歌之,还在各自的专业与爱好上有所长进。专业不同,寓教于行的方式也有所差异。文学系的学生采风,生物系的学生采集标本,社会学专业的学生专心社会调研,还有人专画经行各处民房的窗棂。南开大学的学生刘兆吉,一路搜集少数民族的民歌民谣,到了昆明出了一本书,叫《西南采风录》,收了两百多首歌谣,闻一多先生给写了序。闻先生盛赞这方式好,当年诗经就是这么搞出来的。

闻先生也有爱好,一路素描写生。到昆明,我们参观了闻一多纪念馆和西南联大博物馆,看到了一些闻先生的画作,不少都是西行路上的收获。他把写生当作日记来记。闻先生的大胡子也是从那个时候蓄起的。急行军中,顾不上剃须,他便与李继侗教授相约,同为抗战蓄须,抗战不胜利,胡子不刮。

离开凉水井镇中学,驱车至新晃县。新晃原名晃县,古称晃州。据说因境内有晃山而得名,但晃山究竟在哪,考据频出,争议也多,莫衷一是。不管此晃何晃,看见各种招牌广告上的"晃"来"晃"去,真就觉得脚下似有不稳之感。汉字就这么奇特。到新晃必到龙溪口古镇,当年旅行团曾驻留此地,梁思成和林徽因夫妇也曾暂寓镇上。

龙溪口在沅水上游,明清时即是商业重镇。大码头的遗迹赫然可见,码头处水面开阔,两水汇流冲积出一片扇形的河滩。现在水势浅薄,但依河滩规模度之,当年必是水流雄浑跌宕,百舸争流不在话下。商人们沿沅水往来,尤其江西的赣商,多会于此,经营木材、油盐、布匹等生意，置下成片累牍的店铺与宅院。满眼所见的古建筑多是他们的家当，至今保存完好，门楣上还写有某商号、店铺和票号的字样。还有银楼、会馆，当然也有青楼，竟也都留了下来。

1938年3月，联大师生到此。万寿街53号，过去的三益盐店，即为旅行团辅导团驻址，古旧的门楼暗影斑驳，苔藓从阴湿的石板路面上长上来，门边挂着"旅行团辅导团驻址"的标牌。遗憾的是那天管理员不在，门上了锁，内院的景致和展览看不了，只能在外围观瞻。同样看不了的还有梁思成、林徽因夫妇的旅居地。福寿街8号，青砖白墙黛瓦，原为"临阳公栈"，不必看到里面，只这名字就该是个豪华院落。梁林二位来得早，1937年12月就到了。为躲避战乱，很多人自长沙西迁，正应了文天祥《过零丁洋》里的诗句：山河破碎风飘絮，身世浮沉雨打萍。途中林徽因患了严重的肺炎，不得不在龙溪口疗治。刚到镇上，找不到住处，四处打听，临阳公栈二楼住着中国空军杭州笕桥第七期的学员，也正往昆明撤，他们给夫妇俩腾出了地方，梁林二人在这房子里住了半个月。当地的朋友告诉我们，林徽因住在这里时，经常过河到对岸抓药。

新晃是个侗族自治县，生活有侗、苗、回等二十七个少数民族，想起南迁路上联大师生自觉进行的对少数民族的社会调查，我们也想借机拓展一下"重走"的范围，做一点"业余"考察。我是头一次到新晃，对这里的民族生活更是好奇。

陪同我们走访的那当地朋友是位作家，带着一个女弟子来，龙溪口人，说有问题可以问她。作家是个黑瘦的小个头中年男人，戴眼镜，稀疏的头发扎成一根小辫子垂在脑后，写过几部长篇小说，见了我们就问，哪位是获"茅奖"的林则臣？他把我跟林则徐弄到一块儿去了。

他对他的女弟子说,多跟作家老师们学一学,他家里有事,先走了。女弟子十六岁,一个白净清冷的小姑娘,穿一身印着"职高"字样的校服,专业是服装剪裁。小姑娘声音不大,但完全是侃侃而谈,跟一群陌生的叔叔阿姨聊天毫无惧意和羞怯。她的眼睛大而微凸,眼神好奇又清冷。

她说当地有个婆婆,是绣花的好手,人称绣花婆婆。绣花婆婆会放"桃花蛊",盛蛊的罐子放在一口漆成红色的棺材里。小姑娘说,当地有三种颜色的棺材:红棺材是给未出嫁就丧命的姑娘用的;白棺材给洞花女用;黑棺材是为死去的老人准备的。我头一次听说"洞花女"。小姑娘解释,洞花女指那些被山神迷住的女子,她们孤身居住在山洞里,头发都是白的。为什么头发也是白的,经年不见阳光吗?她没说。话锋一转,说她收了两个弟子,都是四川人,一个三十多岁,一个二十左右,都是男的,跟她学习历史和写作。再一转,她说她的理想不是成为作家,而是开个酒铺,只卖给女儿家喝的酒。

说话时表情静寂,目光扫过来有种凉飕飕的触感,整个人几无烟火气。这个有一颗"老灵魂"的姑娘,侗族,自取网名"药娘子"。一个小姑娘,十六岁,说自己叫"药娘子"时,我心中一凛。

1938年的湘黔滇旅行团,从长沙坐船到益阳,上岸后开始步行,经常德到桃源后,再乘船至沅陵,然后乘汽车至晃县,即现在的新晃。新晃之后全部步行,穿过贵州的贵阳和永宁(今关岭境内),再经云南平彝(今富源)到达目的地昆明。

在众多的回忆中,亲历者都提到穿行贵州的经历,行程固然艰苦,给师生们更深刻的感受是西南之落后、民生之凋敝。形容那个时候的贵州有一句话：天无三日晴,地无三尺平,人无三分银。自然环境之恶劣,贵阳远不是现在全国人民都羡慕的"爽爽的贵阳",经济上更无担当,名副其实的穷山恶水,唯一丰肥艳丽的就是罂粟花。

鸦片战争以降,中国人对罂粟早不陌生,未成熟的罂粟果实流出的乳白色浆液,制干后就是鸦片。在当时的贵州,这是很多地方农家的重要收入来源。罂粟花丰腴冶艳,与之相对的是面黄肌瘦的贵州人民,男人们饥饿潦倒,个个像抽大烟的瘾君子。抽鸦片的当然也不在少数,愈是贫苦,愈是经常自我麻醉,因而西南鸦片之泛滥,既是种植之无度,也是吸食的不能节制。三四月份正是罂粟花开的时节,漫山遍野富丽缤纷,散发出蓬勃浩荡的妖娆邪恶的气息,年轻的天之骄子行走在罂粟田畔,恨得牙龈都酸痛:今日尚可西迁,偏安云南一隅,但若醉心于鸦片,长此以往,人必无自主之力,国亦无御敌之强,怕是迁无可迁之地、逃无可逃之所了。他们没想到,很快云南也放不下一张平静的书桌,日寇的敌机很快就将追到昆明。

他们中间的一些人挥起手杖,奋力横扫那些妖艳的罂粟花。可是罂粟花何罪之有。乡村的生计有赖于此,还有比糊口更重要的事么？说到底,非民之过也,实国之罪也。他们又放下了手杖。西南人民的生活的确悲苦,但西南的人民又多么辛劳与隐忍。因为食用盐里缺碘,很多女人都患了大脖子病,她们拖儿带女,顶着个粗壮的头颈奔波在茅屋和田地之间。妇人劳作的场景让很多学生开始思考女性的生存和权利问题,也让他们获得了一个新的考察和反思乡土中国的角度。

很遗憾,自新晃之后,我们主要是坐车穿过了黔滇,汽车、火车、高铁,车窗外十一月的西南大地转瞬即逝。我所生活的北方此刻早已枝叶凋零、大地惨白,满眼的萧索,而在西南,青山绿水,一派欣然繁茂,尤其十万大山上的绿,雨水洗过后越发浓墨重彩,随时要顺着山坡流下来。车子穿行在山岭和旷野之间,我们经常一两个小时就走过了当年旅行团十来天的路程。

1938年4月23日,湘黔滇旅行团抵达昆明,学生一个都没有少。这一天适逢清华大学校庆日。相关资料中常会见到三张著名的照片,拍摄的都是旅行团到达昆明的内容。一是旅行团抵达昆明,在圆通公园内列队点名照。第二张照片上,是联大常委、清华大学校长梅贻琦先生与旅行团团长黄师岳中将亲切握手照,黄中将完好地将联大师生交到了梅先生手中。第三张是梅贻琦先生在致欢迎词,背后是已经先期到达的师生和来宾,面前是还穿着军装的旅行团团员。为迎接旅行团,赵元任教授还创作了歌曲《迢迢长路去联合大学》:

迢迢长路去联合大学
迢迢长路
迢迢长路去联合大学
去我所知最好的学校
再见圣经学院
再见韭菜园
迢迢长路去昆明
那是我心之所在

从那以后,在接下来的八年里,昆明人经常把一句话挂在嘴上:满街都是穿着长衫的先生。当然,有四五个月的时间,蒙自人也会把这句话挂在嘴上,因为西南联大的文学院和法商学院先设在蒙自,合并为文法学院,到1938年8月底9月初,才又迁回了昆明。

西南联大的昆明和蒙自两个校区我们都去了,行行重行行,与它们相关的历史和遗迹也都尽力做了知识考古和情感上的切近与体悟,有的是温故,更多的是知新。这是一段与三千里长途迥异的历史,更漫长也更丰厚,其间所涉的艰苦奋斗、抗战爱国、救亡图存、科学民主、学术自由以及西南联大辉煌的成就等,每一个主题要说清楚,皆非鸿篇巨制莫办。我力浅薄,不敢轻举妄动,故且按下不表。不过在昆明和蒙自走访的那段时间,还做了一件事,就是把《西南联大》和《西南联大八年记》两部片子看完了,此外还观看了刚杀青的一部电视剧《我们的西南联大》的部分章节。

前两部是纪录片,以第一手的影像和文字资料为主,间以当下的田野调查与访谈,力求最大限度地还原历史,并在新的时代背景下,就如何理解西南联大展开必要的讨论。史料选取之精准,问题意识之深重,在"重走"之后再体悟,犹如孤身回首,在时光的隧道里流连,历史的肯綮处和前因后果,一下子豁然开朗。而观看腾讯参与出品的《我们的西南联大》,却是另一番感受。该剧以学生的视角看取西南联大与背后的大历史,从平津至昆明和蒙自,正如我们的"重走",向南、向西、向西南,直至八年联大生活,细致地描绘了他们的热血成长与理想担当如何与西南联大精神达成水乳交融。如果说前两部纪录片着眼宏观与家国,那么这部剧则是瞩目细部与个体,以丰沛的故事与细节,最终实现了为文化抗战立传、为知识分子立像、为民族精神立碑。

往事已矣,能够凝结且存留下来的,是精神、传统和文化。料想这也是腾讯动议"重走"的初衷。重走很重要,重温更重要;重走的是一段历史,重温的则是一种精神、一种传承。何一种精神与传承?想来想去,还是西南联大的校训最为简洁有力,一切尽在其中,那就是:

刚毅坚卓。

2021年4月5日,穆旦诞辰日,安和园

章念驰
忆学工学农

在我读书期间,从小学、初中、高中的十二年中,竟没有上过一堂外语课,却上过不少时间的"学工学农"课程,在今天的人看来是不可思议的,但我们这一代人就是从这历史中走过来的。人吃猪肉羊肉,不见得会长猪肉羊肉,但总会得到一点营养,会留在身体里,"学工学农"何尝不是如此。

我不知道学生必须"学工学农"始于何时,总之我在读初中、高中(师范)时是碰到的,去过农村支援"三农",去工厂"学工"劳动,包括去"推粪车""推桥头""搬运图书"等。总之,那个时代培养学子,不希望学生纯粹读书,这样的教育方针利弊我不想去加以评价,但对我来讲都成了难以忘怀的经历!

先说"学工"吧!我至少去过三个工厂,一个是木工厂、二是汽车配件制造厂、三是针织厂。每周一次,每次半天或一天。"木工厂"是一个课桌椅加工厂,最大的印象是"灰"与"吵",锯木音之响,粉末飘浮之多，经久难忘，但我学会了使用锯子与刨子，这是工人老师傅教的，怎么收拾锯子与刨子是做木工最重要的，不会此技，无法做活，但我学会了，这让我受益终身。以后在家做做木工，刨刨锯锯，做个画箱之类，得心应手。"汽车配件制造厂"，是在威海卫路石门路的一条小弄堂中，简陋极了，车间很小，很多活在室外大棚下做，只生产一点配件而已，学不到任何技术，但这个厂的旧址上如今盖了个皇皇大厦，冠名"上海汽车集团"，见证了中国汽车发展历程，但它当年竟是一个里弄小厂。至于"针织厂"，在威海卫路昇平街里，是借用我一个同事家的大宅，生产运动衫裤，棉絮满屋，噪声终日，我真不知这同事一家是如何应付过来的。这些下厂的经历让我知道，劳动是如此机械单一，做人不要好高骛远……

"学工"还包括去参加社会劳动，如"推粪车""推桥头""搬运图书"……这些劳动，如今年轻人完全没有认识了。当时上海多数居民家并没有现代化便厕，都要自备"马桶"如厕，粪车每天清晨走街串巷，家家急急去把马桶中的粪便倒入粪车，然后由粪车运到苏州河的粪便码头倒入粪船。粪车像一个长方形黑色大木桶，架在两个轮子上，后面有两个把手控制，无论推或拉都很沉重，粪便在木桶中不停晃动，很不容易控制。一次我与同学们鱼贯地推着粪车从陕西路向南行进，经平安电影院正向威海卫路行走时，路很狭，对面又开来了一辆电车，我一慌一乱，粪车与电车左部相撞，一下子把粪车撞了个360°转身，粪车前插入了车身，我顿时人飞了出去，重重摔在行人道的墙根旁，半天才苏醒……拍拍身上灰土继续推车，一点没有嫌脏嫌臭的娇气。至于"推桥头"是到桥上去帮推三轮车、黄鱼车、大板车等过桥，当时交通工具多半是人工交通工具，过桥很费力很困难，帮助推上桥顶,很受欢迎。我们大多在西藏路的"泥城桥"帮推,这座桥长而高。至于"搬书"是去上海图书馆库房帮助搬运图书。总之,这些"学工"劳动,是让自己学会劳动学会吃苦,学会尊重工人,感到劳动的滋味,体会社会的温度……对一个人的成长不无益处。

关于"学农"就不多描述了,凡经过六七十年代的年轻人,几乎都"上山下乡"过,知道"学农"的味道。我们五六十年代的人,只是去支持"三秋"劳动,即"抢收抢割抢种",短期"务农"十天左右,但也脱了一层皮。我一共参加过两次,一次在黄渡,是坐火车去的,到站以后还要步行很久,行李则由船运过去,运行的船竟是一条粪船!我们住在农民家中,没有床,睡在一堆稻草上。吃饭是吃在农民家中,简直没有什么东西吃,这就叫"同吃同睡同劳动"。我最不习惯就是吃不饱,好在妈妈给我带了不少"炒米粉",好歹混了过来。我们的主要劳动是割稻,一口气割了六七天,然后是脱稻,好在是小伙子,弯得下身,学会腿与屁股挺得直直的,镰刀磨得快快的,身体压得低低的,弯得越低越省力,我终于顺利坚持过来了。但劳动一天后,身体其他地方还可以,不知为什么屁股疼得难以忍受。有的同学姿势不对,越干腰越酸痛,最后竟跪在地上割稻了,狼狈不堪。"三秋"劳动结束时,农家烧了一次新米饭给我们吃,虽没有什么菜,但这是我一生中吃过最最美味的一餐,米颗颗晶莹剔透,无比好吃。这样的"学农",让我们多少知道了一点国情,知道什么是农村,也不无好处。

回来那一天,天下大雨,满地泥泞,我们浑身淋湿,连跌带爬,勇往直前,直奔火车站,归心似箭,当时我身轻体健,一马当先,率先抵达。当时作为上海郊县,几乎没有公路,也没有电灯,与今天农村完全是两个世界。也许今天的中学生,已完全无法体会当年的我们与当时的农村,认为我们或许是天方夜谭!在他们的"动漫"世界中,哪里有我们这样的过去与历史呢?

如今六十多年过去,我真怀念当年的精力与体力,今日俯下身子拾样东西,都要大口喘气了,徒有一点美好或荒唐的记忆!

写于2021年3月6日

郑宪
总在遥望这工厂

工人博士,骤然离去。

消息,是他女儿传来的。

她在电话那头说,叔叔你不要来,还有其他人。爸爸生前嘱咐:自己最后走,只要吃相不太难看,就是福。他走时,晚上躺下睡,早上没醒来,没发脾气,突发心脏病。正好七十岁整。

只能遥望,在这疫情似无时有的日子。打电话给诗人顾,他们一般年龄,读中学在一个班。顾说自己的文学细胞缘于他。他曾用一本本练习本,抄录一部部世界名著里的格言名句,经典古诗词。这些手抄练习本,在中学毕业前,都送给如获至宝的顾,并说:从此,我要去追求技术,科学救国。那年,中国爆炸第一颗氢弹,他"激动得要昏过去"。

这些年,他每年都会去医院,甚至住院几天,"调理旧损机器,清除发病隐患",吃药、吊针,疏通淤塞的血管,然后似加了油的车,重新润滑启动。前几天,我和他联络,他说正加油呢,过几天出院。顾闻之,长叹,他怎么不打一声招呼就走了?!

以前我们会相约,到顾所在的莘庄。他从老闵行过去,我开车从中环线金沙江路赶往,从城市两个不同方向到达。顾在莘庄找家饭店,点几样浓油赤酱上海味道的菜,边吃边聊。他一直以老闵行为家,顾生于老闵行移居在莘庄,我在老闵行工厂仅八年青葱岁月,现在却对往事很追忆。几十年前,莘庄只是上海市区和工业新城老闵行中间一个不起眼的乡镇,而现在,从老闵行出行到莘庄,坐公交或轨道交通,反似乡下人进城。每次聚会,我担心他身体,叮嘱他:笃悠悠,中饭前到即可。可每次都是他先到,还常在顾的办公楼下等我。倘在夏日,他脸上会爬满津津汗珠,汗衫衣服透湿,让我生出很重歉疚。

谈老闵行的事,却很少在老闵行,感觉那里渐次寂寥。而当年,那是个热火朝天的熔炉。我们在一家几千人的工厂,我锻工,他磨工,厂道沿路有树荫,隔一公里多,南北两个车间角落,鸡犬相闻,老死不相往来。他说,当年闻锻工车间有个诗人,写一诗:"啊,走过来了,走过来了,一张张,乌黑的脸庞;乌黑的脸庞,映满清晨漫天的霞光"……就想,锻工的活脏死累死,怎么写得这样色彩斑斓?这个写诗的,不是年少轻狂,便是吹牛不打底稿。

这诗我写的。

我也讲个当年他的故事:小时候家穷透,初中毕业到工厂第一天(是1968年秋),拿到厂里发的一个月五块钱的饭菜票,感恩得呜呜直哭。食堂吃第一顿饭,买一盆青菜,四分钱。然后向周围人公示:彻底翻身,金鸡(经济)独立(附加个生动的独立姿态)。以后自己吃自己,不吃父母啦。

彼此哈哈一笑。

我们许久不见，前两年再见。一见，要他证实件事。1977年后恢复高考，我后一年考中走人，告别工厂。之前则听说，恢复高考第一年，他就一考中的。几乎所有人视为新生的日子，他竟作出一个惊人之举：接受厂部对他的"恳切挽留"，不读大学了。我追问：当时到底图什么？他说，其他挽留他的话不说，但有关领导一句话让他扎心：你走，磨工车间主任位置，只能交给和你竞岗的老大学生了。他一蹦三尺高："绝不可以！"

那个赐给他"工人博士"的交大毕业的老大学生？是，他们一直亦敌亦友。取号工人博士的意味，就是蔑视你这辈子没入大学门，技术发展走野路子。争吵，拍桌，骂粗，手指顶上脑门叫嚣："你墨索里尼啊，你工人博士啊，你怎么总是有理啊？！"工人博士的尊号就此诞生。而他，就要死压这个正牌军的对手。他后来当上磨工车间主任，老大学生屈居副主任，他当总厂技术部部长，老大学生任副部长，二十多年如影随形。爽。

后悔过没？

他淡笑，不置可否。又觉得这一笑，滋味有点复杂，淡泊，无奈，自嘲，伴随过气的疲惫。长期，他是名制造轴承的技术工匠。以前造的轴承，有在拖拉机柴油机上的，再造到火箭飞机卫星上，还造到智能风力发电机上。2000年后，他负责攻关的是铁路轴承，身负压力，日夜不分，"人紧张得要死"。突然病来如山：大面积心肌梗死。那年，他53岁。就是说，距他第一天进厂到这场死里逃生的病，岁月不居了35年。

当医院把他救过来，初睁眼，有个镜头总在他眼前晃，是自己的劳动影像：他刚进厂在做第一个轴承产品，跟着屁不放一个话不说一句的师傅学手艺，师傅手一指嘴一努：去给轴承刮黄油加润滑剂——最低端的活。他身着新发的吊带工装服,一下一下刮,一下一下弯腰,一天一天重复——就这样开始做了工人阶级。然后,1971年,他刚满师,即获一项震惊全厂的荣誉:全市青工大比武,他获一等奖,奖金七元。

人一清醒,便想起老正兴饭店,"肚皮饿,想吃饭"。老闵行兰坪路上的老正兴,是一帮工人兄弟姐妹劳动后的餐饮据点。周末下班,徐汇区的人回徐家汇,虹口区的人回四川路,黄浦区的人到人民广场,杨浦区的人去江湾五角场,住老闵行的人回一号路。天落黑,叫上几个工友,到老正兴门店,褐黑的四方桌边坐定,一杯啤酒八分,一客生煎一角二分,再加几个冷盘热炒,吃香喝够。畅。

彻底想通。病愈那一年,他把工厂负责技术的重担抖落卸肩,交到老大学生——他大半生的老对手——手上,"他以后比我做得好许多。出身名牌大学,不是虚的。"总算,他俯首服输。

离开一个地方越长,越不敢亲历回望。老工厂在沪闵路边,其落户于此的厂龄,和他的年龄相仿。庞大的厂区体量,灰色的锯齿厂房一座挽起一座。退休十多年的工人博士说,回去干吗?遥望着就可以了。前几年还走过路过,门口是不认识的保安,眼睛瞪你时充满阶级斗争。靠着一条大河边的大烟囱早已炸落——标志性景观倒了,看啥。

算不算另类的近乡情怯?直到不久前的一天,又闻:我们共同待过的这个厂,即将在老闵行消遁——梯度转移到更远的市郊远地。以后怀旧,无法见识熟稔的景物,而将面对一个盛大时尚的电子游艺场。

树根将被掘起挖除。我说,最后去望一眼?这次他没反对,还说要叫上另一个人——老大学生。那天我开车先接他,在老闵行江川路边,汽轮机厂对面的小区。他居家于此。他在一个四方木头亭子外等我,亭边一棵樟树,四散的枝干树叶形成浓荫。我在车内见他矮戳的形象,佝偻的肩背,方脸尚白,一头华发茂盛,黑框眼镜,笑启的双唇,露出两颗有点向外的上门牙,走路时,身形一瘸一瘸。然后去接老大学生——在电机厂附近的多层楼房。已届耄耋的老大学生也有不便:患严重的痛风和腰病,要坐轮椅,多讲几句话会气喘。上车时,老大学生的儿子要帮忙,小心翼翼将其挪上来。他们两个,同住老闵行,却十多年未见。那日眼睛互瞪,惊诧对方的沧桑模样。一路话少,却几番互相撞击对方的手背和肩。

现在这厂的总经理,外来人,五十岁不到,不识我们。我们上二楼,年长的总经办主任陪同,断后走。站在二楼的总经理展开手臂,示推拒状,"你们哪里来?二楼是领导办公重地。请坐楼下。"断后的主任忙趋前,解释。总经理听了,跺脚顿悟,"你就是工人博士啊!"可见他的名声及影响力,余响犹存。现在厂里的主力产品,利润之源,是全国东西南北铁道线上的铁路轴承。铁路轴承当年最关键的两大攻关项目的功臣:一个工人博士,一个老大学生。企业感激涕零:"现在,我们还在吃你们当年技术攻关成功后的红利。"并坦言,没这个铁路轴承,他们现在就要"食不果腹"。

那天告别工厂的意外收获,是送我们每人一大桶烧菜的葵花籽油,以示对"前人栽树"的感激。

对工人博士的突兀离去,老大学生先很长的沉默,后缓缓吐口气说:"我们总算一起回到了厂,了却一个心愿。很长时间,我们总在遥望这工厂。"

他们各自住在老闵行的家,距离大半辈子矻矻奉献的厂,三公里地多一点。

辑

陈冲
也许记忆里最后消失的就是感情和音乐

母亲走了。

接到病危通知时哥哥跟我说,妈妈等不到你隔离三周后出来了。那之后母亲在生不如死的折磨中坚持了一个礼拜,也许她在等我,这个想法让我悲痛欲绝。

最后的日子,哥哥昼夜陪着母亲一起煎熬,几乎没有睡觉。我在大洋的另边无能为力,我能看见死神穿着黑色斗篷的身影,坐在母亲的床边,我也好想去坐在她的床边,拉住她的手。

此生第一个爱我的,也是我第一个爱的人在水深火热中受难,我却没在她身边。人怎么可能从这样的遗憾中走出来?

母亲在今年二月被确诊为淋巴癌,我于大年三十傍晚赶到上海。五月底我离开的时候,她挺过了化疗,病情好转了不少。中秋节母亲还跟几位老同学聚了会,照片上她笑容满面。但到九月底她又因严重感染和轻度心衰入院,我在十月初再次飞回上海。万万没想到我刚离开她三周,她就走了。

最后一次跟母亲一起,我们并排坐在病房里,我在用手机匆匆忙忙给人回邮件,余光里,我感觉母亲在看着我,就跟她说,这是工作,我马上就好了。她开始轻轻拍我的腿,好像在安抚我,唱起一首摇篮曲:"睡吧,小宝贝,你的啊妈妈就在身边,梦中你会得到礼物,糖啊饼干啊随你挑选,等你睡了,我就带你去到天宫……"她拍我的手因风湿性关节炎变了形,却仍然那么温柔,我眼睛湿润了,情不自禁放下手机跟她一起哼唱。这是我记忆中的第一首歌,我大概三岁,躺在父母的床上,昏暗的光线里母亲的轮廓模模糊糊,只有她的温度、气息和轻柔的歌声在回旋……那令人迷幻的时刻,是我最早的对美的体验。

另一个儿时的幸福记忆是母亲为我挖耳朵。我们坐在大床上,母亲附在我的身边,一只手轻轻把我耳朵拉高,另一只手用一把竹制的耳耙子全神贯注地掏。她的动作很轻,弄得我很痒,但是我无比享受那些时刻她给我的百分之一百的关注。

后来"文革"开始了,母亲变得忧伤,走过我的时候好像没有看到我。见她这样,我也会忧伤起来。偶尔母亲在快乐些的时候,会为我和哥哥剪纸、叠纸工、做动画。她会从本子上撕下一张纸,折叠以后用剪刀剪,再打开时就出现一长串牵着手的小人,接着她教我们为小人画脸、上色;她会用纸叠出层出不穷的飞禽走兽、桌子椅子、房子小船,再把它们编成奇妙的童话故事;她还会让我和哥哥把本子裁成一厚叠两寸的方块纸,她在每一张上画上一个男孩和一只皮球,然后拿起那叠纸,用拇指跟洗牌那样拨弄,一个孩子在拍皮球的动画就奇迹般地出现了。

一位母亲过去的同学和同事告诉我:你妈妈最突出的是她的想

象力，她的创造性思维。她一分配到教研组就把"传出神经系统药理"编成一本剧本，跟另外一位同学合作拍了一部动画片。因为拍得好，所以后来在全中国使用。也许我长大后对用声画讲故事的兴趣，就是母亲从小在我心灵里播下的种子。

我和哥哥都喜欢跟母亲聊天，不在一起的时候常跟她煲电话粥。她会跟我讲正在弹的曲子或者阅读的书籍。母亲的阅读范围很广，中文、英文的书都读得很多——从医学文献到畅销小说，无奇不有。父母家中，有两面墙都是书架。她七十八九岁的时候，读纳博科夫的《洛丽塔》，感到震惊和兴奋，在电话里感叹道，我从来没有想过一本书能够这样写人的本质，这样写欲望，人真是一个悲剧动物啊。我听了哑口无言，同时也觉得骄傲——不是每个人的老妈读完《洛丽塔》都会有这样精辟的评论的。慢慢地，随着母亲失忆症的加深，我们的电话就越打越短，她一听到我的声音就问，你几时回来啊？聊了几句后她又会问，你几时回来啊？

母亲非常期待看见我，尤其是在她住院的时期。但是我在病房陪她的时候，她常说，你很忙的，快走吧，不要在这里把时间都浪费掉了。我会说，我就是来陪你的，没有工作。她又会突然为我担心，说，怎么会没有工作了呢？没有工作你怎么办？母亲只要还有一口气，就在为孩子着想。有一次，父亲交完一笔昂贵的治疗费用后，说起他在用哥哥的钱付日常生活费，本来神志恍惚的母亲突然睁开眼睛，严厉地说，你怎么可以用陈川的钱？我不要治病了，这样治疗一点意义也没有。父亲说，这是暂时的，我去了银行就会还给他的。她这才放心。

大约从八年前开始，母亲渐渐失忆，我就觉得在渐渐地失去她。人其实就是记忆和时间，这两样看不见摸不着的东西。我们吃喝拉撒睡,供养着躯体,让记忆和时间有落脚的地方。老年性失忆是没得治的,我唯有多抽空回去探望她。母亲过85岁生日那天,我和哥哥都在上海陪她。我们知道她最喜欢唱苏联和美国的老歌,就在手机里放了音乐让她唱。母亲乐感很好,有一副美丽的歌喉,85岁仍然音准,英文和俄文的发音也字正腔圆。午饭的时候,她完全忘记了上午唱歌的事,但是那天她一直哼着那些调子,非常快乐。也许记忆里最后消失的就是感情和音乐。

音乐是母亲与记忆之间的纽带,只要有力气的时候她就不停地唱,二十年代的爱尔兰民歌、三四十年代的中美流行歌、五十年代的苏联歌、六七十年代的中国革命歌曲,她轮番唱。让我联想到美国电影里看到的,那些路边咖啡店、酒吧或者台球室里的老式点唱机,你投一枚硬币选一首歌,它就开始唱。有几次她跟我说,这支歌你会的,我们一起唱。我说,还是你唱我欣赏吧,我走音,太难听了。她说,这样正好,我们双重唱好了。她是个有幽默感的人。

我手机里面存有上百条母亲唱歌弹琴的录像。也许我一直在下意识地企图留住她,或者在为终将的失去做心理准备。

我打开母亲十五年前钢琴演奏的录像,那是东方电视台《精彩老朋友》转播的一场钢琴比赛,评委是孔祥东、刘诗昆、陈钢、石叔诚和苏彬。初赛时母亲弹了《夜莺》,总分为99.256,决赛时她弹了《圣母颂》,总分为98.866,得了老年组的第一名。母亲没有为任何人表演,就跟在家里弹琴那样认真和虔诚,只为了自己和上帝,为了欣喜和净化。观众的掌声突然把她拉回现场,评委给分时她腼腆地笑了。那是我十分熟悉的表情,每次我夸奖她唱得好或者弹得好,她都会这样脸红地笑。最近有人问我对正在流行的"少女感"一词有什么想法，人们是指皮肤的光洁和皮下的胶原蛋白，可我一听到那个词，马上想到母亲，她那不可腐蚀的纯洁和真，比我见过的许多少女都更有"少女感"。

我为了了解母亲的失忆症，买了一本哥伦比亚大学脑神经专家写的《错乱的头脑》，我从书里得知母亲的失忆是大脑海马体的萎缩，而人的情绪产生于杏仁核——大脑的另一个部位。但是我更愿意想象，爱和音乐是储存在海马体、杏仁核以外的一个神秘地带，跟灵魂和梦在一起。我更愿想象母亲去了那个美丽的维度……

……近近远远的记忆围绕着我，像无数个萤火虫在黑夜里闪烁，每一只都是母亲的灵魂。

眼泪这么滚烫，文字这么苍白。

陆正伟
四见夏公

一

上海作协的东厅是接待中外宾客和召开主席团会议等的场所。数年前，厅里张挂起历届作协主席夏衍、巴金、于伶、徐中玉、罗洛、王安忆等的肖像照，还有一幅摄于1953年11月8日"华东作协成立大会"的"全家福"。我记得，这张原照我拿去翻拍放大前，作协同仁找新中国成立初期在华东局宣传部任过职的老作家丁景唐先生对照片上的成员作过辨识，结果合影的101人中他认出了五六十位，其余的可能是外省的作协会员。我还从时任作协秘书长柯蓝的回忆文章中知道了合影前的一些小花絮。会前，柯蓝为设主席台排席位而犯难，上谁不上谁容易得罪人。身为华东局宣传部部长兼华东作协主席的夏公看出了他的心思，便说："都是原班人马，就不设主席台了吧！在大厅摆长排椅子。我负责请陈毅市长来作报告。"夏公这么一说，压在柯蓝心头的石头随之落了地。

会议由夏衍主持,大家被陈毅市长引经据典、妙趣横生的讲话所打动,大厅里掌声和欢笑持续不断。会议开到中午12点过后才结束。从王开照相馆摄影师拍摄的集体照上可看到,夏衍主席就座于第一排,但我发现照片上少了副主席巴金。原来,巴金率中国文联创作组在炮火连天的朝鲜战场体验生活。

我感到在东厅张挂文学前辈的照片很有人情味,让人有个回忆过去、展望未来之地。因此,每次到作协参加活动,都会步入东厅驻足凝视,回想往事……

1987年10月。听说首任主席夏公要来作协会老友的消息后,我既兴奋又紧张,毕竟还是摄影初学者,在这样的场合拍照,心中没个底。午后,我早早等候在东厅门口了。没想到,夏公与我一样也是个"急性子",他比约定时间提前了半小时到作协,然后拄着手杖缓步朝东厅走,在沙发前把手杖往边上一靠,独自坐下来,习惯地双手交叉作抱猫状,抽着烟。我见他熟门熟路的模样,想起他当年的秘书李子云的话——她说,夏公兼华东作协主席时,在东厅摆了个"测字摊",每星期固定一个晚上接待来访人员,征求对文艺界的意见和建议,广受大家好评。那天,夏公和我说了些什么,已想不起来了,只记得他自语道:没变,还是老样子。

没过多时,老作家师陀、吴强、柯灵、于伶、王西彦、茹志鹃、辛笛、陈伯吹先后走进东厅。夏公与他们一一握手,口中报着名字。寒暄过后,大家围坐一起拉家常似的谈文学、叙旧情、忆故友。夏公还不时地询问坐在他旁边的作协党组书记、常务副主席茹志鹃作协从市文联独立出来后恢复的情况。我站在一边看着他俩的交流,心想,他们同样有上海作协"当家人"的经历,虽然任职的年代有所不同,但筚路蓝缕,所付出的劳累和遇到的困难是同样的。那天,东厅里笑声不断,我把这美好时光定格在了胶片上。遗憾的是巴老到家乡成都去了,与夏公失之交臂……

翌日,《新民晚报》头版报道了夏公的这次活动,我拍摄的照片第一次上了报纸,着实让我兴奋了好几天。

1990年,"夏衍文学创作生涯六十年展览"在上海图书馆举办。夏公因病未能出席,但他没忘为此出过力的工作人员。在开幕式上,他托李子云转给我他晚年撰写的回忆录《懒寻旧梦录》,打开看,扉页上写着"正伟同志存念,夏衍。一九九零年十月"。在他名字旁还钤有一枚鲜红的篆体名章。

二

1992年10月5日,徐钤来电告诉说,回故乡杭州的夏公要到创作之家看望巴老。闻之,我就赶了过去。

次日午后,夏公在女儿沈宁、《上海文学》副主编、文学评论家李子云及秘书林缦陪伴下,从下榻的汪庄来到中国作家协会杭州创作之家。不巧,那几天门前的小道正在施工,轮椅车无法直达创作之家。夏公的右腿在"文革"中被造反派踢断,终成残疾,行走困难。见此,员工找来两根粗毛竹捆扎在藤椅上,两人一前一后抬着夏公从茶园田埂上走来,这样的镜头以往只是在电影上见过,大伙见"滑竿"里的夏公被颠晃得东歪西倒的模样,都笑了。

巴老得知夏公来访,早在客厅等候了。进门后,两位老人握手相坐。已92岁的夏公,比五年前我在上海作协见到时清瘦了很多,但听觉仍灵敏。我与李子云在他身后小声议论"文坛三老"年龄,他听后转过脸说:"我同冰心是1900年出生的,我比大姐小26天,昨天,她在家刚过92岁生日。"巴老点头称是。

接着,夏公问巴老:"听说你还在看'全集'的稿子?"巴老点点头说:"是啊!想做的事很多,手抖得厉害,所以写得不多,用眼看多些。"其实,巴老何止是一般看稿,我有事上他家,常看到他在为"全集"的每卷写后记,常累得直不起腰,眼睛充血,旁人劝也没用。夏公听了接口道:"要多保重身体啊!"巴老笑着说:"你也一样多保重啊。"

此时,创作之家员工端来点心,两位老人见是"山楂糕",会心而笑。二老都喜好甜食,知道是特意为他们做的。夏公用浓浓的杭州"官话"边吃边聊,巴老则以四川话相对,所谈的话题很广,谈社会普遍关心的出版及文化建设,也关心青少年教育问题。加上沈宁和小林在一旁帮助传话,气氛也就热烈了。

一个多小时后,夏公起身告辞,创作之家已备好文房四宝,请夏公在签名册上题词,还有意把册页翻到巴老给创作之家题的手迹:"这真是我的家,我忘不了在这里的愉快的两个星期,谢谢你们。"夏公看后笑着说,"你们是有备而来的嘛。"说完,便俯身在签名册上写下了"宾至如归"。

巴老拄着拐杖缓步走到大门口,目送夏公的"滑竿"渐渐消失在暮色中。

过后,我问巴老与夏公的交往时,他说:"我与夏公在三十年代就熟悉了,解放初,我们曾经在一起工作,夏公调北京后,见面机会就少了。"停了一会儿,他接着又说:"1980年,我同冰心组团出访日本前夕，夏公主持了我们的会议，会后，我们三人在一起合了影。1985年，我到北京参加政协会议，夏公专程到北京饭店约我一同去看望冰心大姐，还在大姐家一起吃了饭。"巴老说到这，我想起1985年他与夏公在冰心家的一张合影照，三人同坐沙发上，笑得都很开心，夏公还怀抱着冰心大姐喜爱的那只花猫。我佩服巴老超强的记忆力，可是，他没说起与夏公在六十年代初的一段旧事，我想他是不会忘记的。

1961年，巴金把1944年创作的中篇小说《憩园》寄给了夏衍，夏衍读后征得巴金同意把它改编成了电影剧本，后被香港电影公司拍成电影。

同年，巴金在杭州花港招待所写了短篇小说《团圆》。在《上海文学》8月号上发表后，引起文艺界领导茅盾、夏衍、荒煤的关注。夏衍还责成长春电影制片厂，将小说改编后搬上银幕，这才有了这部战争题材的经典影片《英雄儿女》。可是，在1965年末，文化部主管电影的夏衍遭到公开批判。以往的友人怕被牵连，形同陌路，而此时从越南战场体验生活的巴金一回到北京，就偕夫人萧珊到夏衍家看望……

三

1992年10月8日，巴老得知夏公要回北京出席党的十四大，他在小林、女婿祝鸿生陪同下来到汪庄。车刚停，见夏公在5号楼门前等候了。那天，夏公西装领带，头戴灯芯绒礼帽，不失当年风流倜傥之风采。见面后，巴老问："你要回北京？"夏公答道："是的，明天回去参加会议。"

这天秋高气爽,汪庄显得格外明媚秀丽。两位老人坐着轮椅徜徉在西湖边的林荫小道上,边行边赏盛开的桂花和各种争奇斗艳的名贵花木。轮椅被推到大草坪上停住了。二老面对西湖尽情地沐浴秋日阳光。当巴老问起共同熟悉的日本朋友时,夏公说:"因体力不支,我一般都谢绝见面了,但有些日本外宾到京时,会转弯抹角地传话来,说巴老、冰心我们都见了。我听后,情面难却,也只好见了。事后,我问冰心大姐,才晓得根本没这回事,他们也学会了钻空子,真拿他们没办法。"一席话把巴老给说乐了。此时,我见两位老人手里都提着拐杖,面对面谈笑风生的模样,便迅速对准镜头,连按快门。夏公见到这张照片后,用他与生俱来的幽默作了点评:"两个老叫花子……"(见沈芸《往返于大六部口和武康路之间》)

同年秋,夏衍托殿熙给巴老送来生日花篮时,巴老对殿熙说:"这次在杭州相见很好,夏公身体好,虽然瘦些,但没什么大病。"

1994年春,"讲真话,把心交给读者——巴金"摄影图片展将在北京图书馆展出,我与徐钤应邀参加布展。4月13日,我们一下飞机就来到大六部口14号的夏公家。我们穿过四合院中的曲径回廊,经过竹木葱郁、宁静整洁的庭院,走进了夏公的工作室兼卧室。也许殿熙把我们的行程事先告诉了夏公,他午睡了一小会儿,就坐到藤椅上等候了。已是小阳春了,我见他仍穿着毛衣,猫咪蹲在暖气管道边上。能看出,他的身体明显比往年更差。那天,他见到我们显得格外高兴,把我们叫到身边,当我谢他送书给我时,他笑着说,不用谢,书就是给人看的嘛。接着,夏公问起巴老的近况,听到住在杭州汪庄5号楼时,他连声说:"我熟悉,前年回杭州也住5号楼。"我们拿出从杭州带去的蚕豆和春笋,他见了,笑道:"噢,又能吃到家乡菜了。"他知道春笋和蚕豆在暖气中老得快,赶紧叫护理员小方放进冰箱。

临别,我取出一枚"夏衍文学创作生涯六十年展览"的纪念封和一幅巴老的肖像画,请夏公签名题词。他拿着高倍放大镜对着纪念封上的签名读着:"巴金、冰心、沙汀、萧乾、刘白羽、曹禺、于伶、黄源……"没读完,他就说,都是老朋友,你能签到不容易啊。随后,他拿起笔在自己像边签了名。

接着,夏公拿起书桌上的巴老画像端详着说:"好,画得传神。"放下后又说:"让我想好了再题。不急,过两天来取吧。"几天后,我同徐钤上门向夏公道别,刚走进四合院,沈宁就告诉我们夏公因感冒住进了北京医院,并将题了词的画像交给我。我站在庭院里,默视着夏公房间的窗户,后悔不该让夏公做这件既耗神又费力的事。想不到,夏公这次再没出院……

胸椎骨折初愈的巴老得悉夏公去世的消息后,当天,我见他在小林的帮助下,用颤抖的手握笔给夏公的女儿写了唁函:

沈宁:

  病中惊悉夏公逝世,不胜哀悼。这是我国文艺界不可弥补的损失。夏公是二十世纪的同龄人,二十世纪即将过去,夏公的精神常留人间。

  特此吊唁,务祈节哀。

巴金
1995年2月6日

不久,亲属按照夏公遗愿,将其骨灰撒入故乡的钱塘江中。在以后的日子里,巴老听我读过夏公的回忆录——《风雨故人情》及《文学报》上整版的《长风,为夏公送行》等悼念文章。每次到杭州,巴老总会坐着轮椅在汪庄的西湖边静静地待上一会儿,望着微起涟漪的湖面,缅怀故去的老友……

四

2003年初,中国现代文学馆展览部唐文一主任对我说,他们与浙江人民出版社和浙江教育出版社联手打造一套以插图形式,重新解读中国现代文学史上的经典作家作品丛书,让我给他分担一本。我知道用图片来反映作品的时代背景、地域文化、风土人情是桩费工又费时的活,正犹豫,只听他说了句:"你来编夏公的《上海屋檐下》。"我听到是夏公的书,又是在中国百年话剧史上素有北"茶馆"南"屋檐"之说的《上海屋檐下》,便欣然接受了。

为让读者更好领略这部经典剧作的艺术魅力,我熟读了夏公在1937年创作的这部作品。它以西安事变结束为时代背景,根据国共两党协议,国民党政府大批释放历年来逮捕的共产党人和进步人士。夏衍身边有不少熟人和朋友有类似经历,于是他有感而发,写了这部三幕话剧,开始起名"重逢",后改为"上海屋檐下"。

为了准确地反映当年的生活场景,我请教了饱经风霜的长者。编书的过程中,还得到过同样热爱夏公的有识之士们的相助。如走访著名作家白桦的夫人、电视剧《上海屋檐下》中扮演施小宝的王蓓老师时,她不仅向我详细介绍该剧剧情,还热心牵线,使我从饰演女主角杨彩玉的秦怡老师处借到了电视剧录像带。

翌年，我拿着自己编的《上海屋檐下》新版本，翻看拍摄、搜集到的图片，感到这部作品更直观、更通俗易懂了。无意间，做了件方便读者阅读的事。由此，对夏公病中为我题词心存的内疚和不安也平复了许多。

沈芸
亲爱的凡尔赛奶奶

老派是一种坚持,也是一种信仰。

在北方,要保持上海人的生活方式并不是容易的事情,我爷爷身边的老派上海人,像二流堂,聚会时大家陆续一到齐,上海话就会在客厅的各个角落响起。无论是我爷爷的生日宴还是我们家的年夜饭,南方菜都是主打,生日会要吃长寿面,但是除夕从来不会吃水饺。

过年前,南方大家族里的亲戚们都是要串一串的,互相送一送年货。提篮里放上四只汤碗,碗上扣稳一个碟子。常常是有荤有素的四道菜:素鸡、熏鱼、蛋饺和八宝饭。大孃孃家的熏鱼炸得外脆里嫩,二孃孃家的素鸡烧得鲜甜入口,三娘舅的蛋饺金黄赛元宝,表姨妈家的八宝饭,跟外面买的不一样,炒豆沙里加了红糖和糖猪油粒……春节拜年时各家评菜是最有趣的事情。

年夜饭的菜单就像是维也纳新年音乐会的曲目一样,每年都差不多,经久不衰。中间的差别无非就是风鸡换酱鸭,素什锦改四喜烤麸。

熏鱼、如意菜、鳗鲞和水笋烧肉都会有的,如同形形色色的波尔卡。《蓝色多瑙河》是那条亘古不变的糖醋黄鱼,意喻着金条。记得,我们从南竹竿搬到北小街的第一个春节,大家喜气洋洋,托菜市场的关系买到了一条大黄鱼,炸黄鱼的时候,我妈妈不断地嚷嚷:"鱼尾巴要翘起来,翘起来!"我爷爷在房间里面听见了,等大黄鱼昂首挺胸地上了桌,我爷爷开心极了:"尾巴要翘起来……知识分子都是要夹着尾巴做人,现在要翘起来了,哈哈!"1978年,改革开放元年,科学的春天,也是文艺的春天。

圆舞曲《维也纳森林的故事》是音乐会上不能没有的,年夜饭上的全家福是高潮,火腿老母鸡汤里面应有尽有:肉圆、白煮蛋和蛋饺,意喻元宝;冬笋片和切长条的白菜,意喻着来年节节高;那个年代,环保意识淡薄,要在汤里放发菜,粤语的谐音,意喻发财,后来改成粉丝了。最后的《拉德斯基进行曲》是团圆的八宝饭,豆沙要前一天炒好,糯米饭蒸好,用猪油拌匀,然后要把一个大碗的内层涂上猪油,让我在猪油碗上粘八宝饭的摆花,铺上一层糯米饭,开始加上多多的豆沙。在我的印象里,我们家的八宝饭上不用糯米饭托底的,紧实的豆沙芯子上直接用一个大盘子盖住碗,上屉蒸熟、蒸透,大约要二十多分钟。从蒸锅里端出来是要有功夫的,手疾眼快地一翻,八宝饭就像脱模一样倒在了盘子上,吃完了,光盘上还残留着满满豆沙的痕迹。现在流行低糖少油,八宝饭也瘦身了,像个柴美人,中看不中吃。今年的春节马上要到了,我终于买到了"屋里厢"的八宝饭,圆润的猪油糯米,足足的豆沙,厚厚的甜度,一切都没毛病!不用猪油,豆沙只有一点点,还不够甜,这叫什么八宝饭呢?我唯一不满意的是八宝饭的摆花,像枸杞、红枣丝、葡萄干和核桃仁都不够有气氛,如果是我摆的盘,要用蜜枣、糖冬瓜和红绿丝,这样,蒸出来的八宝饭,一端上来才会颗粒饱满、端庄大方、喜庆吉祥,而且甜甜蜜蜜。

不要怕重复,重复是强调,强调到了极致,成就经典。

执著于老派的上海人,跟散落在世界各地的犹太人一样,有着一颗执念的心,不管是背井离乡,还是漂洋过海。

说话间已经有三年了,也是在冬天。某天早上,我正在自然醒的发呆中,突然,一个电话把我的发呆打断了,来电给了我一个号码,要我跟美国纽约的程太太联系,她在找我。

我想到了,是我爷爷的外甥女,五姑姑袁玲华,姑父程树滋先生是华尔街的老银行家。我们在2010年上海分手后再没联系过。电话接通了,姑姑悲伤地说:"树滋九月份过了……"她自己在医院里过了生不如死的几个月,现在总算是把以前的保姆周阿姨找了回来,回到了新泽西养老院的家。她很想念我,怀念在上海一起去虹口看我们家老房子的时光。姑姑的耳朵不太好,我们的交谈很吃力,她每天在房间里不分昼夜地放着邓丽君的歌,一遍一遍,歌声吵得阿姨要用耳塞。我猜测,姑父去世后,没人说上海话了,她是想听见乡音。好在周阿姨是上海人——落户宁波的上海知青。

姑姑交代我一些事情以后,周阿姨接过电话告诉了我很多细节,最关键的是姑姑吃不到中国的东西,她的肠胃犯了思乡病。

我准备先给她寄一些山核桃仁和柿饼,不巧赶上海关改程序,美国又在闹罢工,退回来了一次。在国际邮局的帮助下,把包装罐上的金属盖去掉,又寄了第二次,终于赶上了元旦。姑姑很高兴,她跟我说,她很想家,想吃冬笋,油焖笋的味道,她只能在脑子里想想了。她还惦记着我从嘉兴给她带的肉粽子,"那真是美味极了,回味无穷,我一直都记着呢……"她说着哆糯的尖团音,碎碎念。

姑姑是一个在纽约保持上海人生活习惯的人,七十年一贯制,这应该是相当奢侈的习惯了,其成本已经不是可以用金钱来衡量的。她吃不惯西餐,像生菜沙拉、土豆泥和牛排一类,她连看也不要看。她住的养老院很高级,每天提供两顿饭,她只喝其中的鸡汤。周阿姨说,你姑姑会自己烧菜,她很节省,用冬笋头熬骨头汤,前面的嫩尖烧油焖笋。听着这些,我一下子感觉自己烧笋时扔掉的老头,太浪费了,有些暴殄天物。

她喜欢的冬笋和肉粽子这两样,可不是说轻而易举能带进美国的。我想来想去,想到了我们的朋友,在上海的张先生,他有家人在法拉盛,托他弟弟在中国城买,然后寄到新泽西。果然,张先生一听说95岁的老太太要帮忙的事情,非常热情,我解释说姑姑的儿女已经是华裔"美国人"了,不太懂得买中国的食品,张先生表示一百个理解。后面的事情一切顺利,张先生的弟弟在法拉盛中国超市精心挑选的六个冬笋和六个粽子,姑姑在春节前收到了,大悦!一早起床,就吃了一个肉粽子。她吩咐阿姨,这几样东西要变换着吃,但年夜饭那天,她是一定要吃到粽子和冬笋的。姑姑亲热地说,我让她感觉到了亲人的温暖。我心里也非常喜悦帮她在农历年前完成了心愿,对于我们来说,共同感受到了"每逢佳节倍思亲"的年味。

这以后,我几乎每隔十天半个月就可以得到姑姑的消息,譬如她想吃炒豆芽菜和番茄炒蛋,可是要等她儿子两周来一次去中国超市把豆芽菜买回来;她去烫头发,顺便到法拉盛吃了上海点心馄饨和小笼包,回来的路上,她一直在埋怨小笼包不好吃;感恩节去儿子家聚餐,她要提前把衣服搭配好,脸上的妆化好,还要戴上墨镜和披肩,"她说,这是风度!"周阿姨陪着她,早早就等着车子来接了,"你姑姑很讲礼数的!"

她一刻不停地想上海。她知道上海亲戚给她寄莲子来了,每天催阿姨到楼下去看看,想赶紧吃上一碗莲子红枣汤。"老太太心太急!"周阿姨拿强势的她也没办法。至于美国养老院的很多状况,我也是从她的生活里略知一二的,新泽西每年冬天都会有一两场大雪,大雪压塌电线,养老院要断电数天,没有热水,吃冷食,这样的情况每年都会发生,那几天,姑姑很受罪的。

从我7岁第一次见到五姑姑起,我们俩的关系从未像现在这么亲密过。我跟姑父倒是聊过天儿,他跟我讲了好多话,他曾在"苦干剧团"帮忙做过财务,是黄佐临、丹尼夫妇的好朋友,"文华"的老板吴性栽很信任他,委托他在好莱坞发行《假凤虚凰》和费穆的电影,但是很不成功。姑父最得意的手笔是他在改革开放后在中美两国银行界之间牵线搭桥,为此,他们夫妇被邀请参加老布什总统的就职晚宴。姑姑给我看过她一身丝绒旗袍,盛装出席的照片,骄傲地说:"我的福气好,先生身居高位,我做程太太是加分的。"

过了一段时间,周阿姨来说,你姑姑不对了!她经常出现幻觉,总是觉得房间里会有她先生的影子,她会自言自语——对着空气说话,口气像是跟先生在对话。她先生用过的东西,她都不能看到,看到了就会哭哭啼啼。还没等我把这个信息消化掉,姑姑就正式通知我,她要跟周阿姨一起回中国养老了,叶落归根!我真的就剩下惊呆的份儿了,脑子一连串的问号,但是我知道,她的决定我只能听着,没有商榷的余地。

姑姑终于在2019年的5月底落地上海虹桥机场,发给我的图片,一点看不出车马劳顿的疲倦,反而红光满面,眉开眼笑。"我是决定了要在这个时间回来的,我要吃上今年的杨梅,想了好多年。"她清脆的声音这次是从上海传来的——姑姑迅速把她美国的家产分给子孙,只带了日常用的衣物和两部轮椅,安排做体检,办理护照机票,登上飞机头等舱,一路睡着就到了上海。她不愧是美国黄金时代打拼出来的一代成功人士,对事情的处理和行动有着惊人的速度,这让我坚信,姑父的军功章上一定有着她的一半。

行前,姑姑给我寄来四十几件她的旗袍,我要准备捐赠给电影博物馆的。最高峰的时候,她有200件旗袍,都是香港裁缝做的。她是纽约华人太太圈里的"开心果",那些太太们有一个中西女塾的小圈子,宋氏三姐妹上过的贵族学校,她没上过,心里很不服气,有一年回国,专门到上海市三女中去瞻仰了一番。

我陪着姑姑去了一趟她外婆的德清老家,她要去寻根问祖。还去了德清小学"夏衍母校"祭奠她的舅舅。路途中,她不禁想到了她的先生,"树滋的祖籍是安徽,家里在镇江开钱庄,他姐姐嫁到了无锡,所以我母亲说他们家是苏北人,1946年以后,树滋去了美国念书。我找了人算命,帮我算算我跟我的这个男朋友能不能成功,算命先生说,走得越远越好,结果……这么远啊!"

她在1948年离开了中国,2019年回来了,这两个时间节点的选择,足够代表她一生的传奇。2020年,全球暴发了新冠疫情。

姑姑的归来,让我的内心很幸福。在她的身上,我再一次触摸到了我爷爷他们老辈人的脉搏,感受到我们家族强大的基因在继续流淌,元气尚存,没有断片儿就是胜利!

每一个绵延不断的古老家族里,都会有一位"凡尔赛奶奶",她们可以是远在天边、彪炳史册的宋庆龄宋美龄,也可以是弄堂里再普通不过的张家姆妈王家阿婆。她们会抱怨吃咸肉菜饭时,怎么能缺了炖好的黄豆骨头汤？也会百般纠结有客人来吃饭时要加上哪两道荤菜,否则不像样子。这些琐碎在她们看来无小事,关乎讲究的规矩和光鲜的脸面。但是当真正的考验来临时,家里的男人是面子,她们就成了里子。

在我看来,《流金岁月》里蒋南孙的奶奶只做到了前面的一半,那座复兴路红砖小楼里发生的坐吃山空的故事,终结在她们手里,再正常不过了。挑剔刻薄的凡尔赛奶奶,总想着不劳而获发横财的老爸,靠每天来搓麻将打发婚姻光阴的妈妈,及永远也不可能成功的婆媳关系。这些老宅子里面的人有最好的家世、优雅的品位、斤斤计较的精明和吃出乾坤的嘴巴,就是少一位敢于冲出去跟野莽草根抢世界的孙女,少了一份敢于面对残酷现实的自信和勇气。他们曾经靠海外寄来的食品和外汇偷生,国门打开以后,又靠祖产、靠海外存款、靠炒股票……反正就是一个字:靠！等到凡尔赛奶奶故去,基本油尽灯枯了。最后差不多只剩下华山一条道,卖掉或者出租淮海路沿线或者华山路、静安寺一带的房产,搬去莘庄或松江,偶尔回到中心城区,还会指着武康大楼的船头位置,戳戳点点一番,顺便再跟亲戚朋友吹嘘一下自己住的郊区别墅空气如何的好,而已。

李子云的妈妈是一位生活在淮海别墅的低调老太太,她话不多,却句句入骨,眼睛看人时会带着一道锐利的光,平时坐在自己家客厅里,衣着也是平平整整,头发一丝不乱的。她对生活细节的要求非常苛刻,即便是在物资匮乏的时期,她送给亲朋好友家的年礼也必须是双数,一般来说,一条鳗鲞、一块火腿、一份腊肠或腊肉,一个八宝饭或黑洋酥，当然，如果换上一斤大白兔奶糖也是可以的。食品凑不全，带上两盆盛开的水仙花，她才觉得拿得出手，李子云和她家老阿姨逢年过节都会忙着采买以达到她母亲的要求。然而，这么一位精致到骨子里的人，挨批斗时居然挺身而出地反问："我们爱国，回来有错吗？"李子云的父亲是一位早期信奉布尔什维克的翻译家，孙子出生时他送的礼物是一本《共产党宣言》——在1974年。

像这样，生活上绝不凑合，每遇大事又扛得起江山的老太太们，都是"活久见"的神仙，放之四海而皆准。我们的《红楼梦》里有贾母，英剧《唐顿庄园》里有老夫人，现实中，英王室有"超长待机"的女王——无论光荣而孤立的大英帝国发生何种不堪和尴尬，他们的女王穿着饱满艳丽的撞色套装，头戴插满花朵和羽毛的帽子，出现在公众的面前，一切烟消云散，化腐朽为神奇，人们又将话题转入了女王下午茶的司康饼、她身边的柯基爱犬、菲利普亲王的花边绯闻……这就是老派无人可及的力量，当民众的焦躁不安归于风轻云淡时，国泰民安、岁月静好。

在这一点上，家和国是一样的。

2021年元月于北京

陶洁
一张合影

2017年9月南京大学美国诗歌专家张子清教授忽然发来一张照片,问我上面的人是不是我和舒婷,如是,就告诉他拍照的地点。我跟舒婷素不相识,从未晤面,为什么把我们扯在一起?为什么不找一张她的照片核实一下?我打开附件,没有舒婷,原来是"垮掉一代"诗人艾伦·金斯堡和我及我们系一个青年教师朱荔的合影。我记得金斯堡来过北大,在我班上讲过一次课,但我从来没有看见过这张照片,不知道谁给我们拍的,甚至不记得我跟他一起拍过照。

这应该是很早以前的事情了。我上网查到金斯堡是在1984年应中国作家协会的邀请访问中国。那时候,我才刚开始教"美国文学选读",朱荔回国没多久,正认真而快乐地教着公共英语。岁月荏苒,三十多年过去了,国家、学校,甚至个人都发生了很大的变化。金斯堡已经在1997年去世,朱荔三十年没有联系,我退休也有十多年了。

感慨之余,我回信告诉张教授:这是金斯堡来北大做报告时和我及朱荔的合影,地点在北大第一教学楼外面。他回信说我解决了一个大问题,原来后"垮掉一代"诗人吉姆·柯恩(Jim Cohn)在整理金斯堡访华时的活动和诗歌,发现了这张照片,他把朱荔当成舒婷,以为我是她的翻译。我退休后脱离国内外学术界,对美国文学的新发展可以说是一无所知,现在能够解决一个问题,还是觉得很高兴。不过,我对张教授的新要求却感到有点为难。他要求我详细介绍金斯堡在北大演讲的起因、过程和跟学生讨论互动等详细情况。

说到起因,很简单。朱荔不知从哪里得到消息,金斯堡在北京。她问我是否可以请他来北大做个报告。我说,太好了,我正好有"美国文学选读"课,不用借教室,还可以保证基本的听众人数。

糟糕的是约定的那天,金斯堡迟到了,不是三五分钟,而是至少20分钟以上。当年没有手机,联系很不方便。我和朱荔在楼外着急得不知如何是好。终于,一辆汽车把他送来了(现在想,这有些奇怪,为什么不是北大派车去接他?但我记得他确实不是由北大派汽车接送的)。我告诉司机再来接他的时间后就过去跟他自我介绍。在走向教

1984年在北大与金斯堡合影(左起:朱荔、金斯堡、陶洁)

学楼时，我说我已经在餐厅订好座位，他结束报告后我们一起吃午饭。然而，金斯堡表示他必须赶回北外，他们中午请他吃饭。我一面表示遗憾一面抓住一个学生，请他赶快去勺园取消我们的订餐。忽然，金斯堡站定脚步，告诉我他下午要去香山，可以在游览结束后到北大来吃晚餐。这有点出乎我的意料，但也说明他的真诚和坦率，我于是又抓住一个学生请他去勺园订三个人的晚餐。

我们走进教室时好像一节课已经过去了。我用最简短的话介绍了金斯堡，就请他开始演讲。没有想到，他在开始讲话前要冥思几分钟。当时教室里不仅座无虚席，连地上、走道两边和后墙都站满、坐满了人。我们大家就静悄悄地看着金斯堡闭目入定。终于，他睁开眼睛，开始说话了。我记不清他演讲的具体内容，只记得他谈了来中国的观感，早上醒来看到窗外景色的联想，提到他母亲也是个共产党员……后来他拿出一个小小的类似手风琴的东西，又拉又跺脚，告诉大家什么是节奏……

正在他讲得起劲时，尖锐的铃声响了起来，下课时间到了。金斯堡似乎不受影响，还是继续谈他对诗歌的想法。忽然，教室外传来高亢的责骂声，"再不下课，我就锁门了……"我冲出教室，请那位管楼的大妈不要喊叫，告诉她今天有外宾讲演。没想到，这位老太太反而嗓门更高了，厉声警告我，再不走人，她就把我们锁在大楼里。秀才遇到兵，有理说不清。我无可奈何地回到教室，金斯堡似乎也明白他应该结束讲话了。我简短地表示感谢，大家就在那位大妈的骂骂咧咧中离开了教学楼。

我告诉金斯堡晚餐的时间，道歉我有事不能陪他了。朱荔好像也不能来。我们大概就是在这个时候拍了那张合影。晚上，我请年轻时曾在哈佛求学的赵诏熊先生和一位青年教师接待金斯堡。第二天，我问赵先生他们交谈、用餐的情况。我印象最深刻的是老先生说，金斯堡告诉他们他不能喝酒，因为年轻时喝得太多，现在肝脏情况不大好。老先生认为，金斯堡对年轻时的"荒唐"有所反思。我把情况告诉张子清教授，他同意我的看法——不必把详情告诉柯恩他们。

我在国内没有再见到金斯堡，只听说他后来去了保定，在河北大学教书，因为跟一个学生的关系问题，学校提出解聘，他提前回美国了。但我后来在美国又见过他。那是1992年，惠特曼诞生100周年，我正好去美国开马克·吐温年会，顺便去看女儿。一个美国朋友告诉我，惠特曼去世前居住的卡姆登小镇（Camden）要开会纪念他，还会邀请金斯堡出席。他想参加，问我要不要去。我当然愿意，就搭他的车一起去了。那个会议的主题好像是关于惠特曼的文化遗产和传承问题。没想到我们听了半天发现这遗产原来是惠特曼的同性恋身份，那继承者便是金斯堡。会议休息时，在喝水的地方，我看到了金斯堡。他也还认得我。于是，我们就寒暄了几句。在回家的路上，带我去的美国教授说，他如果知道是这样的会议，就不会邀请我参加了。他认为会议如此强调惠特曼的同性恋身份，其实是贬低了这位大诗人。我对他的这个观点深表赞同，但大会的发言和出席会议的人对金斯堡的仰慕和崇拜也给我留下深刻的印象。惠特曼是否同性恋，过去是美国文学界长期讨论的问题，现在好像不再争论了。

我以为我对照片一事已经交代清楚了。没想到张教授又来电子邮件，还把他的美国诗人朋友跟他来往的电子邮件一起寄给我。原来他们开始纠缠谁拍的照片和谁把照片寄给金斯堡等问题。一位之前不认识他但管理金斯堡遗产的人（彼得·霍尔Peter Hall）甚至认为张子清就是拍照片和寄照片的人。本来跟照片毫无关系的张教授可能没有想到会有这样的结果，因此希望我出面澄清事实。我翻阅他们的邮件发现张教授已经把他无法查找拍照人的原因说得很清楚了——人们拍集体照时是可能请一个正好路过的陌生人拍摄的。我估计，那天应该是朱荔的朋友或学生拍的。但我已跟她失去联系，这个拍摄者也就无从查找了。至于谁把照片寄给金斯堡其实很好解释。据霍尔说，原件跟金斯堡的其他材料由斯坦福（大学）收藏，但他在交出去以前扫描了这张照片。照片后面有金斯堡手迹——"金斯堡/朱荔，回信地址：中华人民共和国·北京·北京大学英语系"。很明显，寄信人应该是朱荔。于是，我给那位霍尔先生发了电子邮件，把金斯堡来北大的来龙去脉又叙述一遍，谈了我关于寄信人的看法，也对我因为失去跟朱荔的联系而无法提供拍照人姓名的事情表示抱歉。他很快回信感谢并且说，他们想出版关于金斯堡在中国的文章或书籍，如果出版，会送我一本。

我看了这些电子邮件，颇为感动，也了解了很多情况。跟张教授通信的有姓氏和电子邮件地址的有6个人。张教授只说霍尔是金斯堡生前托付的遗产和版权负责人，其他几位都是诗人。我可以肯定他们都是金斯堡的仰慕者，都致力于研究和介绍金斯堡。他们在网上专门为金斯堡建立了一个网页叫"艾伦·金斯堡项目（Allen Ginsberg Project. org）"，介绍他的生平、诗学、作品、照片、接受过的采访、链接，甚至专卖他的著作的商店。这个网页甚至是经常更新的。为了写这篇文章，我特意去看了一下，发现他们正在把金斯堡在1979年里给纽约布鲁克林学院和科罗拉多州那罗帕大学等地的学生的讲演整理为文字，最新的一页下面注明"四天前"。我不明白那"链接"是什么东西,打开一看,竟然分视频/电影、有声材料、照片与插图,甚至有关他的研究和材料档案所在地与出版他和其他"垮掉一代"诗人的出版社名称。还有一项叫"他的同时代人和英雄们",我出于好奇打开这个链接,发现是介绍金斯堡当年在一起的"垮掉一代"诗人和比他们年轻的诗人。那些人名中居然有得到2016年诺贝尔文学奖的鲍勃·迪伦。这些链接林林总总不一而足。在内容方面,从1959年一段金斯堡和他朋友杰克·柯鲁艾克的五分钟视频,到2013年以金斯堡和当年朋友的一段刻骨铭心的事件为基础的电影《杀死亲爱的人》,时间跨度超过半个世纪!我想这应该是对文化遗产的最好的保护和继承了。

这次照片事件的起因是吉姆·柯恩在脸书上发了两个网址,内容都是谈金斯堡跟中国的关系,包括几张金斯堡在中国的照片,其中之一是他和我及朱荔的合影(当时注明是舒婷和她的翻译)。因为内容涉及张子清教授,柯恩就发给了他。张老师认识我,发现错误,提醒吉姆。与此同时,彼得·霍尔见到了网址内容就追问,照片哪里来的?谁拍的?谁给金斯堡的?转了一大圈,张老师叫我出面,总算把问题说清楚了。

柯恩把照片说明更正了,霍尔先生发给我那两个网址,它们以"金斯堡与中国"为题被收入"金斯堡项目"这个大网页了。它们的内容让我得到了意外的惊喜。"之一"的内容是关于我们国内介绍金斯堡的情况和他1984年访华的花絮。他在保定桥头跟一个小孩的合影,用现在流行的话语来说,很接地气,看来十分亲切。一张文楚安教授上课和他身后满满一黑板英文的照片,让我想起他作为"第一个吃螃蟹的人"在翻译金斯堡诗歌时呕心沥血的勤奋精神。极有意思的是那些对中国大学居然教《嚎叫》感到惊讶的评论。其实,文教授并不是第一个在大学课堂教金斯堡的人。看来我们对美国文学的了解超过美国诗人对中国的认识。

"之二"的内容更加精彩,是张子清教授在1990年对金斯堡的书面采访。张教授的问题集中在金斯堡是否了解中国诗歌。金斯堡的回答很有意思,他先要求了解张教授的问题涉及的是中国古典的、20世纪的还是当代的中国文学和诗歌。他还说,他在纽约的笔会俱乐部和现代艺术博物馆里听中国诗人朗诵多于阅读他们的诗歌。事实上,他对中国诗歌和文学知道得很不少,他列举的古代诗人有白居易、李白、杜甫、王维、苏东坡等,他看过《论语》《孟子》(自注"不多")、《道德经》《诗经》《易经》《庄子》(自注"很多")……他说,"这方面的阅读以及'无'或'道'渗透于我的思考和作品";他很骄傲地说他从1972年就开始"坐禅"了。他甚至列举其他受中国诗歌影响的美国诗人的名字。对于当代中国诗人,他说他最喜欢北岛,也知道舒婷、艾青和1984年访华时见到的中国作家。看着电脑网页里金斯堡回答问题时写下的密密麻麻的手迹,我觉得,人们常说,"科学无国界",在金斯堡那里,文学和诗歌也是没有国界的。

2018年春,我收到霍尔先生寄来的一包书,打开一看,原来是人民文学出版社出版的由惠明译的三卷本《金斯堡诗全集》。我没有做过详细的调查研究,但我觉得我们很少把一个外国诗人的作品全部翻译成中文。印象里只有赵萝蕤、李野光等老一代学者翻译了惠特曼的《草叶集》全部诗歌。现在年轻一代的学者把金斯堡的诗歌也全部翻译过来了。这体现了对世界文化遗产的继承,应该是值得大书特书的好事。

许钧

师者，勒克莱齐奥
——南大学生的"勒爷爷"

老友勒克莱齐奥，在南京大学任教已经近九个年头了。新冠疫情出现以来，他一直困在法国。我隔段时间就给他打电话，想了解他和家人的状况。可是每一次，不及我开口，他都迫不及待地先问我，问我中国疫情如何，生活是否正常，问得最多的，还是南京大学的学生。他在电话中不止一次地表示遗憾，疫情之下无法与往年一样来南京大学给本科生开课。他说，他很想念他的学生。

勒克莱齐奥是诺贝尔文学奖得主，2011年被南京大学授予名誉教授，后来又被聘为南京大学法语语言文学专业博士生导师和南大人文社会科学高级研究院驻院本科生导师。他每年都会在南京大学开设为期三个月的通识课程，面向全校的本科生。学生选他的课，实在是太踊跃了，能选上他的课，都说是"中奖"了。学生从开始慕名而来，到后来真心喜欢：南京大学的学子都亲切地称他为"勒爷爷"。

南京大学仙林校园内外,经常能看到勒爷爷的身影:他是和园水果小店的常客,总是笑眯眯的样子;他喜欢骑着自行车去学生食堂吃饭,两个菜,一碗米饭,吃得美滋滋的;学生到他办公室,他总是马上起身,一米九〇的他,深深地一弯腰,请学生坐下细谈。

课堂上的勒爷爷,更是可亲、可爱与可敬。从2013年开课至今,勒克莱齐奥形成了自己一套独特的课堂风格。他的上课时间通常在傍晚,学生们刚吃完晚饭,陆陆续续走进教室里落座。临近上课时,他会在一片交谈声中缓缓起身,清清嗓子,微笑着用中文说一声"你好",于是师生相视默契一笑,教室安静下来,课程便就开始了。

这句雷打不动的开场白宣告着一场精神盛宴的开场。课堂上的勒克莱齐奥是一位热情的分享者,毫无保留地将自己的所读所见所思与学生们共享。八年来,他主持的这门通识课程,没有任何的重复,课程名称有"艺术与文化的非线性阐释""文学与电影:艺术之互动""守常与流变——世界诗歌欣赏与阐释""叙事的艺术:小说的诞生与演变"等,主题涵盖小说、诗歌、绘画、电影、神话,涉及欧洲的古希腊罗马文明、南美洲的印加文明、亚洲的古波斯文明等,论及的作品从古印度的《摩诃婆罗多》到中国的《红楼梦》,从维吉尔的《埃涅阿斯纪》到普鲁斯特的《追忆似水年华》,可谓五光十色,兼容并包。

准确来说,勒克莱齐奥并不只是在"教授"这些知识。诚然,他会结合自己的阅读经验,生动地讲述一部作品的主要内容,简要地介绍一种艺术的面貌、精髓与神韵,但他更希望通过他开启的路径,学生们能构建起对这些文化感性直观的个性体验。为此,他会邀请学生走上讲台朗读诗歌选段,会为大家展示胡旋舞的视频,也会同大家一样为某部电影里的有趣桥段而会心一笑。在他的课堂上,无论众所周知的主流文化,还是鲜为人晓的边缘文化,无论所谓阳春白雪的艺术经典,还是下里巴人的大众创作,统统鲜活起来,跳出它本来的历史时空,与当下的人相连接。不仅如此,作为老师的勒克莱齐奥结合作家的天马行空与旅行者的博闻强识,不断在不同历史、不同地域的文化实践中寻找呼应、联系,将它们连为一体。在他看来,重要的并不是尝试在这些文化之间构建出某种等级体系,相反,应该让这些生命相互对话、彼此交流。或许,勒克莱齐奥在课堂上真正分享的,正是他的视野与视角,是他观看世界的独特方式。他是个讲述者,也是个启发者,他希望学生能够通过课堂,拥抱一个更广阔的世界。

课堂之外,勒爷爷更像一位慷慨的帮助者,会尽己所能给予学生所需。他会拍下学生们想要阅读的书籍章目,与学生分享;甚至有时,当某段文章没有中译本或英译本时,还会亲自翻译出书中的片段,供学生阅读。对于上过自己课,有一定了解的同学,当他们计划参加国际交流或是出国深造项目,需要推荐信与推荐意见时,勒克莱齐奥也会欣然接受,并亲笔撰写相关材料。对于笔耕不辍的勒克莱齐奥来说,这些事情当然会占用他不少时间,不过他总是乐意为之。有时我会想起他曾经说过的自己年轻时的一段经历。二十多岁的时候,勒克莱齐奥曾想通过一个法国民事合作项目到中国交流。意愿之强烈,甚至看到尼斯傍晚橙色的天空都觉得是个好兆头。不过最终他落选了,为此大失所望。或许是这段亲身经历让他格外乐于成全学生们的追求?归根结底,勒克莱齐奥给予学生的支持不仅是物质上的,更是精神上的。他鼓励学生拥抱世界,鼓励他们表达自我:遇到独特的观点,则引导学生深入思考,形成成熟的论述;遇到出彩的文章,便鼓励对方寻找机会发表,甚至会建议适合的期刊与平台;至于那些就人生选择向他提出疑问的青年，勒克莱齐奥则会鼓励他们勇敢尝试，走出一条属于自己的独特道路。

勒克莱齐奥对学生们精神层面的影响，不仅是通过他与学生间的言语交流而实现的；举手投足间，他所展现出的诸多品质，也潜移默化地改变着学生。我认为，他与学生相处过程中表现出的种种特质都可以被概括为一位真正的"交流者"的品质。

首先，真正的交流者常怀谦逊的好奇心。他坦然承认自己知识的边界，并以恒常的热情关注未知。这方面有个例子颇为经典。一次上课时，勒克莱齐奥讲到玛雅文化中的羽蛇神，认为他与中国龙不乏相似之处。立刻有同学举手反驳，认为中国的龙与羽蛇神并无干系，并大致介绍了龙在中国文化中的含义与渊源。这个出乎意料的回复立刻引起了勒克莱齐奥的兴趣。他首先解释说自己的对比只建立在外形相似之上，接着便殷切地希望对方能带来更多关于中国龙形象演进、传播的信息。这件事为勒克莱齐奥自己津津乐道，甚至在某次采访中还专门提起，借此感谢学生们对他授课过程中所犯错误的宽容。"三人行，必有我师"，与中国颇有渊源的勒克莱齐奥似乎在有意无意间践行了中国的古老智慧。他曾经说，对南京大学，他最满意的地方之一，便是这所大学给予不同专业背景的学生互相交流的平台。他对自己所开课程颇为欣喜的一点，同样在于选课学生专业多样，不仅有专攻文史哲的学生，还有来自天文、物理、金融、数学、医学等方向的同学。对他而言，未知既充满吸引力，也富有创造性，以谦逊之心走入未知之地，便是求得真交流的第一步。

其次，真正的交流者，因他满怀好奇期待"出其不意"，必然会尊重他人的能动性与独特性。勒克莱齐奥坚信教学相长，故而在他眼中，学生首先是平等的对话者，而非被动的接受者。他善于发现每位同学发言中的独到之处。而每一届学生精彩的见解与观点，往往就成为启发下一年课程主题的契机，又或者作为阅读材料，加入到下一年的教学计划中去。课上他常问的问题是：你是否愿意将这段讲解拟成文字，授权于我，好让我在之后的课程中与其他同学分享？于是，今年某位同学关于《红楼梦》的介绍，促成了来年专门针对《红楼梦》中真实与虚幻的一堂讨论课。而今年某位同学关于《春秋公羊传》的解读文章，来年也成了课程延展阅读的一部分。回顾历年勒克莱齐奥在课堂内外与学生的交流活动，便能清晰地看到知识的藤蔓如何在相遇与思维激荡中不断延伸，不断丰富。

或许最终，勒克莱齐奥真正打动学生的，正是他在"不同""相异"面前所持的这种开放包容的态度，这种尊重理解的精神。他让学生们明白了投向他者的目光的丰富之处。尊重他人、学会倾听、学会接纳相异的观点，并以此丰富自己的思维。不仅对人如此，对待文化也是一样。无论势盛势微，不妄加评判，而首先学习它、体验它，看到世界文化之林的种种联系，并张开怀抱去拥抱它。这一点上，作为老师的勒克莱齐奥与作为作家的勒克莱齐奥彼此呼应，共同展现出一种跨文化视野与交流精神。或许，每次课前的那声"你好"，也因此有了不一样的含义。用中文说出的这句问候，难道不正是走向对话者、走向交流的第一步，是拉近距离、实现互动的第一步吗？

疫情出现后，线下课程一度中断。勒爷爷也因为客观条件限制迟迟无法来中国开课。不过，这一困难并未切断他与学生们的交流。2020年秋，每年一度的通识课程在线上如期展开，勒爷爷作为高研院本科生导师而开设的研讨课也被一并搬到了线上。这当然颇费了一番功夫,常常自嘲对电子产品"一窍不通"的勒爷爷,虽然已经八十岁高龄,却兢兢业业,从头学起,按照安装会议软件、架设摄像头与话筒、优化网络信号的流程一步步练习,最终在虚拟空间与学生们见面。是的,课程还在继续,与中国学生的交流也不会停止,无论是在教室里还是在线上,无论以哪种语言、哪种形式,作为老师的勒克莱齐奥永远与他的中国学生在一起。

赵珩
"文化里的胃"
——怀念沈公

认识沈公昌文先生有整整二十年了。

三个月之前还在沪江香满楼参加了三联同仁为他举办的生日聚餐，只是因为疫情的影响，规模范围很小。除了沈公父女，就是三联几位新领导和与他共事多年的同仁，如朱伟、潘振平和郑勇等。扬之水和我也都应邀前来。扬之水当年在《读书》时，也曾是他的麾下，大概只有我是局外人了。我已经很长时间没有见到沈公，没有想到他竟然衰老成那样，人已经瘦得脱了形，在女儿沈懿的搀扶下，显得那样的憔悴和龙钟，几乎不敢相认了。其实，他的记忆力早在几年前已经不太好了，有次我们一起参加某图书颁奖会，我和他都是颁奖嘉宾，坐在一起，聊天时，他竟问了好几次我的年龄。那时，我已经察觉到他真是衰老了。

沈公去后的几天中，网上关于他的消息几乎刷屏，其中有三联的同仁故旧,有三联的作者,而更多的则是与他根本不认识的读者。其实,这才是最让人感动的。

也许是我也曾经做过出版工作,是不大喜欢跑出版社的人,因此在二十年中虽在三联出过几本小书,但与沈公接触的时间并不多。即便是相聚,也大多与出版无关。倒是承他之邀,参加过不少次他组织的"饭局"。

2001年,我的一本小书《老饕漫笔》在三联出版,此前也没有想到这本随笔会有什么影响,是孙晓林先生和董秀玉总经理给予支持才得以成书。但始料未及的是出版后居然有了些影响。于是三联为此举办了两场读者见面会。一场是我与范用老、书评人黄集伟在西单图书大厦举行的;一场则是我与沈公和中央电视台主持人张越在三联书店举行的。那也是我第一次接触到沈公。

虽然没有接触过他,但是沈公的大名确是早已熟悉,从改革开放初期《读书》的创办到后来三联出版的繁荣,他不仅是三联的一面旗帜,也是当时出版界的领军人物。直到他退休之后,都被誉为"出版界的教父"。

沈公是位风趣的人,那次读者见面会是我第一次领略到他这方面诙谐。那日不知是谁的发明,座谈主题叫"胃里的文化"。但是轮到他发言,他的第一句话就让气氛活跃了起来,他说,"你们那个题目太深奥了,我不懂,我不懂什么胃里的文化,我这就是文化里的胃而已。"于是气氛一下活跃了起来。沈公也东拉西扯地说了许多关于吃的趣事。三个人的对谈如同聊天,读者听得津津有味。

沈公爱吃,但算不得真正懂吃,他对吃的要求也不高。有人曾开玩笑地说他"不是在外面吃饭,就是在去吃饭的路上",虽然有些夸张,但是沈公的很多出版活动确实是在饭桌上谈的。他对吃并不十分讲究,虽然吃的还算宽泛,但是对江南菜和上海菜还是情有独钟。此后,很多次吃饭,尤其是江浙、上海本帮菜,他常常邀我参加,而每次参加的人也大都不同,可以说是形形色色,各界都有,谈笑间,许多事也就定了。沈公是出版界的帅才,饭桌上,颇有些"谈笑间,樯橹灰飞烟灭"的气概。

2004年的秋天,突然接到沈公的电话,要我赶到隆福寺附近的"娃哈哈"去吃饭,我就估计到可能是有事相约。果然,他和朱伟又邀了法国国家电视二台的著名栏目《美食与艺术》的撰稿人和制片人蓝风,找我的目的是让我在法国电视二台做一期访谈节目。我们之间的互相介绍都是沈公来穿插导演的。而且沈公是个急性子,说好第二天就让蓝风到我家访谈拍摄。我估计似这样与三联无关的文化活动,沈公也做过不少,他是个热心人,也是好事者,促成了不少这样的事。第二天,蓝风在桑德琳(姜文前妻)的陪同下在我家搞了一整天,桑德琳充当翻译,又是谈,又是拍,折腾了很久。蓝风一句中文不懂,我是一句法文不会,而桑德琳的中文又出乎意料的不好,所以沟通有些困难。至于效果如何,蓝风回法国后期制作,我就不得而知了。类似这样的事还有不少,因此,沈公招宴,单纯只是吃饭的并不太多。

沈公在出版界的联系很广,他有着旧时代出版人的工作作风,但又能适应最新的出版潮流。这种杂糅的风格正是他一贯的风格,也与他从小在上海这样的出版环境里成长有着密切的关系。他在退休之后,仍每天背着个双肩背的背包到三联"上班",一直关注着出版界的风向和动态,更多的是联络了许多作者和读者,没有一点架子和那种假正经的做派。尤其是他的热心、真诚,更是让许多人都难以忘怀。

我的一位久居英国的老同学多次让我给他介绍沈公，想从他那里更多了解七十年代北京朝阳门内大街的内部图书服务部始末。我怕给沈公添麻烦，一直迟迟没有给他介绍，后来经不住他的一再要求，只好给沈公写了封信，让他自己去找沈公谈。没有想到的是沈公非常热情地接待了他，竟然在楼下的咖啡馆里和他聊了近四个小时。这让我那位老同学极为感动，也让我感到对一位八十多岁老人的歉疚。对于那时的"黄皮书"和"灰皮书"，沈公非常了解，而这些"内部发行"的旧事也只有他最能说得清楚。

沈公主持《读书》的时代正是改革开放，百废待兴的年代，而立于潮头的《读书》也犹如春风，为读者展示了一个全新的境界，为作者开辟了一片全新的土壤。可能当时与他一起工作的同仁都能感到他那种独特的工作作风，轻松而愉悦，然而又接触到一个崭新的天地。他的用人、识人也为三联培养了几代优秀的出版人。因此，沈公在三联也受到大家的爱戴。

沈公是个喜欢开玩笑的人，但是又不失于厚道，他每在饭桌上总会自嘲，说些让大家哄笑的段子，但是从来不会背后议论别人之短长或是臧否人物，与他共餐会觉得轻松愉快，正如他所说的"文化里的胃"，也如中医所说的"胃者，受纳之官"，一切营养会于此分解融化了。沈公的胃，"是文化里的胃"，信然。

真正对于吃，沈公并不十分在行，记得那时在东华门大街路南开了家上海本帮菜馆子就叫"石库门"，我曾两次受邀前往，但是做得并不算好，是本帮和杭帮菜兼而有之。沈公对这里却颇有好感，经常邀人去小聚，另一个也是就近的缘故。我记得每次最后会有道八宝饭，沈公很喜欢，说做得好。其实，实在是不敢恭维。也正因此，我给他在旧历年前送过两次我家自制的八宝饭,豆沙是自家制作的,他非常高兴。

三个月前,在为他准备的生日晚宴上,郑勇让我点菜,我是最不喜欢这个差事的,但是为了沈公,无奈为他点了些他会爱吃的东西。那日,沈公吃得很少,在沈懿的帮助下,也都稍微浅尝了些。他的话很少,但是有些事还都能依稀记起。人瘦得很,还能显出腹水的体态,并不像在他离世后大家说的"无疾而终,在睡梦中安然离世",只是沈公并不谈他自己的痛苦而已。沈公是个永远把快乐留给他人的可敬老人。晚宴结束下楼时,扬之水说,她也很久没有见到沈公了,没想到他变成了这个样子。她问我,沈公大约还有多少时日?我说,大概过不了半年吧。他的离去也是在意料之中的事。

沈公走了,但是那么多人在怀念他,这就足够了。

赵武平
满人老舍

一

"莘田每于周末来此",是老舍在一九四七年初秋,给青岛友人写信,提及罗常培时说的话。罗常培其时在耶鲁作访问教授,每周任教四小时,得空由纽黑文去纽约,好像从苏州到上海,搭火车尤为便当;而周有光夫妇在曼哈顿的寓所,是他与老舍,以及赵元任和李方桂等友人聚会的一个地方。

那一年欢聚的盛况,直到一百多岁,周有光还念念不忘;过客一样的罗常培,在他记忆里尤其深刻。他说:"罗是满人,但他自己从未说过,我们都不知道。"

"我们",是说周有光自己,和他夫人张允和。因为赵元任是张允和以前的老师,同他们夫妇走动的朋友,多是语言学家。这年的一月下旬,老舍应费正清邀请,首次去哈佛演讲,与赵元任一见如故,在北平戏剧和方言的话题上,谈得非常相投;对于赵元任与杨联陞新编成、正待付梓的国语字典,老舍也别有兴趣,贡献了不少意见。

罗常培是满人,周有光夫妇当时不知道;与他是小学同班同学的老舍,同为满人,或曰旗人,他们恐怕也未必知道。但他们必定知道,老舍在重庆和北碚,与允和四妹充和交情不薄:梅贻琦、罗常培和郑天挺,一九四一年夏天由昆明到教育部出差,最爱与他们在一起宴饮,畅叙。大家聆听充和抚琴奏曲,也相偕前往升平书场,观看山药蛋和董莲枝演唱北平大鼓,分手时刻往往都在深宵。抗战胜利前后几年,老舍与充和居于北碚,苦中乐事之一,就是逢月聚会。充和暮年隐居康州怀旧,老友卢前与她和老舍等人的雅集,一再浮上她的脑际。她说:

礼乐馆西边有一楼,楼上住三家:一为杨仲子,一为杨荫浏,一为杨宪益夫妇带一男孩子。杨宪益本是编译馆中人,因房屋不够,借住此楼。所以我们称此楼为"三杨楼",每月在"三杨楼"有一次聚餐,除"三杨楼"中的四个人外,有编译馆的梁实秋,有物理所的丁西林,老舍,卢冀野同我,共九个人。

二

对自己的出身,老舍和罗常培一样,通常避而不论;虽然话题并不敏感,且早是报端老生常谈。

有两年,老舍为林语堂作文章,出足幽默家的风头,以至于创刊没几期的《人间世》,在发表"舒舍予(老舍)先生近影"的同时,也请一位王斤役先生,在"人物志"栏目,特意给他作了一篇速写。作者仿佛知道老舍与罗常培的交往,而且还猜出老舍是"汉族以外的作家",——他列举了两种理由:

一、他姓舒,北平舒姓多半是旗人。

二、他的小说描写北平北城的生活很是细致入微,北城是前清旗人的住宅,现在成为穷人汇聚的地方。

作者敢这么说,自然并非臆测。文章发表于一九三四年五月,而在那时谈论老舍身份,依据估计当是《老张的哲学》和《赵子曰》。

这两部小说里的芸芸众生,民初住过北京的人,没有谁看了会觉得陌生,也没有谁会辨不出其中各色旗人的影子。比方说,做洋车夫以前的赵四,"也是个有钱有自由的人。……听说他少年的时候也颇体面,而且极有人缘在乡里之中";那位"昔为东陵侯","今卖煮白薯"的春二,是汉军镶蓝旗人,——他们的言谈举止,都与旗人身份相合,几乎一望即知。又比如,后来也改行拉洋车的春二,与在公寓打杂的李顺,但凡招揽生意、应承主顾,张口总是"嗻!",或者"嗻!嗻!",也说明他们实乃旗人后裔。熟谙旧京风俗者知道,旗人听见尊长召唤,"嗻"这个应答,是必不可少的。

老舍所写学徒、小工、脚行、巡警、洋车夫,乃至暗娼和乞丐,多半是家道中落的旗人。他们中的一些人,甚或是他的亲友和街坊;他们的家长里短,他自幼耳闻目睹,当稔熟于心。这样一个在社会动荡时期命运载沉载浮的族群,到了比王斤役文章晚两年的《骆驼祥子》里面,集体特征显得更为突出。以虎妞和她老爷子刘四来说,他们的旗籍在故事前面没有明讲,及至到了刘家办寿庆的那一幕,一句话说到刘四"年轻的时候他当过库兵",顿将这对父女真实身份暴露无遗:库兵是前清肥差,没有旗籍,根本无缘沾边。刘四爷开车厂的年头,"有好几位朋友在当年都比他阔,可是现在——经过这二三十年来的变迁——已经越混越低,有的已经很难吃上饱饭",无疑也是宣告旗人自民元来后,地位已经一落千丈。

祥子家世模糊,至于是不是旗人,不大说得明白,因为他"生长在乡间,失去了父母与几亩薄田,十八岁的时候便跑到城里来"。不过,硬说他是旗外之人,又嫌过于冒险,毕竟至光绪年间,朝廷即已开禁,准许旗丁"各习四民之业,以资治生";获得自由迁移的穷困旗兵及其眷属,出城耕种者不在少数,——老舍说过,在前清强盛时期,"按照我们的佐领制度,旗人是没有什么自由的,不准随便离开本旗,随便出京"。而且,祥子的心直口快,和行事仗义,性格里也满是旗人的豪迈气概;《老张的哲学》里的旗人赵四,与祥子同为洋车夫,是"很粗大,天真烂漫,济弱扶危的猛汉";他们二人交叉相叠的经历,仿佛也不全是巧合,——赵四曾招集逃学的学童们在城外会面,"去到苇塘捉那黄嘴边的小苇雀,然后一同到饭馆每人三十个羊肉冬瓜馅的煮饺子,吃完了一散";祥子碰上因冻馁而倒地的头发惨白的老车夫,"他猛的跑出去,飞也似又跑回来,手里用块白菜叶儿托着十个羊肉馅的包子。一直送到老者的眼前,说了声:吃吧!"

《骆驼祥子》尚未连载,《宇宙风》提前一个月预热,发表了一位吞吐先生,谈北平洋车夫琐事的文章。作者在北平馆塾授徒为生,对"度着牛马生活"的赵四、祥子之辈苦人深有同情,言谈间流露出发自内心的慨叹,说他们"并不像一般人所想象的出身低贱,全是不认字和由乡下进到城里来的;有的是北京时代的政客,与前清的秀才与举人,以及旗人的公子哥儿,为生活所迫,干这一行的。大多数人全认得字,除去少数愿在闲着休息的时候,打地摊赌博和聊天外,要以读小报为最普遍,他们常被发现在街头巷尾,停车路旁,十分潇洒地坐在车子水簸箕上,以小报作消遣,也许拿时局作为与顾主谈话的资料"。

祥子与没落旗族的关系,也见于一个并不怎么起眼的细节上面:虎妞诱祥子入彀,赁房成家所在的大杂院墙外的毛家湾,一个由前中后三条胡同组成的三角地带,老舍也绝对不会陌生。《京师九城全图》上面标得清楚,从紧贴西皇城根的毛家湾出来,顺西四牌楼大街往北,过地安门西大街,紧接着就到了护国寺街,而在那里再往前走不几步,往东一拐,即进入一条狭小又不直的胡同,那里就是老舍的降生地,——小羊圈。

说到毛家湾,有心人还可拿了《京师九城全图》,同前清《八旗方位全图》比照一下,那样会清楚看出其地理位置,正处在老舍家所隶正红旗原先的防地:自晚清到民国十七年北平特别市成立,那一地界的名称一变再变,先叫右内四区,后来又改叫内四区。这也就是为什么,老舍明明生于京师顺天府宛平县,上学、就业和信教,填写的籍贯却不一致,有时写作"京兆宛平县",有时又写成"河北省宛平县内四区",——籍贯属于民国概念,前清只有旗籍和民籍之分,这是容易混淆的常识。

三

新中国成立第六年,以舒舍予本名选上人大代表后,老舍的满人身份引起社会广泛注意。只是遇到满民询问"贵哈喇",亦即请教他的满洲姓氏,他却答不上来,因为没有家谱传世。

六七年前过北京,一个多霾的秋日,在东城丰富胡同十九号,也就是王府井靠西的老舍故家,我注意到一份红底黑字的婚书,上面写有老舍以上父祖三代的姓名:父亲舒永寿,祖父舒克勤,曾祖父舒关保。他自己的名字,填写的是舒舍予,——他自英国回来以后,即不再用在北京师范读书时的学名舒庆春。这份百年前的官制文书,容易给人一个错觉,以为老舍家族在曾祖一代,也就是在嘉庆朝,或者更早时候,就已改冠汉姓。这样的推断,能否经得起推敲,似乎还是一个疑问:其父在庚子国难中殉国,名见《京师庚子褒恤录》《正红旗满洲阵亡之兵丁等花名册》和《清史稿》诸文献,但所列皆为"永寿",写"舒永寿"者无一。

罗舒二家,无论哪家冠姓,似都不会是在前清。他们两个家族,应是入民国后,在一九一三或者一九一四年,循令改冠汉姓的:常培家隶正黄旗,满姓萨克达氏,改冠"罗";庆春家隶正红旗,改冠"舒",满姓失考。但从北平四十年代一项统计内容看,可知冠姓"舒"者,满姓大体有二,一为舒穆禄氏,另一为舒舒觉罗氏。老舍家属从族人之说,认舒穆禄氏为其满姓,——只是这一选择,皇室后裔启功教授不大认可。他说,老舍祖上姓氏,原本为"舒舒",后来加上"觉罗",始为"舒舒觉罗"。

旗人冠姓,实在远非易事。八十年前,对舒穆禄氏和舒舒觉罗氏后裔,同冠汉姓"舒",旗族有过争论,但议题悬而未决。女真文专家金光平、金启孮父子的调查发现,舒穆禄氏后人冠姓,除了"舒",还有"萧";舒舒觉罗氏家族则基本上冠姓"赵"。金受申在一九四二年的《谈八旗掌故》中,则说高明的旗人一度主张,舒穆禄氏后人冠姓

"舒",而舒舒觉罗氏后代以"舒罗"为复姓,以免因冠姓混乱导致同姓通婚之弊。他还考证出,在"舒"以外,舒穆禄氏后人所冠汉姓,另有"徐"和"方":"徐"是康熙十二年进士徐元梦后裔的选择;选"方"为姓者,与桐城方苞有些说不清的瓜葛。

这位金受申,是掌故家,以写"北京通"闻名,最擅谈旗族轶事:年轻时用功语言学,是老舍至友白涤洲弟子,原系罗常培做过校长、老舍兼过课的北京市立一中语文教员,据说启功、夏淳和马季都听过他的课。一九四九年后,他和许多旗人一样,因失业举家受困,幸亏老舍通融,方得进入北京文联,成为《说说唱唱》编辑。他在五十年代末年,编过一部《北京话语汇》;商务印书馆出这部工具书第二版的时候,老舍还特地给写了一篇"小序",于一九六四年六月十二日见报,——这是老舍生前,在《人民日报》上发表的最后一篇文章。

四

老舍讳言的身份,在熟朋友里面,其实也非什么秘密。

一九三九年十一月秒的一日,常任侠为借《天壤阁甲骨文存》,在重庆拜望马叔平先生,听他言及在前线慰劳将士的老舍身世。这位故宫博物院院长的一番闲话,引他写了不短一篇日记,其中有云:

友人老舍,近作《残雾》,上演颇卖座。马云舒庆春原为旗人。又吾友唐圭璋亦旗人也,惟知者甚少耳。旧在东京帝大读书时,有汉文教师常荣,亦旗人,为清宗室。熟于京戏掌故,尝从问近代靖西之变迁,言自庚之后,女人始许入戏院观戏,盖自洋人倡之也。

常任侠日记要言不繁,浏览者若非留意,十九不会以之想到,那四幕讽刺剧的导演,正是马院长公子马彦祥,——也就是老舍从济南转往青岛任教,在齐鲁大学国文系所空职位的继承者。

二〇二一年十月十八日,午后,在福州路。

郑培凯
怀念梅芳

梅芳走了,让我感到十分难过。难过之余,又感到怅惘与说不尽的哀思。生命是如此脆弱,死亡是如此无情,一次又一次夺走了我的亲朋好友,收割我的哀痛。我坐在窗前,凝望眼前的海湾,思绪茫然混乱,冥想着地球的另一边,在大西洋畔的新港,我所熟悉的美丽灵魂散入海天缥缈,飘逝在我们一起度过青春的耶鲁校园。

认得梅芳,算起来有四十七年了。我在耶鲁读博士的第二年,1973年暑假期间,听主管中文教学的诗人黄伯飞说,学校新请了一位中文教师郑文韬,也是个诗人,笔名郑愁予。啊,愁予,写诗的老友,我中学的时候就读他的诗,而且还在1966年邀请他到台湾大学参加我首创的校园诗歌朗诵会。印象最深的是,他送了我一本刚出版的诗集《衣钵》,跟我谈起诗人都有反抗精神,都是革命者,从此成了好友。过了几年,他到爱荷华大学参加聂华苓主持的国际写作班,又继续研读写作艺术硕士,久不通音讯了。没想到人海茫茫,还能在异国相聚,真是有缘。不久就到他在新港城北的新家去拜访,见到了他美丽大方的妻子余梅芳。

梅芳给人的第一印象是容光焕发,充满活力,像一朵盛放的玫瑰,散发无限的热情与芳香。愁予喜欢把他住的地方 North Haven 称作北海文,有时又说是纽黑文、北黑文或北黑汶,我想他是在中文当中寻觅适当的感觉,要表达住处有一种北方的辽阔与苍夐吧?我们几个爱好文艺的同学从来不去管他感受的苍凉,经常到他家聊天聚会,安排保钓活动,更是去感受梅芳提供的乡情温暖。那时的耶鲁校园,中国留学生不多,总共也就六七十人,谈得来的也就那么七八个。愁予来了,他的新家就成了我们的聚会所,而最吸引我们这些海外游子的,当然是梅芳的烹饪手艺,她总是好整以暇,一边跟我们谈笑,一边就能大显身手,做出一桌最精致的家乡菜。而且菜式天南地北,层出不穷,让我始终没弄清楚她最拿手的究竟是什么菜系,只觉得每一道都鲜美无比,从京酱肉丝到宫保鸡丁,从香菇火腿蒸鲈鱼到姜葱炒膏蟹,从百叶结烧肉到干煸四季豆,从八宝鸭到葱烧海参,从红烧豆腐到清炒白菜,没有不好吃的。

酒足饭饱之后,梅芳一高兴,还会唱歌给我们听。我不知道她是否受过专业的训练,但是她的歌声绝对是专业歌唱中的佼佼者。她一般唱的是民族声乐歌曲,特别是边疆地区的民歌,我们听过她唱《康定情歌》《在那遥远的地方》《掀起你的盖头来》等等,有一种独特的风味,余音绕梁,袅袅不绝,与我们直着嗓子唱的完全不同,就感到她带着我们遨游边疆大地,越过茫茫的戈壁,驰骋在无边的草原,翻过天山昆仑,攀越青藏高原,又回到莽莽苍苍的黄土大地。

1970年代末期,我们那一批同学好友都已毕业,风流云散,我也到纽约上州去教书了，但还时常回访母校的师友。有一次见到梅芳脸色黯淡，有点郁郁寡欢的样子，她跟我说，身体不好，发现得了象皮病，心情很沉重，也没有心思做菜了。我问她，还唱歌吗？她半开玩笑说，你们都走了，唱给谁听啊？她的笑容很勉强，好像病情让她十分烦忧，我也不便细问。后来知道象皮病是一种淋巴丝虫病，一般是孩童时代由受感染的蚊子叮咬传染，表面没有显著症状，却会影响皮肤变厚粗糙，会给美丽的女士带来容颜的焦虑。后来我回到母校教书，经常去探访愁予一家，每次都依旧热情万分，一定要请我吃饭，不过，不在家中做饭了，而是由愁予开车到附近一家中餐馆，安排一桌盛宴，弄得我有点过意不去，就尽量吃完晚饭才到他们家中聊天。梅芳的象皮病需要长期治疗，心情一直不太好，但是看到老朋友，还是如花笑靥迎人，让人感到无比温馨。她在耶鲁大学图书馆工作，每天得上班，都是愁予开车接送，我劝她学开车，她说学不会，愁予教她开车的态度不好，干脆不学了。我就笑她的火爆脾气，不唱歌了，把唱歌的豪情转来骂愁予，也是随兴的艺术表现。她就说，你别跟愁予学那些文艺腔，你要是学坏了，看我怎么收拾你。像个大姐姐在教训人，我只能支支吾吾说，学会开车总是方便的。

梅芳毕生也没学会开车，这对生活在美国郊区还要上班的人是极其罕有，而且实在不方便。她说都怪愁予，教她开车总是大声呼喝，东也不对，西也不对，总之都不对。哪里是教我开车，根本是鸡蛋里挑骨头，找茬嘛！说我不会开车，本来就不会开嘛，要不然干嘛叫你教？一生气，不要教了，也不学了。你会开车，你开得好，上下班你送，买菜购物你送，让你当一辈子司机。我觉得他们两个斗气非常可爱，像七八岁的小孩一样，使气任性，却又充满了稚气的关爱，时常让我忍俊不禁。他们有三个小孩,老大嬿娃,老二地娃,老三爱娃,都十分可爱,而且极为懂事。嬿娃十六岁有了驾驶执照,就接替了父亲的职责,成了梅芳的御用司机,也是她经常向我们夸耀的成就。地娃小时候比较调皮,是愁予斥责的主要对象,长大了却彬彬有礼,完全的谦谦君子,后来接替姐姐御用司机的位置。梅芳一生没学会开车,或许是她的福分,永远都有家人陪伴着她出行。

记得是一九八二年前后,我还借住在纽约王浩家中,女主人陈幼石宣布,她请了愁予梅芳来玩,要偕同梅芳一道做菜,拿出看家本领,做个小型的满汉家宴。可忙坏了两位主厨与打下手的助手,鸡鸭鱼肉虾蟹海参鲍鱼应有尽有,牛羊猪肉有切丝的,切片的,剁块的,瓜菜豆芽豆腐粉丝花样也不少。在厨房帮忙的,当然少不了年纪最小的我和暂时借住的哲学家叶秀山,我负责掐豆芽,保证银芽炒鸡丝的质量,叶秀山则把吐司面包切成小方块,同时要摘一片芫荽,让每一片虾仁吐司都像苏格拉底定义的那么精确。高友工也掺和着,做了一款面食,大概是银丝卷吧,记不清楚了。陈幼石与梅芳一会儿并肩作战,有时轮流掌勺,色香味俱全的美味就一盘盘上桌。她们把菜式写好,贴在冰箱上,一开始列了二十二道,后来又有所改动增加,就在菜单上划来划去,最后一共做了三十三道菜。我兼任上菜员与收碟工,叶秀山与另一位哲学家涂季亮则负责厨房的清理,井然有序,出菜的质量与效率当然达到了米其林水平。这是我最后一次品尝梅芳的佳肴美味,记忆犹新,时常让我揣想西园雅集的盛况。

我来到香港后,二十年之间,多次邀请愁予来演讲、朗诵、为城市文学节评奖,还为他举办过几次文化沙龙。梅芳总是一道前来相聚,不过也总是抱怨身体多恙,各种慢性疾病都不肯饶她,恐怕天不假年,以后就看不到我们了。我也总是安慰她说,你这话四十年前就跟我说的,四十年都过去了,你看,不还是好好的?老话说,久病成良医,多病能长寿,病恹恹的人经常都长寿的。她就叹口气,说不知道下一次还能不能再来香港。四五年前我请愁予到城市文化沙龙讲诗,还安排了他朗诵《梦土上》的诗篇。他带了一瓷坛两斤装的特级金门高粱,在台上说,诗人饮酒作诗,朗诵也得喝,喝得畅快就朗诵得痛快。于是,他边喝边讲,到后来已经喝了半坛,有几分醉意了,让我想到《世说新语》中的"痛饮酒,熟读《离骚》,便可称名士",真是愁予的本色。我看到梅芳坐在台下,无可奈何地笑着,大概不以为然。沙龙结束后,我在餐厅安排了安静的包间,老友难得相聚,谈笑风生,说起欢乐的往事,梅芳突然说,我今天很高兴,要唱歌给大家听。我们大吃一惊,连愁予都是一愣,先是疑惑是否一句玩笑,看她是认真的,都欣喜欲狂,像小孩在幼儿园里听说老师要发糖果,高兴得有点手足无措。愁予说他已经三十多年没听梅芳唱歌了!她开口唱了,歌声还是那么动听,像遥远天边飘过来的一片云,优雅爽朗,千回百转,好像岁月悠悠,经过了三四十年,梦回莺啭,尽在天地之间回荡。她唱完了,我们热烈鼓掌,梅芳报以满意的微笑,然后就哽咽了,说,我已经有几十年没唱歌了,今天跟大家在一起,真的是高兴。愁予在旁边说,我也是几十年没听梅芳唱歌了,唱得真好听。

那是我最后一次听到梅芳唱歌,也是愁予几十年来第一次重新听到美妙的歌声。梅芳走了,我们再也听不到美丽灵魂的咏唱了。

辑

四

李宏昀
日常生活的奇迹时刻

一

在古龙(1938—1985)的《七种武器·孔雀翎》中,男主角高立有点特别。他是个小气的江湖人,和生死之交亡命天涯的时候还坚持让后者付酒账;他说这是为了一个名叫双双的女人。高立的这位生死之交,就是孔雀山庄的少庄主秋凤梧。后来,秋凤梧跟着高立见到了双双,原来双双是个发育不全的盲眼姑娘。然而她的脸上完全没有自怜自卑的神色,反而充满了欢乐和自信。秋凤梧看到高立把双双当成真正的公主养着哄着并乐在其中,立刻就明白了:是高立在保护双双的"天真",正是这份保护让高立这个出生入死的江湖人感受到活着的滋味。于是他捶了高立一拳,笑道:"老实说,我真羡慕你这混小子,你哪点配得上她。"这样说的时候,秋凤梧真心觉得双双很美,并且发现自己从来没有这样开心过。

这并不是事情的全部。随着故事的展开高立明白了,原来双双早就知道自己是个"又丑又怪的小瞎子",她一直假装自己不知道,是不想让高立为自己伤心难受。"只要我们在一起时真的很快乐,无论我长得是什么样子都没关系。"秋凤梧看着他们两位,心悦诚服泪流满面。

当年读古龙《孔雀翎》的时候,我才十岁出头。近日读着雷蒙德·卡佛(1938—1988)的《羽毛》(出自短篇小说集《大教堂》),我又记起了它。

二

《羽毛》说的是一个怎样的故事呢?从小说中第一人称"我"的视角看,事情是这样的。"我"的工友巴德邀请"我"和"我"的金发妻子弗兰去他家,和他老婆奥拉共进晚餐。巴德家养了一只孔雀,臭烘烘的并且叫声让"我"毛骨悚然;他们家的电视机上放着个长得鬼斧神工的牙模;他们的儿子(八个月大)丑得让"我"说不出话——所有这些都令"我"耿耿于怀,但"我"还是尽可能地保持住了"尴尬而不失礼貌"。

对"我"来说,这是特别的一晚:"那一晚,我几乎为自己生命里拥有的一切都感到高兴。"(为自己拥有的一切感到高兴,这当然再好不过;但是,您早干嘛去了?为什么偏偏过了今晚您才这么觉得?这么看来,您这高兴是建立在对朋友家"糟糕"生活的观感之上的——说白了,这高兴只不过就是优越感。没关系,这确实是人之常情。)

就这样,"我"决定把"那一晚"当成生命中的"奇迹时刻"铭记在心。"我许的愿是永远不忘记那一晚,或者说永远不让那一晚离我而去。那是我的愿望中,得到实现的一个。对我来说,这个愿望的实现是我的不幸。不过,那时我当然不会明白。"

那一晚,"我"的金发妻子弗兰也很兴奋。"亲爱的,用你的种子填满我吧!"她说。就这样,"我"和弗兰有了孩子,生活因此而发生了改变。

问题是,此后的生活似乎不足以支撑"我"在"那一晚"建立起的优越感。弗兰剪去了令"我"迷恋的金色长发,并且不工作、靠"我"养活了。"我"那孩子"身上有种卑劣的天性",令"我"羞于启齿。"我"和巴德依然是朋友,但是"我"和他说话时变得小心了起来。(因为您不想让巴德知道您觉得他的生活很糟糕?)总而言之,"我们不谈这个,有什么可说的?"

在小说结尾,"我"再一次回想"那一晚"。"我的朋友和他老婆站在门廊上和我们说再见……奥拉送给弗兰几根孔雀羽毛带回家。我记得我们互相握手,拥抱对方,说这说那。在车里,回家的路上,弗兰紧贴着我坐,手一直放在我的腿上。我们就这样一路从朋友那儿开回了家。"

看来,"我"依然认为"那一晚"是"厄运"的起点?或者,"我"多多少少有点感到,"那一晚"有什么重要的东西被"我"错过了?

三

一般来说,读小说的时候需要注意,第一人称的"我"也是作者塑造的人物之一,"我"的视角只是作者笔下众多人物之一的视角,并不足以覆盖作者想要表达的全部内容。《羽毛》这篇小说尤其如此。小说中"我"的主观描述并没有掩盖事实,尽管"我"得出结论("几乎为自己生命里拥有的一切都感到高兴")的时候或有意或无意地把某些事实忽略了。那么现在就来看看,被"我"忽略掉的事实有哪些。

电视机上的牙模,是奥拉做整形前牙齿的模样。奥拉说,"留着它,是为了提醒我自己欠了巴德什么。"因为巴德一结婚就带奥拉去做牙齿整形,在这之后就告诉奥拉笑的时候不用捂嘴了:"像这样漂亮的牙齿,你可不用把它们藏起来。"

他们家那八个月大的孩子丑得让"我"说不出话(不过出于礼貌终究还是憋出一句"他的个头够大的"),这只是"我"的主观感受。孩子爸妈完全没有介意这宝宝的长相。巴德说:"我们知道他现在还赢不了什么选美比赛。他不是克拉克·盖博。不过给他点儿时间。要是他走运,说不定能长得像他老爸一样。"不仅如此。弗兰也和这宝宝玩得很好,她和宝宝说起了悄悄话,然后说,"不许告诉任何人我刚才说的话啊。"(也许说的是"那位叔叔脑子秀逗了,不用理他"。)

至于那只孔雀——他们家养孔雀,是因为奥拉少女时代的梦想:"小时候在杂志上看到过一张孔雀的照片,我就觉得那是我见过的最美丽的东西。我把那张照片剪了下来,贴在我的床头,保留了很长时间。后来等我和巴德有了这个地方后,我觉得机会来了……"然后,当然是巴德想办法买到了孔雀。"上帝,我可给自己找了个品位昂贵的女人呦。"巴德说。

小说结尾提到,"奥拉送给弗兰几根孔雀羽毛带回家",那么很有可能是弗兰表达过对这美丽羽毛的喜欢。连"我"自己都描述过这个事实：孔雀羽毛"闪烁着彩虹的每一种颜色"。然而，朋友家养的这只美丽的孔雀，最后居然成了"我"的优越感的来源——这位男主人公脑回路的清奇，是不是有点令人佩服？

"回家的路上，弗兰紧贴着我坐，手一直放在我的腿上。"这样看来，弗兰整个晚上都过得挺高兴，高兴得回来以后就想要跟"我"生孩子；而"我"呢，则通过崎岖的脑回路把"尴尬而不失礼貌"转化成了"为自己生命里拥有的一切感到高兴"。这两位的情况准确地诠释了什么叫"殊途同归"。

原来巴德和奥拉明明过着幸福甜蜜的家庭生活，完全不是"我"所认为的那样糟糕。那么"我"在"那一晚"之后的生活，是不是像"我"理解的那样不堪呢？

弗兰把一头金发剪短了，并且辞了工作当起了家庭主妇，这都是有了孩子之后的正常调整。在小说前文中提到过，弗兰早就觉得一头金发是个麻烦，因为需要每天打理；而"我"曾经"告诉她，如果她剪掉头发，说不定我就不爱她了。"（您听听，这叫什么话？）至于孩子，我们都知道，"三岁四岁狗都嫌"，带孩子确实很让人操心；但是孩子能有什么坏心眼呢？您说您孩子"身上有种卑劣的天性"，凭良心讲，有您这么当爹的吗？

说到这里，诸位可能要问了：这位男主人公，为什么脑筋这样奇怪，把美好的生活看成糟糕的，把正常的生活看成不堪的？——别问我，我怎么知道？

《羽毛》中的这位男主人公，让我想起中国古代常见的那种文人：常常是一副生不逢时、壮志难伸的姿势。这种人往往不明白，"不逢时"是命运对他们最大的善意；每天读书、作诗、下棋、写毛笔字，就是他们可以过上并且已经过上的最好的生活。倘若让他们逢到"时"，得着机会"干上一票大的"，那么多半是以身败名裂收场。假如你要问，读书写字的生活有哪点让他们不满意，他们究竟有什么"志"要伸——你还是问他们去，我哪里知道？

话说回来，这位男主人公有一点好，就是他基本仅限于"闷骚"，外观上并没有多么自命不凡。也许，是他身上的诚意令他没法完全无视事实（以"我"为视角的描述毕竟没有掩盖事实）；所以，他还是大有希望作为一个好男人、好丈夫、好父亲度过一生的——只要他别在中年后的哪天忽然心血来潮，为了臆想中的"诗和远方"抛妻弃子。

四

如此说来，收获孔雀羽毛的"那一晚"，看上去真的是生命中的一个"奇迹时刻"：就像开启了一扇"任意门"，它通向怎样的未来，取决于此刻的你如何看待当下的生活。但是，生活中有哪个时刻不是如此呢？所以，也用不着把哪一刻当成"奇迹"特意铭记在心。

人生中的因果关联，就在时时刻刻的念念相续中，从不间断。从这个角度看，人生本来就是个完整的故事，丝丝入扣、没有闲笔；问题在于，有谁能认得清这个属于自己的完整故事？我们所做的，往往就是通过崎岖的脑回路，把抓来的一鳞半爪脑补、编织成故事，再把自己装进故事里；然后自以为是地把某些时刻看成关键节点，认为"那一刻影响了我的一生"。

这就是凡人免不了要犯的错误。所以，与其着急地想要把握那个属于自己的完整故事、看透人生的真相，倒不如先承认自己无论如

何也免不了犯错,这样倒或许能为幸福留出空间。所以,在一首名叫《雨》(孙仲旭译)的小诗中,雷蒙德·卡佛这样说:

我能否这辈子重新来过?
还会犯下不可原谅的同样错误吗?
会的,只要有半点机会,会的。

韩羽
红楼二题,兼谈三国

凤姐与曹操

有一文,写凤姐,言道:"《三国演义》的读者,恨曹操,骂曹操,曹操死了想曹操。《红楼梦》的读者,恨凤姐,骂凤姐,不见凤姐想凤姐。"

将凤姐比曹操,有趣!有可比性么,想来想去,想起曹操的一句名言:"宁教我负天下人,休教天下人负我。"得知这句名言,也是从《三国演义》。是曹操杀了吕家全家、继而又杀了吕伯奢,陈宫说:"适才误耳,今何为也?"之后,他甩出了这么一句。

"恨曹操,骂曹操,曹操死了想曹操",是《三国演义》读者的评语。这评语当然也包含了对曹操杀吕伯奢的看法。语云:人同此心,心同此理。且以这八个字解读一下曹、吕公案。

翻开《三国演义》,寻行数墨:

曹操行刺董卓未遂,"卓遂令遍行文书,画影图形,捉拿曹操。擒献者,赏千金,封万户侯。窝藏者同罪。"现下的说法,就是悬赏通缉犯。曹操逃出城外,至中牟县,为守关军士所获,县令陈宫,亲释其缚,弃官随其一并逃走。过成皋,到吕伯奢家中。奢曰:"我闻朝廷遍行文书,捉汝甚急。汝父已避陈留去了,汝如何得至此?"这就是说吕伯奢已得悉擒献曹操者"赏千金,封万户侯"的文书了。"操告以前事,曰:'若非陈县令,已粉骨碎身矣。'伯奢拜陈宫曰:'小侄若非使君,曹氏灭门矣。君宽怀安坐,今晚便可下榻草舍。'说罢,即起身入内。良久乃出,谓陈宫曰:'老夫家无好酒,容往西村沽一樽来相待。'言讫,匆匆上驴而去。操与宫坐久,忽闻庄后有磨刀之声。操曰:'吕伯奢非吾至亲,此去可疑,当窃听之。'"

面对此情此状,不仅曹操生疑,可又谁能不疑,人同此心,心同此理也。

当听到"缚而杀之",为了不"必遭擒获",又须当机立断,别无选择,只有逃跑或是对抗。曹操没有逃跑,而是"遂与宫拔剑直入,不问男女皆杀之"。不只曹操,陈宫不是也"疑"了么。

"搜至厨下,却见缚一猪欲杀",方知是误杀了。如以事后诸葛亮的看法,可以责备曹操"多疑",如不胶柱鼓瑟,也当会庆幸自己未曾碰上这类事件,如碰上这类事件,也难保不彼此彼此,仍是那句话:人同此心,心同此理也。

杀了吕家八口,"急出庄上马而行,行不到二里,只见伯奢驴鞍前鞒悬酒二瓶,手携果菜而来,叫曰'贤侄与使君何故便去?'操曰:'被罪之人,不敢久住。'伯奢曰:'吾已吩咐家人宰一猪相款,贤侄、使君何憎一宿?速请转骑。'操不顾,策马便行。"想是曹操悔恨。多疑误杀,无脸见人了。

"行不数步，忽拔剑复回，叫伯奢曰：'此来者何人？'伯奢回头看时，操挥剑砍伯奢于驴下。"大大出人逆料，见此状，谁能不恨曹操，不大骂曹操凶狠残忍？曹操抛出了一句："伯奢到家，见杀死多人，安肯干休？若率众来追，必遭其祸矣。"就成败利害论，其言不无道理。可是君子有所为、有所不为。小人则无所不为。只此之差，本是错误，顿成罪恶。原是英雄，成了奸雄。看他那把刀，既杀恶人董卓，又杀好人吕伯奢，又是何样刀耶？能不引人思摸。

"恨曹操，骂曹操，曹操死了想曹操"，似又可再添上两句："想曹操是为的笑曹操，笑曹操是因了从自己身上也看到了曹操。"

将凤姐比曹操，有可比性么？想来想去，想起了凤姐的一句不算名言的言："从今倒要干几件刻薄事了。"是王夫人根据下边的私诉而查问凤姐扣发月钱的事之后，甩出了这话的。

"恨凤姐，骂凤姐，不见凤姐想凤姐"，且择选《红楼梦》篇章"贾二舍偷娶尤二姨"，来看看凤姐的刻薄。

谁先欺负谁？是凤姐欺负的尤二姐，还是尤二姐欺负的凤姐？

尤二姐、贾琏"如胶投漆，似水如鱼，一心一计，誓同生死，那里还有凤、平二人在意了？"看来她已忘了贾琏和凤姐原本是夫妻。

"这里凤姐又问平儿：'你到底是怎么听见说的？'平儿道：'就是头里那小丫头子的话。她说她在二门里头，听见外头两个小厮说：这个新二奶奶比咱们旧二奶奶还俊呢。'"是尤二姐先欺负的凤姐，是"鹊巢鸠占"。

凤姐是好惹的么，能不以眼还眼，以牙还牙？连武大郎还要裸起衣裳抢入茶坊去拼命哩。人同此心，心同此理，怎能独责于凤姐？

接下来是过招儿，斗智斗勇了。

讯问兴儿,兴儿回道:"后来就是蓉哥儿给二爷找了房子。"凤姐忙问道:"如今房子在哪里?"兴儿道:"就在府后头。"凤姐儿道:"哦!"回头瞅着平儿,道:"咱们都是死人哪!你听听!"兴儿又回道:"珍大爷那边给了张家不知多少银子,那张家就不问了。"凤姐道:"这里头怎么又扯拉上什么张家李家咧呢?"……兴儿道:"那珍大奶奶的妹子原来从小儿有人家的,姓张,叫什么张华,如今穷的待好讨饭。珍大爷许了他银子,他就退了亲了。"凤姐儿听到这里,点了点头儿。

好一个"凤姐儿听到这里,点了点头儿",是她立即意识到了这个意外的信息是一柄杀手锏。精明机敏得赛似《沙家浜》里的阿庆嫂。

"凤姐越想越气,歪在枕上,只是出神。忽然眉头一皱,计上心来,便叫:'平儿,来!'平儿连忙答应过来。凤姐道:'我想这件事,竟该这么着才好,也不必等你二爷回来再商量了。'"她已成算在胸了。

先把尤二姐接进荣国府里来。且听她对尤二姐说的话:"如今娶了妹妹作二房,这样正经大事,也是人家大礼,却不曾合我说。我也劝过二爷,早办这件事,果然生个一男半女,连我后来都有靠。不想二爷反以我为那等妒忌不堪的人,私自办了,真真叫我有冤没处诉。我的这个心,惟有天地可表……所以我亲自过来拜见。还求妹妹体谅我的苦心,起动大驾,挪到家中,你我姐妹同居同处……要是妹妹在外头,我在里头,妹妹白想想,我心里怎么过的去呢?再者叫外人听着,不但我的名声不好听,就是妹妹的名儿也不雅。况且二爷的名声,更是要紧的,倒是谈论咱们姐儿们还是小事。"装模作样,却又句句通情达理。说得比唱的还好听。纵使尤二姐不情愿,又能奈何!只好乖乖地跟了她回来。回来之后,"脂砚斋"批语里透出的消息:"写使女欺压二姐,正写凤姐欺压二姐。""上头一脸笑,脚下使绊子",正应了她那话:"从今倒要干几件刻薄事了。"

"凤姐儿听到这里点了点头儿"的那个意外信息,派上了用场。那信息就是尤二姐"果然已有了婆家的,女婿现在才十九岁,成日在外赌博,不理世业,家私花尽了,父母撵他出来,现在赌钱场存身。父母得了尤婆子二十两银子,退了亲的,这女婿尚不知道——原来这小伙子名叫张华。凤姐都一一尽知原委,便封了二十两银子给旺儿,悄悄命他将张华勾来养活,'着他写一张状子,只要往有司衙门里告去,就告琏二爷国孝家孝的里头,背旨瞒亲,仗财依势,强逼退亲,停妻再娶。'"好个厉害的杀手锏,将贾琏、贾珍、贾蓉、尤氏、尤二姐一网打尽,将整个宁国府折腾得个人仰马翻。只见凤姐出手,招招见血,招招出彩,招招令人感叹"我堂堂须眉,诚不若彼裙钗"。

要张华写状子,张华先怕了,不敢造次,旺儿回了凤姐,凤姐气得骂道:"真是他娘的话!怨不得俗话说'癞狗扶不上墙'的!你细细说给他:'就告我们家谋反也没要紧!'不过是借他一闹,大家没脸,要闹大了,我这里自然能够平服的。"胸有成竹,收放自如,你看,她在闹着玩儿哩。

教唆张华状告贾琏。事后,凤姐一想,官府若将尤二姐判给原告张华呢,"未免贾琏回来,再花几个钱包占住,不怕张华不依,还是二姐儿不去,自己拉绊着还妥当,且再作道理。只是张华此去,不知何往,倘或他再将此事告诉了别人,或日后再寻出这由头来翻案,岂不是自己害了自己?原先不该如此把刀把儿递给外人哪!"

读到此处,谁能不笑,以凤姐之精细,竟也"把刀把儿递给外人"。可这又终究是她自己悟到了的,我们还未必能思及此。笑她,岂不是在笑我们自己?是五十步笑百步,还是百步笑五十步?

为了把"刀把儿"夺回来,凤姐儿"复又想了一个主意出来,悄命旺儿遣人寻着了他,或讹他做贼,和他打官司,将他治死,或暗使人算计,务将张华治死,方剪草除根,保住自己的名声。"

整个事儿的起因,本是"鹊巢鸠占",凤姐儿的矛头攻击对象是尤二姐,可现在一门心思要"治死"张华了。"鲁酒薄而邯郸围",天下事总是这么阴错阳差。这又恰好应了那《聪明累》的话:"机关算尽太聪明,反算了卿卿性命。""心毒手狠"四个字,凤姐儿再也洗抹不掉了。

曹操杀吕伯奢,凤姐杀张华,不是有可比性了么。曹操起始并未想到杀吕伯奢,可又终于杀了吕伯奢。凤姐儿起始并未想到杀张华,可又一门心思想杀张华,又何其相似乃耳。如此这般,不颇引人思摸么?

"恨凤姐,骂凤姐,不见凤姐想凤姐",下边也可再添加两句:"想凤姐是为的笑凤姐,笑凤姐是因了从自己身上也看到了凤姐。"

漫议鸳鸯"殉主"

"殉主"一词,出现于《红楼梦》,是在第一百十一回的回目上:"鸳鸯女殉主登太虚"。《红楼梦》八十回之后的四十回,是高鹗续作。

记得多年前,曾读到有些文章,谓"殉主"二字是高鹗强加于鸳鸯的,有损于鸳鸯的形象。

"殉主"一词,并不孤单,还有伙伴:殉国、殉道、殉情……"殉",就是把命豁出去了,能把命豁出去,谁能轻易地做得到? 当然还要看其所"殉"的对象,值不值得为之去"殉"。

言归正传,且说鸳鸯。

王夫人、薛姨妈、李纨、凤姐儿、宝钗等姊妹并外头的几个执事有头脸的媳妇,都在贾母跟前凑趣儿。鸳鸯看见,忙拉了她嫂子,到贾母跟前跪下,一面哭一面说,把邢夫人怎么来说,园子里她嫂子怎么说,今儿她哥哥又怎么说,"因为不依,方才大老爷越发说我'恋着宝玉',不然,要等着往外聘,凭我到天上,这一辈子也跳不出他的手心去,终久要报仇。我是横了心的,当着众人在这里,我这一辈子,别说是宝玉,就是'宝金'、'宝银'、'宝天王'、'宝皇帝',横竖不嫁人就完了。就是老太太逼着我,一刀子抹死了,也不能从命!伏侍老太太归了西,我也不跟着我老子娘哥哥去,或是寻死,或是剪了头发当姑子去。要说我不是真心,暂且拿话支吾,这不是天地鬼神,日头月亮照着,嗓子里头长疔!"

其中有一句"伏侍老太太归了西,我也不跟着我老子娘哥哥去,或是寻死,或是剪了头发当姑子去。"把"寻死"放在了"当姑子去"之前,"寻死"当是首选了。将她的话变个说法:"老太太活一天,我也活一天;老太太死了,我也去死。"试与"殉主"一词比对比对,似也并无大谬。

且再听听贾母对邢夫人说的话:"我正要打发人和你老爷说去,他要什么人,我这里有钱,叫他只管一万八千的买去就是,要这个丫头,不能!"贾母的话,斩钉截铁。当然贾母也不是对所有奴婢都如此,之所以如此者,李纨、凤姐的话语可证。李纨说:"有个唐僧取经,就有个白马来驮着他。刘智远打天下,就有个瓜精来送盔甲","大小都有个天理,比如老太太屋里,要没鸳鸯姑娘,如何使得?从太太起,哪一个敢驳老太太的回?她现敢驳回,偏老太太只听她一个人的话"。为何"只听她一个人的话"?信得过也。凤姐儿说:"老太太离了鸳鸯,饭也吃不下去!"人是铁,饭是钢。吃饭可是紧要的事!

一个是至尊主子,一个是至下至卑的奴仆,阴错阳差,相依为命,这已不仅仅是单纯的主奴关系了。

到了一百十回,贾老太太寿终正寝,即鸳鸯说的"归了西"了,鸳鸯选择的是"寻死",没有"当姑子去",言行合一,证明了不是"拿话支吾"。

以实际处境看,她也只能选择"寻死",没了庇护者,纵然此时贾赦还是囚犯,可是邢夫人仍在,贾赦对鸳鸯的哥哥金文翔说的"凭她嫁到了谁家,也难出我的手心",言犹在耳,网中之鱼,俎上之肉,何去何从?不卜而自明也。

鸳鸯活得尊严,死得适时,诚如孟子说的"富贵不能淫,贫贱不能移,威武不能屈"。

主子是人,奴仆也是人,他们的身上都有着人的社会性,也都有着人的共同性。既有着阶级的不同,也有着共同的道德规范。比如仁、义、礼、智、信,就是所有不同阶级的共同行为准则。

据此来看贾母和鸳鸯。俗话说:"你不仁,我不义。"反过来说,你对我以"仁",我报你以"义"。投桃报李,人之恒情。如谓贾母对鸳鸯以"仁",此"仁"可谓大矣。她以主子之权威,果决地庇护了鸳鸯的人的尊严,其矛头之所向,恰是她的亲生儿子,能不谓之大恩大德,鸳鸯能不以义相报?

再回到开头提到的回目:"鸳鸯女殉主登太虚"。中国文人说话作文,讲究的是典雅。话不直说,比如人死了,说"仙逝""故去""作古""寿终"……就是不说"死"字。高鹗恐也未能免"雅"。比如照鸳鸯的话直说,可以写成"老太太死了我也死",似乎就无大咀嚼头,可是"鸳鸯女殉主登太虚",读来就齿颊生香。高鹗再也没有想到,他这么一"雅",竟给自己招来了这么大的麻烦。

其实高鹗更没有想到的是,"殉主"二字是败也萧何,成也萧何。给鸳鸯帮了个不大也不算小的忙,请看第一百十一回:"贾政因她(鸳鸯)为贾母而死,要了香来,上了三炷,作了揖,说:'她是殉葬的人,不可作丫头论,你们小一辈的都该行个礼儿。'"

贾政说这话,自有贾政的意图,存而不论。我只是说,贾赦此时仍在充军流放中,没有在场,如若他也在场,听了贾政的话,他上香不上香?作揖不作揖?反正是尴尬得有乐子看。贾政的话,无异于给了贾赦一记响亮的耳光,这一耳光岂不是鸳鸯打的。

我们有句老话:"以夷制夷",对鸳鸯的"殉主"论,不妨依样而说之:"以主制主"。借这个主子去制那个主子,不亦斗争之策略乎,不亦失之东隅,收之桑榆乎。好个鸳鸯,真真个"死诸葛吓煞活仲达"也。高鹗,知乎知乎,你歪打正着也。

又想起鲁迅文中提到过的一位外国人的话:"长谷川如是闲说'盗泉'云:'古之君子,恶其名而不饮,今之君子,改其名而饮之。'"古之君子、今之君子,一个样,都有点儿胶柱鼓瑟,只看其"名",不究其"实","殉主"之争,岂非如是乎?

吴令华

说说《秦妇吟》

中国古诗,晚唐韦庄的《秦妇吟》应该是篇幅最长的之一了。它曾风靡一时,作者因此被呼为"《秦妇吟》秀才";又湮没千年,只留下一联佳句,引人猜想。直到上世纪初,敦煌学起,拜前辈学者罗振玉、王国维先生之赐,将法国人伯希和从敦煌洞中得到的写本整理公布,我们才得一睹真容。

一首曾经脍炙人口、远播塞外的诗,怎么会在几十年间就突然消失了呢?越过宋元明清,千余年来人们对《秦妇吟》的了解只有稍晚于作者韦庄的孙光宪在其《北梦琐言》中透露的寥寥几笔:

蜀相韦庄应举时,遇黄寇犯阙,著《秦妇吟》一篇。内一联云:"内库烧为锦绣灰,天街踏尽公卿骨。"尔后公卿亦多垂讶,庄乃讳之。时人号"《秦妇吟》秀才"。他日撰家戒,内不许垂《秦妇吟》障子,以此止谤,亦无及也。

韦庄死后,弟韦蔼将其兄的诗编成《浣花集》,亦未收此诗。孙光宪晚于韦庄五六十年,他的说法应有一定可靠性。难道《秦妇吟》湮没千年真是"内库"一联惹的祸?

敦煌写本《秦妇吟》的发现,学者们眼睛为之一亮:原来它不是一般的小品诗文,而是一部叙事长诗,有1 666字,238句,长出白居易的《长恨歌》(840字)将近一倍,称得上是鸿篇巨制的史诗。诗借秦妇之口叙述黄巢农民军攻占长安以后三年的社会生活状态,从皇帝仓皇出逃,百姓慌乱被杀,巢军残忍粗鄙,到社会衰败,民生凋敝,以及官暴勾结,残害生灵。全诗结构严密,层次分明,行文流畅,辞藻警丽,无论反映社会现实的深刻或艺术创作的精美,都达到了相当的高度。陈寅恪先生誉为端己(韦庄字)"平生之杰作,古今之至文";俞平伯先生称道:"不仅超出韦庄《浣花集》中所有的诗,在三唐歌行中亦为不二之作。"也有学者比之白居易的《长恨歌》《琵琶行》,吴世昌先生初未参与讨论,后来读《韦庄集》时,信笔写下:此诗乃仿元稹《连昌宫词》,与《长恨歌》《琵琶行》不侔。

韦庄为什么要写此诗,他的初衷是什么?
世昌先生说:"端己《秦妇吟》通首借秦妇所说遭遇以述长安乱况,反映江南安康。盖庄以此诗为向周宝进见之词。"原来唐代文人未发迹前,初到异地(如京城),会将自己的诗文呈给当地名流显要,求得赏识推荐,这是当时惯例。韦庄应举遇乱,逃出长安,停足洛阳,已年近五十,功名未就,生活颠沛,听说江南安宁,拟投奔在江南任节度使的周宝,写此诗作为进见之礼,吴先生的推测合乎情理。诗述中原之乱反衬江南安宁,惠爱生灵,"避难徒为阙下人,怀安却羡江南鬼",求得周宝青睐,有个安身立命之处,这应是他作此诗的初衷。

果然,诗一面世,很快流传开来,甚至远届西域。其中"内库"一联确是好联,写人间最悲惨残忍之事,冲击力极大。世昌先生指出此联乃从李白《金陵歌送别范宣》"冠盖散为烟雾尽,金舆玉座成寒灰"化出。但二者有明显不同。李白的诗是感慨历史兴替,怀古伤时;而韦庄之作则是刻画现实惨剧,直刺人心。这一联让那些高傲的公卿尊严尽失,"垂讶"是很自然的。但它所揭露的毕竟是黄巢军的暴行,与公卿们的立场是一致的,纵"垂讶"亦不至于使后来做到前蜀高官的韦庄恐惧到非要将自己的力作永远泯灭的地步。另一方面,好诗一经流传,便有了自己的生命,仅靠韦氏一纸"家戒",也难以使其完全消失。一定有更深刻的原因,使得作者如此惊恐;有更强大的势力逼迫,才能使风行一时的好诗沉埋千年。

那么,秦妇到底吟了些什么,怎么吟的?

她先说黄巢军突然攻入长安,朝廷猝不及防,人们逃之不及,遭遇抢劫、强暴、杀戮。秦妇被掳入军中,委身一粗鄙新贵,生活三年。诗中两次提及食人肉,先是叙日常生活:"夜卧千重剑戟围,朝餐一味人肝脍",这是刻画巢军兽性贪欲;后来城内因官军长期围困而断粮,连巢军大头领尚让的灶上也吃树皮了,唯"黄巢机上"继续"刲人肉",成为绝境求生的手段。至于人肉的来源,下文另有提示。而一般下层兵民,只有"六军门外倚僵尸,七架营中填饿殍",死绝了。后来秦妇离开巢军,只见"霸陵东望人烟绝……百万人家无一户。破落田园但有蒿,摧残竹树皆无主"。长安一片死寂。

秦妇一路逃向洛阳,沿途见闻更加惨不忍睹。当年玄宗皇帝亲封的华岳山神金天王对她说:我平日受百姓供养,现在百姓有难,我却帮不了他们,心中愧恧,只好躲进山林。但是,"筵上牺牲无处觅。旋教魔鬼傍乡村,诛剥生灵过朝夕。"话说得隐晦,什么意思?谁教"魔鬼""诛剥生灵"?《旧唐书·黄巢传》里有记载:"时京畿百姓皆寨于山谷,累年废耕耘。贼坐空城,赋输无入,谷食腾踊,米斗三四千。官军皆执山寨百姓鬻于贼,人获数十万。"诗史合观,俞平伯先生的解读是:没有牛羊供奉,巢军就吃人肉。可是,百姓都逃亡山村,城里无人可食。只好"旋教魔鬼傍乡村,诛剥生灵过朝夕",于是:"官军皆执山寨百姓鬻于贼,人获数十万"。这上了史书的惨景,其特别之处不是饥民"人相食",而是官军与城内黄巢军勾结,做起了人肉生意,官军捉人,卖与巢军,巢军吃人,官军发财。

秦妇继续前行,快到洛阳了,洛下情况如何呢?路遇一老翁,攀谈起来,未语先哭。他本是一殷实农户,"千间仓兮万斯箱,黄巢过后犹残半。自从洛下屯师旅,日夜巡兵入村坞","入门下马若旋风,罄室倾囊如卷土。家财既尽骨肉离,今日残年一身苦。一身苦兮何足嗟,山中更有千万家。朝饥山上寻蓬子,夜宿霜中卧荻花。"官军的凶残更胜黄巢!洛阳也不安宁。

秦妇以描述黄巢军的野蛮凶残始,以揭露官军的滔天罪恶终。先叙亲眼所见,自身遭遇,娓娓道来;后述亲耳所闻,正好为此前的经历做注,不蔓不枝,层层剥笋,根由自现。最严厉的谴责,最重的一锤最终打在"勤王"的官军头上。世昌先生说:"诗后假金天神自白'诛剥生灵'……又述老人之言洛下屯师较黄巢更凶恶。其撰家戒不许挂此诗乃指此二事,非讳'内库'一联。"这应该是《秦妇吟》必须消失的真实原因之一。

寅恪先生以诗证史,他的探究具体入微。他详细考察了秦妇逃亡的路线,对应当时官军与黄巢军的活动范围,发现了一些有趣的关联事:唐末藩镇割据,皇帝派宦官去当监军。时有大宦官监军名杨复光者,曾任天下兵马都监。秦妇逃难的路线正好过杨复光的防地。杨复光手下有八大将,大将之一王建,后为"前蜀垂统创业之君",也正是"端己北面亲事之主",其余的大将如晋晖、李师泰也都是前蜀开国元勋。秦妇所吟岂不正诛他们的心?

还有更细微隐秘的,孙光宪的《北梦琐言》卷九有"李氏女"条,记某李将军之女,黄巢之乱逃出长安,骨肉分离,无所依托。遇官军中董司马者,遂晦其门阀,委身同行。至蜀,知家人在朝,慨然辞去,各奔前路,再不相扰。陈先生以为李氏女与秦妇经历"亦当日避难妇女普通遭遇"。陈先生说:"当复光屯军武功,或会兵华渭之日……端己之诗流行一世,本写故国乱离之惨状,适触新朝宫闱之隐情。"这是韦庄始料未及的,"所以讳莫如深,志希免祸"。这番推论,虽非直接证据,但入情入理,可信度极高,正是陈先生"以诗证史"的一个创获。

《秦妇吟》的起落,跨越千年。具体的原因今天已难以厘清。余有两点可思:

一是韦庄写此诗,起始只为自己求得一安身之地,并无匡时救世、指点江山之意,以一普通妇女的口气,平叙滔滔乱象,并未抨击某个权贵。从韦庄的社会地位看,他自然是反对黄巢起义的,但他也客观反映现实，读毕感同身受，其震撼人心的效力，比那些华而不实的空喊文学要强千百倍！正是作者忠诚于自己的良知，才能创作出这样传世的佳作。

二是韦庄一定是受到了难以抗拒的政治压力，不仅怕危及自己，而且想会祸延子孙，只得将自己平生杰作断然割弃。而当时曾交口传诵此诗的文士们也深恐"传谣"招祸，齐缄其口。这篇"古今之至文"就这样销声匿迹了。悲夫！韦庄以后致力于词的创作，红楼别夜，故国情思，野花芳草，遇酒呵呵，写了许多清丽流畅的精美词篇，但再也不作忧时伤世，悲天悯人的至文了。

今年正逢陈寅恪先生诞生130周年，作此篇兼以怀念这位伟大的学者。

2020年避疫，写于首厚大家养老社区

吴学昭

"立德立言,酬知酬愿"
——写在《杨绛日课全唐诗录》出版之际

近日,人民文学出版社影印出版了杨绛先生手录的《杨绛日课全唐诗录》,这是去年该社整理出版的《钱锺书选唐诗》的原始手稿。杨先生抄录时出现的笔误在《钱锺书选唐诗》中已根据《全唐诗》进行了校正,此次的手稿影印本则呈现了杨先生抄录的原貌。

杨绛先生并不擅书法,本书的可贵在于它是《钱锺书选唐诗》的缘起和基础(详见《钱锺书选唐诗》的"出版后记")。如果不是杨绛先生当年以练笔为由,要求锺书先生选唐诗供她抄录习字,就不会有现今的《钱锺书选唐诗》一书。

在此二书陆续出版之际,有关往事常常浮现在我眼前。

那是《听杨绛谈往事》出版后不久的一个下午,我如约往谒杨先生。老人家从卧室颤巍巍地捧出一大摞亲手抄录的钱选唐诗本子,交到我的手中,说:"赠送给你,留为纪念。"我目睹首页上"全唐诗录,杨绛日课。父选母抄,圆圆留念"这十六个字,心中一颤,马上掂量出了它们的价值与分量。对此厚赐,却之不恭,受之有愧,一时不知所措,连呼:"使不得,不行。"只听杨先生幽幽地说:"书法不佳,意在其中。"她要我得空细细阅读,好好保存。

杨先生常自叹其"字丑,甚劣,手不应心,虽习字不断,进步有限"。她见钱先生每日习字一纸,不论习何人何体都能摹仿神速,便请教他如何执笔。锺书回答说:"你不问,我尚能写字,经你请教,我便写字都不能矣。"于是杨先生以笑话中的百脚喻锺书:有人问百脚,你有百脚,终日游走四方,爬行时先动左脚还是右脚?百脚答:你不问,我尚能行动自如,经你此问,我并爬行亦不能矣。

杨先生告诉我,她父亲很鼓励女儿习字,她说:"我曾对爸爸说,我习好了字,爸爸五十岁,我给您写寿屏。我至今还记得爸爸高兴的脸色。"改革开放后,杨绛不复为"一个零",在繁忙的治学、写作之余,仍不忘习字。

我打开杨先生那一大包钱选唐诗的抄本,一页页地翻读,见字字端正,笔笔横平竖直,深深感受到她抄录时的专注与用心。虽偶见钱先生以红笔对其撇捺不合之处画杠,杨先生却毫不气馁,坚持不懈一如既往地继续抄录,直至最后一页,无一字潦草。

我蓦然想起钱先生抗战胜利以后出版了第一个短篇小说集《人兽 鬼》,为感激杨绛在"兵火仓皇中录副分藏两处,使此稿本幸得免于遗失或烧毁",他在"仝存"的样书上,郑重写道:

TO C. K. Y.

An almost impossible combination of 3 incompatible things: wife, mistress, &friend.

  C. S. C.

（赠 杨季康

绝无仅有的结合了互不相容的三者：妻子、情人、朋友。

钱锺书）

  《唐诗日课》字数之巨，所花费时间精力之多，何止当年抄录《人兽 鬼》副本的千百倍，其中所蕴含的爱心不言而喻。我不知钱先生如果得见此二书的出版，在两人"仝存"的样书上，又会写出何样浪漫的体己话来。

  读毕全部抄本，我感到钱先生所选唐诗，与曾经读过的《唐诗选编》《唐诗三百首》相比，别具风格，颇有不同，建议杨先生公开出版，以与同好分享。杨先生初曾犹豫，说这只是自选、自抄，作为家庭自娱的一个初本，未经整理怎可示众。我于是拿钱先生挽胡乔木同志联中的话来劝她。那是1993年10月初，钱先生因为病体难支，不能出席中国社会科学院等单位为《胡乔木文集》二卷出版召开的座谈会，遂写信向院领导请假，信中说："乔木同志虚怀下问，不弃鄙陋，诗文学术，切磋教益，每一念及，悲从中来。当时曾拟一联挽之，以无挽联之习，故仅献一花圈。今特补录呈上。倘蒙垂许，即求宣读，似较病躯出席为佳。"该挽联云：

  立德立言，推君兼不朽；
  酬知酬愿，愧我一无成。

挽联下句所指，乃乔木同志曾嘱钱先生将所写外文旧稿整理出版，并劝其选注一部唐诗，钱先生因身心衰敝均未能照做。

我对杨先生说，整理外文旧稿和选注唐诗是胡乔木同志的嘱咐，此愿未能实现，是钱先生心中的两大憾事。钱先生的外文笔记现在经您初步排序，又得德国 Monika 和 Richard Motsch 夫妇及商务印书馆同志帮助整理，已陆续出版，对我国外国文学研究作出了很大贡献，为许多同行所称赏。"钱选唐诗"虽未经锺书先生批阅作注，毕竟是他亲自确定的选目，涉及唐诗近两千首，体现着他对唐诗独特的取舍标准，由具有经验的出版社编辑整理，供有兴趣的读者研究参考，还是很有学术价值的。

杨先生后来经过一番思考，最终同意将此稿本付诸出版，并决定交给出版《宋诗选注》的人民文学出版社编辑部整理，嘱我托付她所熟悉并认可的时任该社副总编辑周绚隆同志（现任中华书局总编辑）

钱锺书选杨绛抄《全唐诗录》稿本九册书影

董理一切。

如今,时过多年,经人民文学出版社古典文学编辑部同志集体努力,《钱锺书选唐诗》《杨绛日课全唐诗录》先后出版面世,总算可以告慰钱锺书、杨绛先生的在天之灵了。

这两部书出版后,我即决定将杨绛先生赠送给我的原始稿本捐赠钱、杨二老的母校——被杨先生称为"娘家"的清华大学,由他们妥善保存。

王占黑
蹲着的时候看到的风景

这些小诗刚好拥有一种来自这个时节的独特气质,不是夏天,也不是秋天,是冬将要过去、春还没来的时候:知道每一天夜都来得比前一天晚一点,所以不着急期盼什么鸟语花香的午后,而是用心体验这一天比一天迟的日落。也就是说,这份耐心不是为埋伏着等一个即将到来的新局面,只不过是为了充分地感受当下。

其中有一首是这样的:

如何才能够不辜负
这一小片野地　宽阔的奇迹
每一次喊出一种新开小花的名字
(一一九)

这些小诗也有一种野地里新开小花的样子,不知从哪个时刻,从哪里，经由什么不起眼的念头，突然长出了两三句，稍稍修整，就可以落定了。这个季节就是这样，光和水的大部队还没赶来，冒出头也算生长的全部，不期待长成大树，更不会去想是否要结出果实，供过路人乘阴凉或是解个渴什么的。太遥远了，这些小诗没有这样的野心。

所以有这样一首：

普通词语
抵抗上升的邀请
否则就要失去体重到不是词语的程度
（六十二）

和普通词语一样，很多事物，如果在面貌还未清晰的时候就被喊出来，喊出它的志向和未来，恐怕会有拔苗助长的危险。三行也是这样，拒绝上升，不必成形，万一变作什么奇怪的四不像，承受不住，反而拖垮了自己。有时候，轻飘飘也可以是一种稳妥。

小的本子，小的念头，小的诗，写下的人也必须得是小的。他要挨在所有排着队等季节轮换的事物中间，最好是蹲着，别说话，不起眼，挨在所有阅读过的字词句段和文章中间，更要紧的是，也挨在落笔的瞬间这些新诞生的字词中间，彼此不论大小，不分主次。这样才能够看清楚字和词自己的意思，以及所有像字和词一样本就独立活着的事物。

比如一块石头：

对着一块石头
我说话　还是用手抚摸它
我选择它愿意的
(二十九)

比如一个被使用过无数遍的词:

最好的　一年里无所事事的几天
一天里无所用心的时间
自弃了几代的词语　倏然掠过紫色堇的傍晚
(一二九)

蹲着的时候,就得放弃那些站着的时候所拥有的视野,那些由于高于万物的姿态而获取的概览性的收获,比如人类曾被赋予的命名、分类和指点的权力。一旦蹲下,这些知识和权力都值得被怀疑,最好是直接忘了。或者,把它们全都还出去,让真正需要这些的事物自己来领。

绶草的花螺旋上升式开放
有的左旋　有的右旋
幸运的是没有以此分类
(七十九)

生活教会了你生活的方法

观念扭曲了它
你的生命无辜　而你却说不上
(一一五)

这些小诗所来自的时刻,大概不是什么重要的时刻,突然探个头,但也仅仅是探个头而已,没工夫跟你摆大事实讲大道理。探个头,通知你,它也存在就行了,跟这个拥有纸和笔的你一样存在着,就行了。如果非要说有什么是重要的,也许是一种发现。就像这两首挺叫人感动的小诗,好像还是没忍住讲了什么道理,但不是在重要的时刻,只是在换了个姿势的时刻,让被思想吹到膨胀的自己消失之后,才有了新的发现。严肃点说,是一种领悟。

生活不是我们记住的日子
而是忘记的日子　是我们遗忘到
身体　语气　目光里　无从叙说的日子
(八十)

重要的不是重要的时刻
而是托起重要的　无名的时间
浩瀚的海面
(八十一)

在众多无从叙说的时刻,词语自己会跑出来,借由风,借流水,借由光和影,草和树,自己出来说一点什么。这不是它们的高光时刻,也不是写作者的,大家都是平静且浩瀚的海面上一点点会闪的波光。

镜头拉远一点,波光映照到我们这些在岸边和山上读诗的人,瞳孔泛起一点点收缩的刺激。这个时候,海面更宽了,因为更多人身外的海面连起来了,一大片,以更微弱的弧度来回摇晃。

如果不想让它晃出来,我们最好是集体蹲下来。

(《三行集》,张新颖著,上海文艺出版社,2021年1月第一版)

刘慈欣
中国科幻的未来走向何方

中国的科幻作家在国外最常被问到的一个问题是：什么是中国科幻？它与西方科幻的区别在哪里？（What makes Chinese SF Chinese?）如果退回上个世纪，这个问题比较容易回答，因为在历史上的几个发展阶段中，当时的中国科幻文学确实可以用一句话来概括。比如：清末民初的科幻是在科幻想象中抒发强国梦的一个渠道；二十世纪五十年代的科幻主要是以科普为主要目的的少儿文学；二十世纪八十年代初的中国科幻要复杂一些，但也可以基本看作传统现实主义文学向科幻领域小心翼翼的尝试性延伸。但在今天，已经很难用几句话来概括中国科幻，无论从文学还是科幻的角度看，新世纪涌现出来的大量作品呈现出丰富多彩的各种特色，这些作品在题材、创作理念、叙事方式等各个方面都有很大的差异，中国的科幻文学开启了多元化发展的时代，尝试和探索着这个文学体裁的多种可能性。

这本选集就呈现了中国科幻的多样化。本书中所收录的作品，都来自年轻的作家。但科幻在中国本来就是一个年轻而充满活力的领域，在科幻作家群中，这些作家已经进入了成熟的创作阶段，形成了自己的风格，他们的作品也产生了广泛的影响力。与之前的科幻作家相比，他们有着更前卫的思维方式，对科技的发展和由此驱动的现代社会生活有着更为丰富和敏感的认识和感受。这些作品各自都呈现着鲜明的风格，其中所展现的未来和宇宙，有的宏大，有的迷离，作品中有鲜活的尘世生活，也有空灵的终极哲思。

比如，选集中有部分作品同时涉及末世的主题，但却有着各自独特的表现视角。《停电了，我们去南方》用生动的人物群像描述出一个灰暗的灾难后世界，给读者留下无尽的回味；《琴童》虽然篇幅很短，但绘制了一幅唯美的末世水墨画，淡雅而幽深……

选集中的其他作品也从不同的角度展现了科幻小说的魅力。《伪造者Z》显示在可能到来的超信息化社会中，人类自身的身份认同和精神世界可能面临的诡异的困境；《魂归丹寨》则充满了科幻小说中不常见到的乡土气息，与科幻的结合产生了独特的意境；《奥德修斯之音》则相反，与现实拉开了最大的距离，在时间和空间上都走到了只有哲学能够企及的尽头。这样在终极的时空尺度上展开叙事的作品只占科幻小说中的一小部分，但却总是彰显着科幻小说无法替代的魅力。

在新世纪，世界科幻文学在发生着深刻的变化，这种变化对中国科幻文学也产生着很大的影响，这种影响在本选集中也有所体现。选集中的这些作品，有些有着明显的科技背景，有些则与现实意义上的科技没有直接关系。大部分作品都显现出对现实和对人的自身的强烈关注，这种关注无疑是当前科幻文学发展的一个重要方向。

对于科幻小说的创作理念，比如科幻与科技的关系，科幻与现实的关系以及与科普的关系等，一直有着不同的理论与看法，但科幻小说发展到今天，我们发现这些争论在某种程度上可能是伪命题，多种理念和风格的科幻小说完全可以同时存在，事实上，这种作品多元化和丰富多彩的风格的并存，正是科幻文学走向成熟的标志。以美国科幻为例，我们以前对其不同的发展阶段总是贴上黄金时代、新浪潮和赛博朋克等标志，其实在黄金时代以后的各个阶段，也都是各种风格的作品并存，在前卫的作品形成一个个新时代的同时，传统理念的科幻小说也一直在创作和出版。今天，我们在读到《巨石苍穹》和《湮灭》的同时，也能看到《无垠的太空》。而这本选集中作品的多样多彩的风格，也显示了中国科幻的成长与成熟。期望读者能够从这本书中色彩各异的想象世界里，感受人、未来和宇宙的各种可能性。

山西阳泉　2020.06.01

（本文为主题科幻小说集《未世》代序。《未世》，郑小驴编，上海文艺出版社，2021年6月第一版）

陈子善
一个很有趣的国际文化现象

猫,这种可爱的对人若即若离的小精灵,近年来在我们的日常生活乃至精神生活中所占的位置已经越来越突出,不仅全国养猫人群日益壮大,网上网下关于猫的各种书籍、画册、影像、视频也层出不穷,衍生的文创产品更是丰富多彩。可以毫不夸张地说,猫对我们的重要性已与日俱增,或许将来有一天在人类生活中,猫所受到的宠爱会与狗平起平坐,甚至超过狗而成为与人关系最亲密的动物也不是没有可能。

更应该指出的是,古今中外许多思想家、文学家、艺术家都是"猫奴"。以欧美和日本为例,远的且不说,十九世纪以降,他们就为我们留下了为数相当可观的以猫为题材的文艺精品,举其荦荦大端,写猫的名著,有刘易斯·卡罗尔《爱丽丝梦游奇境》中的猫、波特莱尔《恶之华》中的咏猫诗、夏目漱石的《我是猫》,美国女作家莉莲·布朗甚至写了大受欢迎的"猫侦探"系列;画猫的名绘,有比亚兹莱、马蒂斯、毕加索、马尔克等笔下的猫,都举不胜举。戈蒂耶所说的"猫是一种哲学的、整洁的、安静的动物",海明威所说的"猫是绝对的诚实:人类会出于这样的原因或那样的感情有所隐藏,猫则不会",多丽丝·莱辛所说的"人和猫虽属不同族类,但我们企图跨越那阻隔我们的鸿沟",都富于哲理,引导我们进一步思考人与猫的关系。这一切,无疑是一个很有趣的国际文化现象。

对猫的关注,中国文学家又何尝不是如此?同样远的且不说,新文学勃兴之后,就有不少名家写过猫,其中有小说如老舍的《猫城记》、钱锺书的《猫》,有诗如朱湘的《猫诰》、高长虹的《猫眼睛》,而以散文为最多。早在三十年前,友人陈星兄就编了一本《文人与猫》(1991年1月北岳文艺出版社初版),对现代作家所写的猫文作了初步梳理。虽然他不养猫,但他提出了"中国文人更加善于在猫的身上发挥,所著'猫文'分外诱人"的观点,我深以为然。

由于我自1992年秋以后开始养猫,所以在《文人与猫》出版十三年后,也编了《猫啊,猫》(2004年6月山东画报出版社初版);又过了八年,我以"单闻"为笔名又编了《猫》(2012年6月人民文学出版社初版)。这两种猫文选集虽然也收入内地和港台当代作家的猫文,但现代作家的猫文却是主要的。综合上述三书所录现代作家的猫文,计有苏雪林、郑振铎、鲁迅、夏丏尊、徐志摩、鲁彦、林庚、马国亮、章克标、宋云彬、周作人、靳以、郭沫若、金性尧、许君远、许地山、丰子恺、梁实秋诸家,如果再加上新中国成立以后写下猫文的老舍、冰心、季羡林、杨绛、孙犁、汪曾祺等现代作家(以上均以写作或发表时间为序),我以为这份名单是十分骄人的。现代文学史上那么多大家名家都与猫结下不解之缘,都写过猫,也从一个侧面折射出猫与中国现代文学进程的密切关系,换言之,猫在一定程度上也参与了中国现代文学的建构,虽然大大小小的猫们自己根本不知道。

但是,我并不以此为满足。我深知由于所见有限,拙编一定有所遗漏,一定会挂一漏万,所以一直期待一本搜集更为齐全,更具涵盖性的写猫文集能够面世。而今,由张伟兄策划、孙莺小姐编选的《世说猫语》终于让我如愿以偿了。

《世说猫语》,书名就起得很好,不是古代有《世说新语》吗?《世说新语》写的是魏晋南北朝时期名人高士的言行逸事,《世说猫语》辑录的则是近代以来猫与人各种遭际的文字记载。此书所收,起自1872年《申报》刊登的《爱猫奇闻》(佚名作),讫于1949年同样是《申报》刊登的《猫》(钱大成作),分为"豢猫者言""豢猫余谈""豢猫杂俎""豢猫文录""豢猫歌谣"五辑,共长短一百五十余篇猫文,真可谓琳琅满目,美不胜收。

我更惊喜地发现,有更多的新文学作家写过猫,书中首次收录了巴金、陈西滢、俞平伯、许钦文、徐蔚南、春台(孙福熙)、味橄(钱歌川)、梁遇春、胡也频、徐懋庸、李长之、黑婴、周而复、吕伯攸、马君玠、范泉、司马訏、林祝敢等作家的猫文。不仅如此,以前曾被称为旧派或"鸳鸯蝴蝶派"的作家,如袁寒云、漱石生(孙玉声)、向恺然、范烟桥、郑逸梅、秦瘦鸥等,也有精彩的猫文入选,需要特别提出。显而易见,这是又一份更为广泛的骄人的名单,再次有力地证明,居然还有那么多中国现代作家写猫,其中不乏文情并茂、感人至深的佳作,可以置于现代优秀散文之列,猫实在是很深入地介入了现代中国人的生活和情感世界。

当然,《世说猫语》中收录更多的是普通作者所写的猫文,作者大都名不见经传,应该来自各行各业,有的可能使用了笔名,但他们也都喜欢猫,或与猫有这样那样的瓜葛,这往往使他们的猫文更为平实和亲切。这些猫文中既有养猫之常识、趣闻和历史的回顾，更多的是尽情抒发人猫之亲情、人间与猫界的冷暖，社会的激烈变动对人和猫的深刻影响，乃至对流浪猫的关爱，以及种种弦外之音或借题发挥。总之，这些普通作者的猫文同样写出了人与猫的亲密关系，同样很值得一读。

《世说猫语》的编者孙莺小姐自己就是一位爱猫人，这从她的充满深情的猫文《代跋——写给山本小队长》中就可看得很清楚。她花费了很多时间精力编成的这本《世说猫语》，对19世纪末至20世纪上半叶的中国社会各界与猫的关系作了新的几近全景式的鸟瞰，具有多方面的史料和赏读价值，颇为难得，故我乐于为之作序，并郑重向今天爱猫养猫的广大朋友推荐。

2020年11月7日于海上梅川书舍

陆蓓容
格高

《往事分明在，琴笛高楼》，基于查阜西送给张充和的结婚礼物"寒泉"宋琴，与张充和赠予查阜西的三首《八声甘州》，佐以大量文字、照片、手稿等史料，弹奏了两个人和一群人的命运交响曲。我与作者相识已近廿年，编辑老师命以书评，自知难免在友谊的天平上有所倾斜。既如此，索性开头就揭明它的好处：史料丰富、文字简净、态度平允——写这一类的书，实在都应当做到，但自来揽瓷器活儿的多，有金刚钻的少，反倒格外可贵了。

作者从查氏家属、张氏亲眷处及学生获得了诸多第一手材料，包括日记与采访记录；四方友朋也为他提供了不少史料，网络又帮人拾起星散各处的故纸残编，遂使此书具有坚实的基础，让两个人的剪影，化作了许多张姿态各异的群像。有十分材料，究竟该写几分话？既要看描述的对象，也视乎每一位写作者的秉性与尺度感。考虑到本书谈及的世事与人情，多陈述，少感慨，有时甚至利用图注，引而不发，便是以其少许,对人多多许。因为含蓄原是那一代人容易欣赏的美德。

史料多,裁剪问题便值得讨论。讲故事当然是必须,材料的释证又当如何?若稍稍从写法上留心,便可见出那一张琴与三首词在全文里占据关键的地位。琴上的字,修琴的人,都考得清清楚楚;词的版本,字句的歧异,也一一厘清。讲琴的历史,当然是因为查先生在这传统之中,又竭半生之力赓续它。讲词的改作,则是因为亲近中国文学传统的人愿意相信,创作者会反复修改他珍视的作品;而"修改",也就是对本事的一再追怀。

今昔的鸿沟最难逾越,文献再足徵,一百年间的世态人情毕竟要变化,"他们"和"我们",终究是盈盈一水间。假若部分相信历史也是一种文学,就得接受叙述带有演绎的成分。大家不一定都认同这一点,更未必因此多抱一分审慎的意识,而作者显然非常小心。凡涉及往事与友人的地方,尽量引述当事人的意见。譬如张充和说,"我抗战经过的地方最喜欢昆明","他这个人很可爱";查阜西读到《八声甘州》,回信云"来书已几度回环阅读",等等。即便这两位早已住进了当代的文化史,而琴与词的故事又十分可感,他也十分矜惜抒情的笔墨,没有放声大唱友谊地久天长。其实,"把故事写出来"这件事本身,就是对这个故事最好的赞美了;附上一册张充和写给查阜西的《长生殿·弹词》曲谱,更像一种隐喻,要让此间此时的袅袅曲韵,回应昔日彼邦的泠泠弦声。

一味捧前贤,便成为帮闲。不把"他们"架起来当偶像,至少有两重妙处。一则,这令人相信,朴素美好的情感,不必都赖书画江山诗酒花而传。世异时移到如今,它们依然能唤起普通人的共鸣。二则,这又让人承认,书画江山诗酒花终究有着不可磨灭的光辉。动辄标榜

"最后的闺秀","最后的士大夫",徒然令前人含冤、今人气短。毕竟,这光辉闪烁一天,追光者便行进一天。

我也想学作者引而不发,不过格于文体,自知不能。书中引到汪曾祺的几段散文,倒使我想起他曾记下沈从文先生的一句话。便移来为本文取个题目吧——"这个好,格比土豆高"。

(《往事分明在,琴笛高楼》,严晓星著,中华书局,2021年6月第一版)

黄可
张乐平是一座艺术宝库

上海市美术家协会与中华艺术宫(上海美术馆)为纪念张乐平先(1910—1992)诞辰110周年,于2020年11月10日联袂举办"回眸——张乐平先生诞辰110周年纪念特展"。与此同时,北京的人民美术出版社和连环画出版社联合出版了一套《张乐平》十二册系列图书。笔者既参观了张乐平纪念特展,又看了十二册《张乐平》系列图书。两者相比,张乐平纪念特展,可大致概览张乐平的艺术人生;而十二册《张乐平》系列图书,则可贵地把目前能搜索到的张乐平数千幅各类画作集中起来,又分门别类作介绍,使后人可以深入细致、全面地品味张乐平作品,了解这位自学成才的艺术大师的人生脉络。因此,这套《张乐平》系列图书,对全面研究张乐平来说,既是一个小结,也是新的起点。

《张乐平》十二册系列图书的第一册《都市风情》,集中介绍张乐平创造"三毛"艺术形象之外的早期漫画作品,包括独幅漫画、组画漫画、插画（应约为描写上海都市生活的文学作品创作的插图）和连环漫画。这册《都市风情》形象鲜明地显示着，张乐平自15岁离开家乡（浙江海盐）来到上海东部南汇万祥镇一家木行当学徒，以及后来融入上海市区这个半殖民地半封建、中西文化交融、贫富差距极大、光怪陆离的国际大都市，经他敏锐的观察而有种种感受，然后创作一系列带有都市风俗画情趣的漫画作品，借助描绘上海的社会百态，揭示旧中国不合理的社会制度下发人深思的种种问题，并且触及处于社会最底层的流浪儿童问题，这就是张乐平孕育创作流浪儿童艺术形象"三毛"的都市社会生活基础。

张乐平笔下的三毛艺术形象，从第二册《弄堂里的三毛》即早期的三毛，到第三册《抗战烽火》中的三毛，第四册《三毛从军记》和第五册《三毛流浪记》等后来的三毛来看，显然是不一样的。三毛艺术形象的塑造有一个发展、探索、深化、成熟的过程，这也是张乐平的漫画艺术发展、探索、深化、成熟的过程。

创造于1935年7月的早期三毛艺术形象，造型定位是一个不到10岁的小男孩，脑袋很大，光头，只长三根头发，身体不胖不瘦，聪明，顽皮，好动，对世界充满着好奇，看到什么新的物件，都要去摆弄，搞个明白；看到别人的种种动作姿态，都要去模仿表演，于是闹出种种哭笑不得的笑话。说白了，早期的三毛艺术形象，就总体而言，是上海弄堂里和街头活动的一个聪明、顽皮、好动的小男孩。不过，可贵之处在于，早期的三毛，也显示了胸怀大志的可爱一面。例如《小人大志气》一画，描绘三毛胸怀要当"大将军"保卫国家的大志，骑在一只高大的黄狗背上把它当作军马，挥鞭奔腾前进，着实可爱。

后来随着历史的变迁，在抗日战争中，三毛虽然小小年纪，却在参军征兵处争着一定要报名参军上前线杀敌（参见《三毛的大刀》漫画组画）。可见，在抗日烽火的历史进程中，三毛在正确的人生道路上成长。

到了第四册《三毛从军记》，三毛已参军上前线，发挥聪明才智，以妙计杀死日本侵略者，缴获枪支，立功受奖。同时，借助三毛的从军经历，暴露了国民党政府军中官兵不平等、长官虐待士兵等一系列问题。

尤其在第五册《三毛流浪记》中，三毛作为旧中国流浪儿童的典型形象，已是塑造得相当完整和成熟。三毛的造型，除了头部特征基本与早期的三毛相似外，则突出了三毛因为长期流浪不得温饱而营养不良，所以体格特别瘦骨嶙峋。而对于三毛精神气质的刻绘，则特别强调机智勇敢、正义有为、助人为乐，使人一见就感到可爱和亲近。就绘画表现技巧而言，线条已是圆熟伶俐，发挥到几乎可以一笔不多也不少的地步。构图、情节的安排，也都做到了无可挑剔。

第六册《盼望曙光》和第七册《三毛新生记》，三毛在流浪中因见义勇为，触及旧社会的所谓法规而被捕坐牢房，在监狱中遇见被捕的革命者，受到革命者指点而追求光明。上海解放，三毛也获得了新生，成为人见人爱的少先队优秀队员。1950年，张乐平用热烈的色彩，创作了一对新年画《三毛解放了》（由《大公报》印制），借助三毛在欢腾打腰鼓和扭秧歌来欢庆新中国诞生。1959年，新中国成立十周年时，张乐平又创作彩绘宣传画《祖国万岁》，借助描绘满怀喜悦的三毛，乘坐气球吊着的花篮腾空翱翔，来欢庆新中国诞生十周年。

张乐平笔下的"三毛"，成为从旧中国到新中国半个多世纪，影响感染几代人的艺术形象，并且通过改编拍摄成故事影片、美术电影，以及编制成木偶剧,翻译出版各种外文版三毛连环漫画,在世界各国也甚有影响。由此形成与比利时漫画大师埃尔热(1907—1983)媲美,共享盛誉的一双世界级漫画大师——埃尔热比张乐平年长三岁,他们是同时代人,同样在长达半个多世纪的时间里坚持集中塑造一个漫画艺术形象:埃尔热数十部连环漫画《丁丁历险记》中的十多岁少年丁丁和张乐平数十部连环漫画中的三毛,都是影响了几代人、令人难忘、家喻户晓的漫画艺术形象。

其实,张乐平的连环漫画,除三毛为主角形象之外,还有多部连环漫画,如《二娃子》《我们的故事》《小萝卜头》等,创造了多种类型、各有智慧性格的儿童主角形象。这次的《张乐平》系列图书把他们都收了进来。由此也让人更充分地意识到,张乐平是塑造儿童主角形象的高手。

张乐平在抗日烽火中,是始终坚持运用漫画为武器,向日本侵略者进行战斗的坚强战士——看了《张乐平》系列图书,这方面令我肃

张乐平 1941 年初夏的自我写生

然起敬。1937年"七七"卢沟桥事变,全民族抗战爆发,张乐平投入组织"上海漫画界救亡协会",同时创办《救亡漫画》五日刊,接着又成立抗日漫画宣传队,叶浅予任领队,张乐平任副领队,胡考、特伟、梁白波、陶今也、席与群等为队员,当年9月从上海出发,一路西行,途经南京、镇江等城市,举办大型抗日漫画展览,在街头进行流动抗日漫画宣传。后又到武汉,创办《抗战漫画》半月刊,创作武昌黄鹤楼头巨型壁画《抗战到底》,并创作系列抗日漫画传单散发到日军阵地,还由中国空军十四队队长徐焕昇上尉、副队长佟彦博上尉驾驶两架美制马丁B-10轰炸机勇敢起飞,前往日本领空,飞经九州岛的佐世保、佐贺、久留米、福冈、九州、熊本等地散发宣传。在此前后,又有漫画家张仃、陆志庠、廖冰兄、陶谋基、周令钊、黄茅、叶冈、麦非、宣文杰等加入漫画宣传队,扩大了力量,于是成立抗日漫画宣传分队,由张乐平率领漫画分队,赴江西上饶一带战区开展抗日漫画宣传活动,出版油印随时散发宣传抗日的《漫画旬刊》,并与官方的《前线日报》合作,编辑宣传抗日的《星期漫画》副刊。后又赴浙江金华,与文学界、学术界合作创办综合性宣传抗日的《刀与笔》杂志,此时又吸引章西厓加入漫画分队。接着又深入到安徽战区进行抗日漫画宣传。直至1942年,前后达五年之久。其间,张乐平创作了大量的抗日漫画,除了著名的《敌寇脸谱》漫画组画外,还有在前线现场写生的《日寇投降》,以及十二位抗日英雄肖像等,这些都值得载入我们的美术史。

《张乐平》系列图书还让很多人惊讶地看到,三毛之外,张乐平是艺术修养深广并善于创新的多面手。他童年在母亲那里学得的表现民间风俗吉庆题材的剪纸技艺,到他手里被创新、发展成构图和造型灵活多样，表现新的现实生活风俗人情的艺术样式。张乐平在日常生活中是速写本和画笔不离身，见到值得记录下来的生活场景和人物，就用铅笔、炭笔或水墨笔、水彩笔，随时以速写画的手法描绘下来，这既是日常绘画技巧的一种磨练，更是绘画创作素材的积累。他历年积累了许多生活气息浓重又可独立欣赏的速写画，其中有不少张乐平在不同年代不同心境下即兴创作的自画漫画肖像，折射了他的机智、幽默和艺术功底与修养。

这套书还收录了张乐平于1934年设计的六款女式大衣时装，以及后来创作的多姿多彩的新年画、宣传画、装饰画、书籍插图、书刊封面画、各种题材的水墨画等。这数千幅作品汇聚在一起，让人由衷地感叹：张乐平是海派文化的儿子，而他又以自己丰厚的创作，为他深爱的

六种女式大衣时装设计
（1934年）

这座城市留下了一笔笔有形的、无形的宝贵财富。

张乐平先生的多彩人生实在是一座巨大的艺术宝库,值得我们反复观赏、细细品味。

(本文配图选自《张乐平》系列图书)

辑

潘向黎
山阴道上行

在鲁迅先生诞辰140周年的日子里,欣然参加了"鲁奖作家鲁迅故乡行"活动。三十位获得鲁迅文学奖的作家,齐聚千年古城绍兴,其盛况之罕见、气氛之热烈,让人惊奇。《小说选刊》主编徐坤本人也是鲁奖得主,她以双重身份当即在朋友圈赞叹:"群贤毕至,少长咸集。天朗气清,惠风和畅,仰观宇宙之大,俯察品类之盛……"

在绍兴,如此盛会,又是雅集,引用王羲之真是恰切。忍不住在心里把《兰亭集序》默念了一遍:

永和九年,岁在癸丑,暮春之初,会于会稽山阴之兰亭,修禊事也。群贤毕至,少长咸集。此地有崇山峻岭,茂林修竹,又有清流激湍,映带左右,引以为流觞曲水,列坐其次。虽无丝竹管弦之盛,一觞一咏,亦足以畅叙幽情。

是日也,天朗气清,惠风和畅。仰观宇宙之大,俯察品类之盛,所以游目骋怀,足以极视听之娱,信可乐也。……

《兰亭集序》,这颗书法史、文学史、文化史上的夺目明珠,就出自绍兴。兰亭雅集,地点是"会稽山阴之兰亭",会稽,即后来的绍兴,而兰亭,就在绍兴西南兰渚山下。

王羲之的儿子、书法成就与他并称"二王"的王献之也喜欢绍兴的山水,他说过两句评价:"从山阴道上行,山川自相映发,使人应接不暇。若秋冬之际,尤难为怀。"这两句话是入了《世说新语·言语》的,可见其雅人深致。从此,"山阴道上,应接不暇"成了一个典故。

山阴,和会稽一样,说的都是——绍兴。

王献之说的是自然景观,而这一回,我们在山阴道上行,觉得这里的人文风景更是应接不暇。

比如谢安,对,就是收到淝水之战捷报仍然不动声色地继续下棋的谢安,就是与王羲之一起赴兰亭盛会的谢安。至今,在绍兴处处有他的清芬遗痕——"东山高卧""东山再起"的东山,是历代游览浙东山水、抒发思古幽情的好去处,如今还成了"浙东唐诗之路"的重要驿站。

贺知章,这位唐诗人中最长寿的人,86岁告老还乡,写下了著名的《回乡偶书》:"少小离家老大回,乡音未改鬓毛衰。儿童相见不相识,笑问客从何处来。"你道他回的是哪里?他回的便是他朝思暮想的故乡——绍兴啊。他在外为官多年,"未改"的何止是乡音,还有一片乡思和乡心。《回乡偶书》其二不如其一有名,写得也极好:"离别家乡岁月多,近来人事半消磨。惟有门前镜湖水,春风不改旧时波。"镜湖,就是鉴湖,绍兴的一道明眸似的风景。唐玄宗将鉴湖赐给贺知章,所以鉴湖曾经被称作"贺监湖"。鉴湖水质特别好,绍兴老酒就是用鉴湖水酿造的。至今鉴湖水清波依旧,我们依然可以在这里见证一个游子对家乡的深厚眷恋和绍兴的人杰地灵。

唐诗之后有宋词,这就要说到陆游。

红酥手,黄縢酒,满城春色宫墙柳。东风恶,欢情薄。一怀愁绪,几年离索。错、错、错。

春如旧,人空瘦,泪痕红浥鲛绡透。桃花落,闲池阁。山盟虽在,锦书难托。莫、莫、莫!

因为这阕《钗头凤》,陆游和唐琬的爱情故事,陆游的名字,已经永远和沈园联系在一起了。几次到过绍兴名园沈园,在风荷亭亭和满园萧瑟的不同季节里,多次读过壁上的《钗头凤》,有一次竟然觉得陆游刚刚掩面离开这里,他的叹惜还未散尽,以至于我离开的脚步下意识地变得小心,因为草上的露珠似乎就是他和唐琬的泪滴。

在历史文化积淀丰富的地方,总是这样,我们会有很多机会发生各种错觉,好像自己穿越进了那些书卷里的时空,故事里的一幕幕悲欢真真切切地在眼前上演。

在绍兴,想到的还有一个名字:王阳明。有一年春天,王阳明和朋友在山间游玩,朋友指着岩间花树对王阳明说:"你常说天下无心外之物。可是你看这棵花树,在深山自开自落,和我的心有什么关系?"王阳明的回答极有哲理,又富诗意:"你未看此花时,此花与汝心同归于寂,你来看此花时,则此花颜色一时明白起来,便知此花不在你的心外。"这番哲学论证,便发生在绍兴。

绍兴的山好,水好,连绍兴的岩石和花树都不一般。

在绍兴,还会想起明代的徐渭,许多人都知道他的《题墨葡萄诗》:"半生落魄已成翁,独立书斋啸晚风。笔底明珠无处卖,闲抛闲掷野藤中。"却未必读过他的这一首诗——

兰亭次韵

相传萧翼窃《兰亭记》,掀阅,百花一时尽开。
长堤高柳带平沙,无处春来不酒家。
野外光风偏拂马,市门残帖解开花。
新觞曲引诸溪水,旧寺岩垂几树茶。
回首永和如昨日,不堪怅望晚天霞。

诗的小引说的是:李世民渴慕《兰亭》,派萧翼假扮书生,从和尚辩才手中骗到王羲之真迹,萧翼途中忍不住打开《兰亭》看了一眼,就那么一下子,居然身边的百花都开放了。贫病潦倒的徐渭所神往和感叹的,不但是神妙的艺术珍品,更是真正的艺术得到尊重和理解的年代。

张岱,这位明末的妙人。《陶庵梦忆》一直是我不断重读的书。在《陶庵梦忆》里,张岱对绍兴的文化艺术直到美食如数家珍:绍兴琴派、绍兴灯景、戏曲、日铸茶、破塘笋、谢橘、独山菱、河蟹、三里屯蛏、白蛤、江鱼、鲗鱼、里河鰦等。

他也是茶人,在绍兴至少找到了两处名泉,一处是禊泉,一处是阳和泉。阳和泉本名玉带泉,在张岱家祖墓所在的阳和岭。《陶庵梦忆》说阳和泉"空灵不及禊而清冽过之"。而张岱在城内斑竹庵喝了那里的井水,觉得特别好,"异之",去探看那口井,在井口发现刻有"禊泉"二字,非常像王羲之的笔迹,"益异之"。如此说来,这个"禊泉",不仅是好泉,而且极可能在一千三百年前就被王羲之发现了的。禊泉的特点是"过颊即空,若无水可咽者",水质,笔法,都多么空灵。

张岱在绍兴,曾经在"快园"隐居二十四年,并著有《快园道古》。我一时好奇,查"快园"的遗址在哪里,结果——竟然就是我们这次住的绍兴饭店。何等机缘巧合!

绍兴,我已经记不清来过多少次了。但其中的一次,我记得很清楚,2007年10月,第四届鲁迅文学奖在绍兴举行颁奖典礼。我以短篇小说《白水青菜》获得了这项文学大奖。记得在颁奖典礼上,有一个环节是把全体获奖者的书送给闰土的后人,那一刻,我仿佛看到了少年鲁迅和少年闰土并肩出现了,而在他们身后,是一片海边碧绿的沙地,上面深蓝的天空中,一轮金黄的圆月升了起来。鲁迅笔下的记忆,鲁迅心中的记忆,鲁迅记忆中闰土的记忆,我对《故乡》的记忆,我被鲁迅作品感动的记忆,我自己对故乡、对童年的记忆……许多记忆,像风中的一串风铃,轻轻撞击,发出一片细碎而好听的声音。

记得那次颁奖典礼之后,在百草园接受电视台采访。面对"用一句话说说你心目中的鲁迅先生"的要求,我说:"鲁迅先生,他是水中的盐,骨中的钙,云中的光。"

因为有了水中的盐,绍兴的山水名胜添了人文的味道和回味;因为有了骨中的钙,绍兴的文化品格更具力度和强韧;因为有了云中的光,绍兴的城市形象真正流光溢彩起来。

因为鲁迅,绍兴的百草园、三味书屋、咸亨酒店世界闻名,因为鲁迅,我们在绍兴就自然而然地谈起《朝花夕拾》《野草》和《呐喊》……

因为鲁迅,绍兴被重新命名了。

重新命名了自己的故乡,这是一个作家对故乡最好的回报。

在绍兴,我分明感到我们是在"山阴道上行",那轮金黄色的圆月始终挂在天上,洒下一片清辉,那清辉是那样透彻,就像一种始终不变、无处不在的精神,又轻轻柔柔,荡气回肠,像一个表面冷峻的人内心的深情。

2021年9月30日初稿,
10月14日改定

陈成益
当徐渭遇上天堂电影院

徐渭与《天堂电影院》，两者风马牛，徐渭的时代没有电影，连电都没有，意大利小镇上的托托也不认识明朝人徐渭。但当徐渭诞辰五百年大展遇上《天堂电影院》在国内的上映，想想还真是件有意思的事情，他们竟有不少相通处。不用说，徐渭和托托都是天才式的人物，小托托对电影的一切，无师自通，从小热爱电影的他拿起摄影机，成了名导演。徐渭呢，八岁就"稍解经义"，被山阴县令刘昺常识，在读了徐渭的文章之后，批曰：小子能识文义……期于大成。果然，他成了一个诗、书、画全才式的人物。绍兴新开徐渭艺术馆络绎不绝的人流，就说明即使五百年后，他的书画作品还感动着人们，甚至有人说，南北画家都来到了展厅。更有意思的是，他还写有剧本《四声猿》，"意气豪达"，被袁宏道"疑为元人作"。这么说来，徐渭还是导演托托的前辈同行呢。

而在生活道路和感情经历上，徐渭和托托又如此相似，中西古今并没有多么大的区隔。徐渭和托托都年幼失怙。徐渭百日时,父亲徐鏓就去世了。他是父亲继室苗氏的丫鬟庶出,他的生母不要说名字,甚至连姓氏都没有。在传统中国,这种孩子,除非有父亲宠爱,名分上地位极低,甚至被骂"野种"都有可能。他的两位哥哥都大他二十几岁,这样的家庭情况,让徐渭自小在这个家里不好过,敏感,紧张。幸好嫡母苗氏对他还不错,徐渭自述"渭百其身而莫报也"。但他十岁时,苗氏还是遣散了(卖了?)徐渭生母,在徐渭晚年所作《畸谱》中,用了"夺我生母者",这是相当严厉的指责。这是对少年徐渭身心的又一道创伤。他变得多疑,没有安全感,最终遇到坎坷,心理出现问题,自杀,杀妻,精神疾病纠缠他二十多年。难道这些都是对一个天才的磨炼?

托托的父亲上了战场就再也没有回来,从小聪慧的托托,很早在电影里知道了这个事实,电影其实是这个小镇通向外面世界的唯一出口。但母亲不肯承认,当托托说"爸爸不会回来了",还给了他一个伤心的耳光。幸好托托有电影院,电影带给他欢乐与无限可能。当然还有不是父亲胜似父亲的电影放映员阿尔弗雷多,他俩如父如子,也如师如友,一样热爱电影,电影机械的操作,托托看看就会了,这一点连阿尔弗雷多都觉得不可思议,又无比欣慰。当托托不顾一切救下火场中险些丧命的阿尔弗雷多的时候,他们的生命似乎融为一体,完成了一次交接,以后的人生故事就要靠托托自己去书写了。阿尔弗雷多告诉托托:不要回头,不要回来,我不要你来看我,我要听别人谈论你!有这样的人生导师,托托是幸福的。《天堂电影院》是一场人生的回访,而徐渭所作《畸谱》又何尝不是。

徐渭一生历经坎坷,但他也有短暂的幸福时刻,二十岁"进山阴学诸生,得应乡科,归聘潘女",真是春风得意。

"掩映双鬟绣扇新,当时相见各青春。傍人细语亲听得,道是神仙会里人。"徐渭这样回忆他与十三岁潘女的开始——这是绍兴人独有的温柔缠绵吗?因为兄长不善经营,家道败落,拿不出足够聘礼,徐渭只好入赘潘家。岳父潘克敬相当看重徐渭,不但把他带在身边,要知道他自己是有儿子的,当徐渭因兄长去世,家产被夺,岳父为他营治,居然白了头发。在潘家六七年,"翁之敬爱某者如一日"。

妻子潘似,她并没有名字,"以其介似渭也,名似,字介君",她跟徐渭情投意合,很多地方都跟徐渭一样,所以徐渭给她取名似。相识第二年他们便成婚了,之后不久便在广东阳江得到长兄徐潞的讣告,徐渭只得回乡奔丧。新婚小别,徐渭当然非常想念,有一首《南海曲》这样写道:

一尺高鬟十五人,爱侬云鬓怯侬胜,近来海舶久不到,欲寄玳瑁簪未曾。

相似的性情,无尽的柔情,给青年徐渭以最大的慰藉。潘似还特别在心理上体贴徐渭,"与渭正言,必择而后发。恐渭猜,蹈所讳",与徐渭这样心性敏感的人相处,她处理得恰到好处。可是好景不长,幸福总是很容易被摧毁,在生儿子徐枚前,潘似已经得病,产后又加剧了,不到一年就死了,此时她仅仅十九岁。显然徐渭并不能接受这个现实,《送内兄潘五北上》表达了这种不适:

去年八月吾入科,二妹开帷送五哥。今日五哥复北上,房空镜暗余轻罗。二月梨花几树云,九曲黄河千尺波。忽然念此杳如梦,落日当舡烟雾多。

一年时间,就已天人两隔,真是如在梦中。即使在十年后,徐渭还是无限思念,甚至落下眼泪。有诗《内子亡十年,其家以甥在,稍还母所服,潞州红衫,颈汗尚渫,余为泣数行下,时夜天大雨雪》:

黄金小纽茜衫温,袖摺犹存举案痕。开匣不知双泪下,满庭积雪一灯昏。

抄了那么多诗,我们不难看出徐渭对潘似的一往情深,虽然在一起仅有六年,但是对于重情重义的徐渭来说,在他内心留下了深深的烙印。往后虽还有数度成与未成的姻缘,但都不欢而散,甚至在精神刺激后,误杀张氏,也给他带来七年的牢狱之灾。他的人生从此跌到谷底。往后只有疾病与穷困如梦魇般跟随他,他卖貂,卖罄,卖画,卖书,但还是入不敷出,以至于连家都没有,只能跟随也是入赘的小儿子徐枳到王家生活,陶望龄写他"至藉藁寝",也就是睡稻草的田地。天才的晚景,实在令人唏嘘。

托托的感情生活一如徐渭,他们都是那种一辈子只谈了一次恋爱的人。电影一开始,年迈的母亲打电话给托托,她不无遗憾地感觉到,每一次接电话的都是不同的女人。三十年了,托托听从阿尔弗雷多的劝告,再也没有回过小镇。除了爱而不得的初恋,他可能再也没有真正爱上过别人。少年托托在火灾后接下了天堂电影院阿尔弗雷多的工作,他很快就长大了,拿起了摄影机,对着小镇上的一切拍拍拍——

宰牛、生崽,能用镜头摄取的一切,对他来说都是新奇的,他的人生也就此展开。美丽的艾莲娜无意中走进了他的镜头,这些美妙、不确定的镜头成了他最初的作品,也是他一生中最看重的作品。托托对她展开追求,站在过年的窗口,希望得到艾莲娜的回应,但是却没有,他心灰意冷地走在满是烟花的街头。没有想到的是,艾莲娜主动找到了他,他们恋爱了。而后阴差阳错,托托去服兵役,艾莲娜上大学,他们又错过。在近三小时的导演剪辑版中,艾莲娜来电影院找过托托,留下了字条,而阿尔弗雷多没有告诉托托,他为托托未来的生活提供了方向,去外面的世界,做你想做的事,而不要在小镇上过完平庸的一生。

  小细节,小道具,小托托,各种愉快温馨的回忆,各种小巧、小心思,又不无历史感、幽默感。恐怕这是那么多人热爱这部电影的原因所在,但这却不是导演的最终目的。所以才有了初映十年后产生的导演剪辑版,我想这才应该是导演的初衷:爱而不得的惆怅,满是忧伤、遗憾,而这种缺憾又是以少年托托沉浸电影世界中的欢乐作底的。导演剪辑版的后半部,功成名就的托托回到故乡,偶遇初恋女友的女儿,他凭直觉那就是,于是跟踪,站在屋外拨通电话,一如少年时代站在女孩的窗口,女人告诉他那是以前的事情了,回去吧。最后却又在海边找到托托,做了他们少年时代没有做的事,仿佛落入俗套(既然是套路,当然一直被模仿,《一一》中NJ在日本约会初恋,结果初恋落荒而逃了;另一部国产片中周伟找到余虹,来到一个小旅馆,结果双方都无比僵硬尴尬)。托托问以后怎么办,她回答以后还是老样子。于是托托回到了罗马,观看阿尔弗雷多留给他的最后的礼物:少年时代没有看到的各种接吻镜头,仿佛人生一场梦,戏梦人生的交织!

恰恰徐渭也有《述梦二首》，他述梦境：

伯劳打始开，燕子留不住。今夕梦中来，何似当初不飞去？怜羁雄，嗤恶侣，两意茫茫坠晓烟，门外乌啼泪如雨。

跣而濯，宛如昨，罗鞋四钩闲不着。棠梨花下踏黄泥，行踪不到栖鸳阁。

大学时，我的毕业论文是论述徐渭，很不成样子，这是我与徐渭结缘的开始。第一堂电影鉴赏课，胡辛老太太（二十年前我们就叫她老太太，现在应该更老了）就选了这部电影，在一个很老的阶梯教室，差不多屏息两小时看完。从此开始找各种电影看，相信这也是很多同学的经验。同样面对贫乏无趣，那时的我们，难道不就是对世界还一无所知的小托托吗！

谷曙光
"得意缘"
——吴小如先生的一篇花笺题记

近两三年来,我受出版社之邀,为先师吴小如先生编校《戏曲文集全编》,已离竣事不远;在此过程中,我总想找点新鲜玩意儿,新读者耳目,以免"炒冷饭"之讥。冬日晴暖,我乃丁箧中翻检,竟找出十余年前先生赐下的一篇行书花笺题记,顿时眼前一亮,且勾起了我对往事的回忆。

那是2008年,我以并不便宜的价格,购得程继先、吴颂平(藏)校改的皮黄《得意缘》总讲。钞本以朱、墨两色分别书写剧中生旦的唱念"盖口"等,书眉还有一些场上要紧地方的提示,这是典型的"梨园钞本",可算得一件难得的戏曲文物了。

《得意缘》这戏,通常分为教镖、说破、恶饯、下山数折,是一出以小生和花旦为主的妙趣横生的轻喜剧。清代宫廷演剧的档案,已有演出《得意缘》的记录了;后来"四大名旦"之一的荀慧生增益首尾,演过所谓的全本。顾曲家黄裳的名作《旧戏新谈》里评价此剧:"论情节,论编制,都可以说是上乘之作,紧凑而并不紧张,打情骂俏,都在情理之中,妙极。"可知喜爱。名伶合作的《得意缘》,甚至可以放在盛大义务戏的大轴,足见喜闻乐见。记得我读大学时,买到名伶荀慧生、叶盛兰、尚小云1957年元月义演《得意缘》的实况录音磁带,一时如获至宝,在很长一段时间内,荀、叶的"教镖"成为我晚上睡前用随身听消遣的"催眠曲"。小夫妻燕尔新婚,调风弄月,春情无限——我觉得,那是我听过的最精彩的旦角、小生念白戏了。

校改总讲的程继先、吴颂平是何许人也?请先从程继先说起。程的学生俞振飞、叶盛兰如雷贯耳,都是今天被称为大师的艺术家;而继先作为大师的老师,艺术水平如何,也就不言而喻了。继先出于梨园名门,是京剧鼻祖程长庚之孙。内行都知道,他其实是晚清、民国成就最高的京朝派小生泰斗,雉尾戏、官生戏、穷生戏、武小生戏全都举重若轻,游刃有余。他实在是与杨小楼、余叔岩等在同一艺术层面、境界的杰出伶人;唯一的不足,是他的嗓子不济,演不了小生的重头唱功戏。

我之得知吴颂平的名字,也是在先师的文章里。颂老出自天津巨商世家,乃早年津门四大买办之一吴调卿之长公子,曾赴美学习军事,民国时一度任山西教育厅厅长。以他的出身,自然有钱有闲"玩儿票",他居然曾向"同光十三绝"之一的徐小香请教过,而且与晚徐一辈的王楞仙、程继先等名伶都有过从,辈分甚高。他曾在先师的推荐下,以八十余岁的高龄在中国唱片社灌制唱片,这是多么难得的戏曲音响文献!惜乎因时代原因,未能流传下来,徒令人怀想。

有了文字上的印象和对《得意缘》的喜爱,当我看到颂老收藏并与程继先共同校改的剧本总讲时,就必欲得之了。我购藏后,先后拿给刘曾复先生和莎斋师看,两位老人都翻阅多时,摩挲良久,说是难得之物。

刘先生谈到,程继先的这个本子,当是最权威的"准词",这要在过去,是所有唱小生的演员梦寐以求的"好宝贝"。虽然还未到秘不示人的程度,但证以钞本上的印章申明:"恕不借,但可抄录",足见珍稀宝贵。

莎斋师在书房里,对我侃侃而谈:"《得意缘》里有不少雅俗共赏的典故,高水平的演员演来,颇令人解颐。此戏是皮黄戏里难得的好本子,台词本色,关目精巧,当出自通晓场上而又功力湛深的文墨人之手。"他又历数看过程继先、姜妙香、金仲仁、叶盛兰、顾珏荪诸名家的《得意缘》,这其中,自以程继先演得最精彩、最有"份儿"。我听得心驰神往,如闻开天遗事,插话道:听过两份叶盛兰演《得意缘》的实况录音,一与荀慧生、尚小云,另一与言慧珠、雪艳琴,皆为名家名作。莎斋师问我:"更喜欢哪一种?"我答曰:"当然是叶与荀,功力匹敌,'对啃'精彩绝伦;而叶与言在一起,叶似乎把言给'欺'下去了。"先师频频点头,说道:"你所见不差。盛兰此戏是得程继先真传的,荀慧生虽然贵为四大名旦,大盛兰十余岁,但两人演来铢两悉称,荀并没有压倒叶。至于言大小姐,则根本不是对手。五十年代中期,言北上与盛兰短期合作,演此戏前,言亲自到盛兰府上请教,可见郑重和礼貌。这是盛兰亲口对我说的。"我接过话头:"这出戏的生旦对白着实精彩,描摹新婚燕尔的恩爱小夫妻情态,极有俏头,真个是风情旖旎。小夫妻俩还以'四书'典故调侃,逸趣丛生,可并不让人觉得酸腐。特别是小生动辄以韵白和京白穿插着揶揄,非常有特色,令人忍俊不禁。我最爱听的念白戏就是《得意缘》和《连升店》了。都说年轻人不爱看京戏,戏曲久已式微,但我觉得《得意缘》这出戏,刻画小夫妻打情骂俏,如演给今天的年轻人看,也一定喜欢的!"吴先生叹了口气道:"戏,是一出好戏,但今天还有何人会演?就是演,也演不出叶、荀那种严丝合缝的艺术效果了。能演的人没了;勉强演,也不见精彩,这才是戏曲最大的危机!"我无语,也跟着叹惜。

  吴颂平在总讲上有毛笔题记,但字迹潦草,于是吴先生带着我一起辨识,中有句云:"此剧本系程继先兄所赠之旧本,经余与继先两次删改,余与继先演时均用此本。"吴先生大感兴味,说道:"这是真正的名伶秘本,过去难得一见。说不定俞振飞、叶盛兰都借钞过的!"

  关于《得意缘》一剧,吴先生其实是有研究的,他早在1990年就撰有《〈恶饯〉〈得意缘〉与〈江湖奇侠传〉》,谈此剧的渊源和改编。而吴颂平藏的总讲上也有一段话:"《得意缘》戏剧系从小说《谐铎》中'恶饯'一段所编,后人排演之,以《得意缘》命名。"吴先生表示,颂老的话是有见地的。小说、戏曲的关系向来密切,题材上相互借鉴、生发,更是习见常有的。

  我特别感兴趣的,是吴颂平是否真的向小生鼻祖徐小香请教过。因为徐在京昆史上是如同神一般存在的人物,可惜关于他的史料太少了,"文献不足征"。我发现,总讲首页有一行小字"中华民国十四年,公元一九二五,岁次乙丑,颂平四十四",就兴奋地指给吴先生看。先师点头说:"这句话很重要。"我接着道:"这说明颂老生于1882年。关于徐小香,据说晚年从北京回到故乡苏州,乡居二三十年,直到民初才故去的。由此言之,颂老是完全有可能见过徐小香的,或许是专诚到南方拜见的,也未可知。"吴先生颔首,同意我的分析,并回忆起早年与颂老谈话的印象。附带着,吴先生还忆及老一辈的名票,如韩慎先、顾赞臣、章晓珊、王庚生、张伯驹等,这些都是极有本领的顾曲名家,先师或请教,或屡观演剧,而今都风流云散矣!谈往忆旧,吴先生不免"感时抚事增惋伤",那感慨,真与杜甫《观公孙大娘弟子舞剑器行》的喟叹别无二致。

我看吴先生谈兴甚浓,遂向他提出:有无兴趣撰一毛笔题记?那时先师每日清晨临池不辍,我屡见之。但我仓促提议,也无把握。谁知先师一口答应,毫无推脱,并顺手从架上拿了几页极漂亮的花笺纸,漫道:"这是友人新送的,就拿这个写吧,比白宣纸漂亮,你看如何?"我自然大喜过望。

吴先生办事是急性子,第二天一早,就打来电话,说题记已就,让我便时去取。我放下电话,即刻出发,兴冲冲地"二进中关园",师生再谈《得意缘》。当看到先师写满了三张的花笺行书(见图),我真是如花照眼明,其乐何如哉!先师写文章是有名的快手,这数百字的题记,对他而言,不过是"小菜一碟"。题记文字固然清通可诵,而花笺行书亦是难得佳构。我端详着笺纸上笔走龙蛇,如行云流水,就知先师是笔不停辍,文不加点,倚马三纸。因叹老辈功力,实不可及。

先师的书法,本是家学渊源,太老师玉如公乃近现代书法大家;而先师的行楷,萧疏简远,超逸绝伦,无一点尘俗之气,可谓学人逸品。细味之,如对高士,如沐春风,颇有"掬水月在手,弄花香满衣"(于良史《春山夜月》)之妙。

此题记藏于鄙箧中已逾十年,今检出,对笺怀师,更迻录文字,附于文末:

门人谷竞恒君于冷摊以高价购得吴颂平先生旧藏全部《得意缘》总讲,乃程继先演出定本,虽已残破,实属珍贵戏曲文献。颂平先生原籍婺源,久居津门,乃巨商世家(昔称汇丰吴家)。颂平先生行一,其五弟名焕之,有子二人,曰敬印、敬勋,与仆1938年在津工商附中同班同学,故于吴氏家族知之略详。颂平嗜京剧,能曩小生。据云曾求教于徐小香、王楞仙;然与程继先相过从,并得程之真传,则确有其事。当时津门票界习小生者,吴氏资历最老,其次则西医潘经苏,即话剧演员卫禹平之父,专宗姜派。稍晚更有袁青云,亦姜派信徒,且得姜亲传。此数人者,仆皆获亲聆其清唱,而袁则更能登台,且广收弟子,凡入其门者,皆改名排以云字,如坤净齐啸云,即袁弟子之一也。上世纪六十年代初,中国唱片社经仆建议,邀颂平先生录制《叫关》唱片,仆曾于内部聆其原始录音,由郭仲霖先生操琴,周子厚司鼓,惜毁于十年浩劫,乃成绝响。至《得意缘》之小生,仆平生所见,有程继先、姜妙香、金仲仁、叶盛兰及顾珏苏诸家,皆各擅胜场。今谷君所得之本,大抵与叶盛兰演出本相近,盛兰本程氏弟子,自属源流相符合也。谷君以此手钞本见示,并嘱题数语,爰就所知,拉杂述之如上。戊子雨水节　小如病中漫识

这也算是先师的一篇短小精悍的佚文了,其中之津门梨园掌故、伶界师承关系、吴颂平家族事迹,颇有可传者。我现在披露出来,备述颠末,也算未辜负先师撰文的一片苦心。总之,此事可谓一段"殊胜因

吴小如撰《得意缘》题记

门人谷曦随君于冷摊以高价购乃吴颂平先生旧藏全部得意缘总讲乃程继先演出宝本惜已残破宝库珍贵戏曲名藏颂平先生保管甚勤渊源久居津门乃能南去家颂平先生行一其五弟名焕之，有子二人皆在印尼观与仆二十三人皆在津工商附中同班同学故于吴氏家族之略详刘曾钰矣小如拄云曾求韵于徐小香子楞仙孫婿缘",盖此总讲乃名剧《得意缘》,而我有缘得之;后又夤缘得到先师的行书花笺题记,更算是一番别样的"得意缘"了。因记原委、述掌故、录佚文,并以"得意缘"名文,以志师生之风雅情意云。

辛丑新春

刘摩诃

向彼岸
——也说《汉广》与《蒹葭》

老生常谈云,中国诗歌,源远流长,其发源滥觞,则在《诗经》。又云,《诗经》,尤其《国风》之作,善于写情,总是在具体的情境中展开,把人生的喜怒哀乐淡淡吟叹,所以,相似的情感,在不同的诗歌中,表现却各不相同,各有各的身段与姿容,而各具个性。旧说如此,自非陈言空语。比如著名的《周南·汉广》和《秦风·蒹葭》,两首诗有共同的主题,即企慕而不得;但两个诗人在求不得之后又有着迥异的反应,便能看出人的不同来。个性与共性交织,既有鲜活的生命的跃动,又能展现普遍的追求与永恒的向往,伟大的诗篇,本应如此。

佛教讲人生"八苦","求不得"是其一。可望而不可即,求之而不可得,这是人类一种基本而永恒的痛苦。《汉广》所写是"南有乔木,不可休思。汉有游女,不可求思",在汉水的对岸,远远望见美好的女子,却无法去追求她。因为"汉之广矣,不可泳思。江之永矣,不可方思",汉江啊太过宽广,游不过去,甚至连舟楫也无能为力。诗人只能不断幻想着成亲时去迎亲的场景:"翘翘错薪,言刈其楚。之子于归,言秣其马。""翘翘错薪,言刈其蒌。之子于归,言秣其驹。"又不断陷入幻灭:"汉之广矣,不可泳思。江之永矣,不可方思。"诗歌中的汉水仿佛是传说中的弱水,成为无法逾越的天堑。《蒹葭》中"所谓伊人"则永远"在水一方",任凭诗人如何"溯洄从之""溯游从之",总是无法接近。

我们都知道,无论江河如何宽广,人们总是有办法渡过的,"谁谓河广?一苇杭之"(《卫风·河广》),事实诚如此。但人生中却永远有无法靠近的人,有达成不了的愿望,这才是两首诗真正想要表达的意思吧。这样的意思很哲理,不过诗歌却绝非哲理诗,它们所写的只是毫不犹豫投身其中的生活,在困顿中依然沸涌炽热的情感,所展现的便是遭遇这生活、燃烧这情感的那些活生生的人。

《蒹葭》的诗人是个行动力极强的人。纵然"伊人"仿佛不可接近,他却不放弃尝试,有时逆水而上,有时顺流而下,不断寻找道路,哪怕理性明明白白告诉自己,伊人"宛在水中央"。古希腊传说中,女祭司希洛在达达尼尔海峡这头的高塔上点燃明灯,对岸的情人利安得则投身黑夜中的大海,游向爱人。某夜风暴吹灭灯火,利安得迷失方向,溺死海中。后世的诗人反复歌唱这个故事。济慈(Keats)这样咏叹:"侘傺悦忽兮利安得,沧空海兮少年郎,奋身不顾兮向死亡。"(Sinking bewilder' d'mid the dreary sea./'Tis young Leander toiling to his death.)爱的诱惑,让人一往无前,哪怕那道路通向死亡。《红楼梦》里面,贾瑞不是同样临死仍在贪看风月宝鉴,不肯放手么?不同的是,利安得奔赴的是两情相悦的爱情,而贾瑞赴汤蹈火却只为一点痴念、满腔色欲,自然便有百尺楼上与地下之别。高下之别虽然如此，但遥望着水的那方而上下求索，这却是一样的。行动力之有无，区别的本不是高尚与卑劣，而是生命力的弱与强。

这样一比，不能不说《汉广》的诗人热情有余而力量不足，大概算个幻想派。诗歌第一章，写他看到了对岸的游女，然后感叹江永而汉广。试取汉水比较达达尼尔海峡，孰为宽广，孰为衣带之水，应是一目了然的吧。就算泳不可过，舟航总非难事，可是我们的诗人在诗歌的第二章、第三章，就只是幻想着秣马迎亲，然后突然惊醒汉广不可泳，江永不可方。幻想旋生旋灭，真如水上沤沫一般，而实实在在追求的行动，却看不到。这样看来，这个诗人是个胆小自卑而喜欢空想的人，相比《蒹葭》的作者，不免软弱太多。

当然，这只是就诗歌所呈现的抒情主人公所作的比较，如果就诗论，《汉广》却不失为一首可以比肩《蒹葭》的好作品。因为它很成功地表现了那种幻生幻灭而旋起旋伏的情感。空濛、迷茫、绵长，人的一生之中，少不了品尝这种滋味的时刻，不是么？

不过，也可以换一种角度来理解两首诗的不同。在水那方的伊人，真的可求而得之吗？似乎《蒹葭》的诗人更倾向于积极的回答，而《汉广》的诗人则是悲观的。积极者会认为，美与爱，就算遥远，却并非无路可致。故而他毫不犹豫展开行动。悲观者却会想，美与爱看似可求，一旦靠近，却会失落，甚至会向丑与恨的方向转变；而使美与爱恒久不变的方式只能是让其停留在幻想中，唯有颠倒梦想在我心中，不虞其失落与变质。因此他只幻想。

这第二种理解并非毫无根据。蓬莱、方丈、瀛洲，是大海上的三仙山，它们是神仙居所，象征着永恒与完美，当然也可以视为在水一方的"伊人"。秦汉的方士们如是描绘三仙山:没到跟前的时候,望之如云,盈盈满目;真靠近了,三神山反而像在水下。如果不放弃,还是想上去,就会有风来把山吹走,总之无法登临。(《史记·封禅书》:"未至,望之如云;及到,三神山反居水下。临之,风辄引去,终莫能至云。")如果明白仙山之不可接近,一般人的选择最多也就去到蓬莱,期待亲眼目睹,然后存之心中,作为日中的渴望与夜里的梦想。这近于《汉广》。可总会有秦始皇、汉武帝,相信自己能占有永恒与美好,徒劳地派方士入海访寻仙山和山中的不死药。这是不是有那么一点点类似《蒹葭》诗人的做法呢?

秦皇汉武们不明白,真实的海洋是有尽头的,人心的欲海却茫茫无有涯际。渡不过的不是深水与大洋,而是人心的欲望;得不到的不是美好,而是美好的完满与永恒。于是秦皇汉武终究不能与《蒹葭》诗人相提并论。前者何曾亲眼确认过神仙世界的存在,不过是心里怀着不死的贪欲,便心甘情愿接受欺骗,驱使千万人去为自己的迷狂奔忙,甚至送死。

而我们的诗人并不如此。他真实地望到伊人,看到美,确信值得去追求。于是在萧瑟西风中,在泓峥秋水的这边,他出发找寻渡口,哪怕心知道途险难而漫长,却依旧怀抱着美好。他知不知道,凝望着彼岸的,彷徨中伸出手,渴望触摸美好的那个人,置身在天地苍茫间,这也是美好的景象,甚至是更大的美好。正因为怀抱着美好而非贪婪,不停息地梦想与寻求,才不知不觉中步入美好的疆域,化作美好本身。这样的自己终究会与永恒的向往融为一体。那个拿撒勒木匠之子曾说:"你们祈求,就给你们;寻找,就寻见;叩门,就给你们开门。因为凡祈求的,就得着;寻找的,就寻见;叩门的,就给他开门。"是否可以如是理解呢？

这样想来，《汉广》的痴想还是与《蒹葭》、与利安得一样吧。虽然个性迥异，力量不同，但是永恒地激发着人类，也最终成就人类的，是相同的对美好的向往。

"揭谛揭谛，波罗揭谛！"让我们都到彼岸去吧，美好在那里。

陆建德
繁体直排

友人来信,用八行笺,繁体直书,春风满纸。由此想起两年前一件小事。

笔者出的小书《戊戌谈往录》中收有赵尔丰《宣示四川地方自治文》(简称《自治文》),作为《蜀道难——保路运动百年回顾》一文的附录。清末重臣赵尔丰于1911年夏调任四川总督时,成都的局势已因少数人操纵所谓的"保路运动"而失控。11月27日大汉四川军政府在成都宣布成立,同一天,赵尔丰交出军政权力并颁发《宣示四川地方自治文》,切望全省父老子弟和军队早日恢复秩序,"当事诸君子"则应安辑人民,抚恤士卒。这是所有"保路"史料中最诚挚感人的文字,赵尔丰却在12月22日被杀害。从此四川不得安宁,而为修建川汉路筹集的资金也下落不明。

《戊戌谈往录》所转录的《自治文》来自四川大学历史系戴执礼教授(1916—2013)编辑的三大册《四川保路运动史料汇纂》(台湾"中

研院近代史研究所"1994年出版）。史料既然由海峡对岸的学术机构印行，必然是繁体直排。我想要一份《自治文》的电子文本，就在家中复印了那三页文字，带上一个U盘，去小区附近一家专做横幅、标书和广告的图文公司，那里有高效的电脑录入员。我以为文字输入后存到U盘，十分简单，一个小时之内可告完毕。

  图文公司位于城乡结合部，其实只是一家开在路边平房里的小店，十四五平方米的地方容纳了五六张书桌，几个堆放各种纸张和杂物的书架和两台多功能立式复印机。操作电脑的女士三十出头一点，能干利索，以前也麻烦过她。想不到她瞄了一眼复印纸，有点为难："哎呀，这是什么字啊！怎么排的？"《汇纂》这套书我经常使用，看惯了竟未觉得异常。经她"哎呀"一声提醒，我才想到，我国台湾地区出的书继承了线装书传统，文字用的是繁体，从右往左直排，而她承接的业务想必是清一色的简体横排。直排，她看了别扭；繁字字，她不认识。怎么办呢？她建议我在所有繁体字旁标出简体。我一愣，想想并非不可行，就走回家坐下来，完成了她布置的任务，比如"爾豐"两字在文中出现多次，一律在右边工工整整注上"尔丰"。

  第一次做这样的作业，不大放心。再读一篇繁简对照的文告，发现几处漏标，逐一补上。我又去图文公司，那位女士取过标注了简体的复印件，试着读了几个我写的钢笔字，大概觉得不难辨认，就说没问题，要不了一个小时。于是我到隔壁彩票销售点串门，与兼做一点小生意的管理员聊天。原来那里常见彩民进进出出，现在不大有人光顾。要打发时间，回忆往昔的热闹是再也合适不过的了。等我再进小店，录入员已经完工。我请她打印一份，以便取回家中核对原文。结果让我极为失望：输入的近三页文字中居然有奇奇怪怪的错误七十余处，甚至还有遗缺，合计字数不下五十个。我静下心来纠错补漏，确认无误，再去找那位女士。我忍不住问了："怎么会遗漏呢？"她一回答，我就意识到自己欠考虑。"这么长的一条条直排文字，输入的时候不习惯，看错行了。"说得倒也对，这套《汇纂》比十六开本的书还稍大一些，直排每行字符多达五十六七个，如果读不懂内容，还真很容易错行。她在电脑上修改完，又打印一份请我检查，我在店里拣了个地方坐下来，又挑出好几个错，请她作最后的修改。"这个活，太不好干了！"我听了也十分羞愧，多付一些酬金表示感谢。当时心里在想，实行九年制义务教育已经好多年了，这位女士一定是读过初中的，怎么不识繁体字？我闪念要把这段经历记录下来，就笑着问她是不是上了中学。想不到她干脆扔过来一句"只读过小学！"我本想做一点社会调查，却引起误会，她大概以为我的问题居心不良。

为赵尔丰一千六百多字文告的文字输入，我前前后后实足花费了大半天时间。那是一次得不偿失的经历。我根本不应该为这点小事求人，如果自己动手在电脑上输入，应该省事得多。两份《自治文》的电脑输入稿我都留着，作为警示和纪念。

上世纪八十年代初，人们还相信文字改革要以世界通用的拼音为方向，现在汉字已经扬眉吐气了。经常有人在讲传统文化，小学生也会奉命穿着化纤料子的"古装"，摇头晃脑地背古文。不过我以为让他们长大后略知汉字繁体的写法，倒是有必要的。手边有一套人民教育出版社普通高中课程标准实验教科书，第一册的"梳理研究"部分前四页内容均有关"优美的汉字"，令人不解的是编者竟未述及繁简之别。学生真要领略汉字之美，还应该具备识别繁体的能力。当今出版社经常重印古籍,其中不少是繁体直排的。中学生即使不读大学,参加工作后也可能会有兴趣阅读这类书籍。有关部门是不是能为所有中学生编选一本常用汉字繁简对照手册?如可行,那就是我这段经历的最大收获了。

南帆
书法是脸面,还是表情?

没什么事松一口气,忽儿想写两张毛笔字。砚台里添一些墨汁,铺开纸张,挑一管称手的毛笔,凝神片刻,遽然落笔。这时多半是日暮时分,窗外的天色渐渐暗下来。为什么清晨很少从事书法功课?黎明即起,洒扫庭除,神清气爽的时刻宜于读那本晦涩的哲学著作,或者开始写作。书法只能分配一些时间的边角料吗?如此轻慢是成不了书法家的。

隐隐觉得,书法家之称的分量仿佛轻一些,不似作家、音乐家或者画家。文人都会写字,"无意于佳乃佳尔",似乎不必下那么大的气力。无知——这种观点立即遭受书法家的批驳。不要以为人人都可以当苏东坡。手上的功夫没有积累到相当的程度,所谓的好字只能停留于拟想之中。古人吟诗作赋,日复一日地用毛笔书写,苏东坡的话是对他们说的。

信手写一联"眼前有酒三杯醉,心头无事一床宽",无所挂碍,草堂春睡待到窗外落日。可是,哪里如此洒脱？心中种种纠结随即浮出。书写这一联用的是大笔。突然觉得,说不定已经不会小笔写小字了。立即取来一支小笔,又不肯坐下来写小楷。小楷很拘束人,正襟危坐,一丝不苟。日常生活的万千麻烦已经磨得人没有了脾气,何必再为难自己。反正当不成书法家,拿大笔来!

当不成书法家,还是要讲究字写得如何。这也是让人纠结的事。一幅字看来还可以,半小时之后就不顺眼了。另一幅不如意扔在地上,第二天又觉得不坏。一个人告诫我,不想保存的字要及时撕毁。一些书法家的废弃作品曾经被有心人捡走,流落到市面上。我哈哈一笑,哪一天有人捡我的字,功成名就的日子就到了。那人也哈哈一笑:一幅不满意的书法落在他人手中,犹如授人以柄。一个污点永远在别人手里,悔之晚矣。我想了想,言之有理。不打算留下来的就勤勤恳恳地撕毁,不可大意。

慢慢地察觉,一些信手写在粗糙毛边纸上的字往往更有意味。偶尔有朋友索要一幅字。一本正经地搬出绵软的宣纸,专注的书写反而拘谨木讷,时常要费好些纸张才渐渐从容起来。刻意即是大忌。战战兢兢或者矫揉造作,丧失了"无意于佳"的气度,笔墨之间神情索然。即使那些书法史上的大人物,也不能时刻坦然率性。传说王羲之的《兰亭序》是微醺之中写成的,妙手偶得。日后又反复书写,再也无法媲美。在我看来,王羲之的另一些信札远比《兰亭序》生动,例如《初月帖》《得示帖》《二谢帖》。心事重重,情辞恳切,笔墨之间的气韵反而宛转自如。

一位书法家询问我,每日做多长时间的书法功课？很惭愧,每周拿一两次毛笔而已。他几乎大叫起来——太少了！夏练三伏,冬练三九,他是一个兢兢业业的人,每日临帖不辍。手艺纯熟很重要,但是,不可陷入循规蹈矩的"匠气"。许多书法家愤愤地批评他人不守法度:这一笔不合古人,那一笔未见来处;评价书法作品的时候,他们多半要言及作者的渊源:追随"二王"的,什么地方显示出孙过庭或者米芾的笔意,近来纷纷时髦何绍基,如此等等。我多嘴了一句:文学批评号称哪一位诗人脱胎于李白或者杜甫,大约不是表扬——这无异于说,某诗人缺乏创新意识,摆脱不了大师的阴影。当然,书法家多半不理睬这种话。

传言仓颉造字,从甲骨文、篆书、隶书到楷书、行草,并未规定横与竖必须模仿哪一位,撇与捺又必须遵循哪一位。不同的书写工具无从统一。文字的历史显明,追求书写的速度是文字演变的一个首要动力。然而,为什么这几个字沉郁顿挫,那几个字高古淡泊?为什么这种风格有金石味,那种风格豪放痛快?为什么颜真卿是刚正端庄的象征而怀素的大草被形容为浪漫主义的癫狂?书写速度的追求突然神奇地向美学一跃,书法诞生了。文字符号严格规定了一笔一划的位置和稳固的结构之后,书法再度打开一个特殊的美学空间。一首唐诗一首宋词,规范的文字符号只有一种写法,可是,笔墨纸张的加入重新让这种写法千变万化。这个美学空间的意义不是另行颁布一套森严的书写规范,而是另行颁布一副起伏的心情。

许多人将书法比拟为一个人的脸面。我想,比拟为一个人的表情是不是更好一些?个人无法掌控脸面的五官形态,他的气质流露于脸面的神态、笑容和眼神。书法就是搁在笔墨里的气质。一张娟秀的小楷,气若幽兰;两根立柱悬挂一副对联,肃穆坦荡;一幅汹涌的草书如同倾囊而出,尽情尽意;墨汁淋漓的一个"龙"字,却是按捺不住的跋扈与嚣张；大将军的手书梗直磊落，不拘小节；出家人的便条稀稀落落的几行，清冷而寂寥；总之，脸面的表情含不尽之意，一幅字也免不了透露出个人的心胸。

董桥形容台静农的字"高雅周到，放浪而不失分寸，许多地方固执的可爱，却永远去不掉那几分寂寞的神态"。然后他又说："沈尹默的字有亭台楼阁的气息；鲁迅的字完全适合摊在文人纪念馆里……"台静农曾经得到沈尹默的指导，同时与鲁迅交往密切。陈独秀曾经在他人家中见到沈尹默的一个条幅。他径直拜会沈，直率地告知那个条幅上的字俗气得很；沈尹默不以为忤，而是重振旗鼓，勤学苦练，继而卓尔成家。卓尔成家之后，沈尹默的书法还是清雅秀媚。台静农的书法也有秀媚之意，同时又含了些倔强的意味。我觉得鲁迅还是与众不同。他在《〈呐喊〉自序》之中说，有一段时间曾经在绍兴会馆的破屋里钞古碑，屋子外面的槐树上缢死过一个女人。钞古碑大约是整理金石文字和石刻画像，这肯定影响了他的书法趣味。鲁迅的书法浑朴安详，有些满不在乎的气度，总之，看不出讨好或者取悦于人的神情。或许多少得承认，这些人物的人品与他们的书法之间存在某种暗示，怂恿人们产生相近的联想。这不奇怪，笔墨与胸臆的关系是书法的首要主题。"苏、黄、米、蔡"是众所周知的宋代四大书法家。"蔡"所指何人历来有争议。一些人认为当为蔡京，他的书法"姿媚豪健，痛快沉着"。然而，蔡京是一个奸臣，多数人宁愿将这个称号赠给他的堂兄蔡襄——后者当然也是一手好字。蔡京与蔡襄均是闽籍老乡。近代另一个闽籍老乡郑孝胥的字也很好，而且是诗坛领袖，身后有一批号为"同光体"的诗人。可是，郑孝胥跟随溥仪大老远跑到东北当起了汉奸。书法和诗名挣来的荣誉远远无法弥补人品的亏欠，身败名裂。

通常的观点认为，一手好字至少必须匀称丰润，亭亭玉立，但是，"秀媚"往往是一种危险的书法趣味，稍稍偏了些分寸就会遭人鄙视乃至耻笑。清代赵之谦的字在汉魏北碑之中锤炼过，然而，笔划之间的修饰因素略多一些，力倡碑学的康有为颇为不喜。一些人觉得赵之谦的字不够古朴厚重，"仪态百变，故有妍美之致"。看到此说，心中不由一凛。古代的多数书生低眉顺眼，规规矩矩的"馆阁体"正好。然而，为人已经毕恭毕敬，笔墨之间无妨随意自在，不必再装女儿态搔首弄姿地邀宠。对于书法家，傅山"宁拙毋巧，宁丑毋媚，宁支离毋轻滑，宁直率毋安排"是必要的告诫。一些书法作品卖力地让每一个字摇曳造型，古代小说的常见形容称作"花枝乱颤"。

墙上一幅行草的作品，一个人抱怨几个字没看懂。我调侃地说，使用电脑屏幕的标准宋体字，那可就好懂了。回答我的是一个白眼。不过，这并非全然调侃。标准宋体字已经完成文字负担的传达任务，书法家为什么还要无事生非，这一笔如此之粗，那一划如此之长，甚至通篇错落跌宕，字字如痴如醉？在我看来，这即是书法秘密的入口之处。行草是另一套表述，行草与标准宋体字的差异恰恰表明了另一种语言的构造方式。这些差异另外说出了什么？

我曾经在《书法漫谈三题》一文之中较为详细地谈过这个观点。说来话长，还是打住。

2021.2.12 正月初一

谈瀛洲
"六十岁学吹打"

一

小时候,常常听阿婆(祖母)用带苏州口音的上海话,说一些江浙地区的俗语,如"六十岁学吹打"。这话的意思,按我的理解,是笑人做某事起步太晚的意思。我现在到了五十五岁,才来安福路的老房子办我的第一个摄影展"花影",也有些"六十岁学吹打"的意思了,虽然离六十岁还差着五年。

"到了这个年龄,再来办摄影展,到底有没有意思呢?"说实话,刚开始和策展人孙净讨论摄影展的想法的时候,这个疑问曾多次出现在我的内心之中。我甚至还和两个朋友讨论过这个问题,记得他们当时还是相当鼓励我的。现在展览也办起来了,那么我对这个问题的答案是什么呢?

是"有意思"。单从它让我拍了更多的照也拍得更认真,和写了更多文章这两点来说,办这个展就有意思。任何能够让我们更多地"生活"的事,都值得做。我所说的"生活",指的不是重复去做那些自己已经习惯去做的一成不变的事,而是指去尝试新鲜的事、获得前所未有的体验,和对自己提出新的挑战。

二

"年龄只是一个数字",我觉得这是一种矫情的说法。年龄当然不仅仅是一个数字,它是实实在在地反映在你的体力、脑力、阅历、学习能力和审美水平上的。我曾经是一个精力很好的人,35岁之前成天看书写作没有问题。但现在就不行了。阅读速度也明显减慢,但我发现理解能力明显提高了。以前年轻的时候看不懂的东西,现在能够看懂了。以前看不出门道的东西,现在能看出些门道了。我的职业是教授英语和英语文学。因为不断在学习和教授英语,我发现即便到了五十多岁,我的英语听、说、读、写能力还在不断提高。由此悟到一样事情只要不断在做,就必然会不断有所提高。

摄影也是如此。在我这个年龄对学习新的东西常常会有抵触感,尤其是学习和数码与机械有关的东西,我毕竟是个文科生——所以学习摄影对我来说特别有挑战。但另一方面,我又觉得我在学习摄影时更有悟性了。

多年来看画展、摄影展,出国时每到一地都看各种博物馆的习惯,培养了我的审美眼光。学习摄影和学习文学一样,有它的经典书目,那就是大师们的摄影集。这些摄影集为数很多,有些可以买来仔细研究,有些可以在B站上看看——B站上有许多关于摄影的视频,有些就是把大师摄影用视频的形式一张张呈现出来,效果跟翻书差不多。还有一些理论书籍,比如罗兰·巴特的,苏珊·桑塔格的,也陆续找来看了。

当然,最主要的还是要真的去拍,去实践。不然,你大师摄影看得再多,也不会拍照。就像你大师作品读得再多,如果不去写作,也永远成不了作家一样。

三

说起摄影,其实我很早就有兴趣。前段整理藏书,还找出几本《摄影基础知识》之类的书籍,都是我十几岁的时候收藏着的。当时家里有一台海鸥牌120相机,仿禄莱那种双反相机。我爸有时候会给我们拍照。他对摄影挺有兴趣,但拍得不多。当时我就觉得用这相机拍照挺麻烦,曝光只能靠自己毛估估,比如晴天,光圈该用多少;阴天,光圈又该用多少等等。(测光表什么的不是当时普通摄影者拥有的设备。)而且拍成什么样也不能马上知道,要等胶片冲洗出来的时候才能知道。

后来1987年的时候从美国做交换生回来,就用课余打工的钱买了一台有自动测光系统的理光胶片相机,价格要2 000多元人民币。当时大学生刚毕业一个月工资还不到100元,所以这台相机绝对是个奢侈品。家里的相册中,迄今还有我为同学们在四年级毕业时拍的许多留念彩照,曝光既没有过也没有不及,而是正正好好,都是我用这台有自动测光系统的理光相机拍的照。

但我用这台昂贵的相机拍的照片却不多。为什么呢?胶片太贵。

青年时代的我,没有太多的余钱花在买胶片上。

等到年近四十,有点余钱的时候,又买过一个尼康胶片机。那时候的相机,一般都有自动测光系统了。那时我去云南、西藏旅游,拿它拍过不少风光照。当然和专业摄影师相比,是拍得很少了,但家里那个放照片和胶片的小柜子已经塞得满满的,而且潽出来了。所以,最终用那台尼康胶片机拍的照,也不是很多。

像用胶片拍而且拍得很多的荒木经惟,就遇上了胶片管理的问题。有的胶片找不到了,有的胶片因为收藏不善而老化、腐坏了。当然,他是个什么都能利用的人,就用腐坏的胶片印出了一批照片,也成了艺术品。

数码摄影对我来说是很大的福音。有些传统主义者,坚持说胶片摄影有种种数码摄影所不能及的优点,但又语焉不详。我觉得他们只是怀旧,和对一种老的、自己已经习惯了的摄影技术有所依恋而已,并没什么道理在内。而且用胶片拍了照,最终底片还要拿去用昂贵的高级扫描仪扫描成数码图片,我觉得这显然是多此一举。

买了数码相机开始给植物拍照,是从2005年开始。先是用半画幅的后来又是全画幅的尼康,镜头也买了好几种,最终确定只有105毫米和60毫米焦距的微距镜,才是最适合我拍植物的镜头。用手机也拍得很多,从HTC用到华为。但也要过好几年,才找到自己的风格与相配合的一些技巧。

从2012年开始,觉得自己拍的照片中有些可以选出来看看的了。这次"花影"展所选的最早一张照片,是2015年拍的一张红花石蒜(也叫彼岸花、曼殊沙华)。之后的每一年也不过选两三张照片。2016年的一张也没选。其实可以选更多照片,但因为展览空间所限,多了也放不下。2020年底和2021年初,因为知道会有这个展,起劲地拍了许多照片,从中也选出一些。

数码摄影的一大好处,是拍好一张马上就可以在液晶屏上看效果,不满意马上就可以调整,在这过程中慢慢摸索、提高,对学习摄影技巧、提高摄影水平特别有帮助。不像胶片摄影要经过漫长的冲印过程,等照片印出来后发现拍得不好,拍摄对象早已不在了,也无法改进了。

数码摄影的第二大好处就是降低成本,减少浪费,也方便分类与储存照片。

所以,我觉得我到现在才来办摄影展也是有原因的。对摄影的兴趣,其实贯穿我的各年龄段,但之前总是缺少点契机让它成长、壮大。到了现在这个时代,适合我的摄影技术成熟了,并且能以我支付得起的价格买到了。它也和我的生活和生命融合到一定程度了,终于可以爆发和开花了。

见春(铁筷子)

雍容
丹青可久，雅道斯存

待这个夏天过去，九月我儿就要入学——所谓人生忧患读书始，我对他即将开启漫长的马拉松行程忧心忡忡。我担忧的不是他没有做好入学的准备，而是自己从事教育工作，对这个系统目前种种弊端清楚不过。我担忧他陷入作业鏖战而损毁对学习的初心——眼下，学习对他就是一件好玩的事情——还担忧他能否拥有充足的睡眠、健全的体魄和快乐的心灵。未来我必尽可能去保护这一切。

晚间翻看他近期涂鸦，心想，所谓学前教育，大概没有比画画性价比更高的吧，真乃普通人家孩子的福祉。马术、高尔夫、花滑之类，就不用想了；即使钢琴这种大众玩法，既受限于天赋，又受制于金钱，投入巨大，能练出来的却万中无一。看着朋友家的天才少年，我早就把期望放得低低，觉得能给他未来增加一种自娱自乐乃至消解郁结的技能，就已经万分满足。

至于语数英之类，只堪为"打底"，连技能都说不上的。于是带来最大惊喜的反倒是画画。

说画画性价比高，因为孩子天然就有以涂鸦自我表达的欲望，门槛最低，抵触最小。一张纸，一支笔，就能满足最基本的投入。他很小我就给他手指画颜料，无如这孩子天生好洁，几个月大喂食，若不小心蹭一点在脸上，他擦得比大人都快。由此始终不肯用手接触食物。别的家长担心孩子自主进食胡天海地而宁可喂饭，我却是百般劝诱都被高冷拒绝，导致我一肚子先进育儿理念无从施展，这问题一直拖到进了幼儿园才解决。可想而知，手指画的尝试同样被挫败。接着我发现这孩子不喜欢蜡笔油画棒之类更适合小儿抓握的工具，或者说他就不喜欢一切硬笔头。他手指精细动作发展不快，控笔能力自然欠佳，用掌心攥笔的习惯延续了很久。

有一天，我塞给他一支秀丽笔，因为我忽然记起爷爷以前就是拿一支可以注墨的毛笔教我描红，我入学之前就能悬腕习帖，写得端正了。可惜后来没有坚持。但这是我印象深刻的幼年温馨场景之一。意外的，我儿也非常喜欢，他控制软笔比油画棒顺当。他日常跟着我父亲游戏，父亲写字画画的时候，他也站在桌边。有时父亲逗他，把毛笔塞给他，他毫不客气抓过来就豪迈地晕染。我抓拍了若干照片，亲友都为之粲然。那时候他就一两岁吧。这种耳濡目染，大约就是初步的启蒙了。

入园了。我选择幼儿园的标准，不在"双语""国际"，只因这家幼儿园离家最近，而且运动场就是个漂亮小花园，户外活动时间多，对孩子健康有益。慢慢我觉得他们的最大优点是：很会玩。特别是体育和美育。比如孩子们每天都要"画"一张"日记"，老师写下来他们画了什么，并且鼓励他们口述分享自己日记内容，如是三年。美术课老师领着做各种创意装置,并且从来不烦家长——有些幼儿园所谓儿童美术或者手工作品,无非是借家长之手罢了——如今想想,这些课程对他审美的培养,起了很大作用。

有次带他试听英语课程,其间有段小朋友自由活动时间,孩子们画画、拼搭,家长围观、闲聊。我和老师沟通时离开了一会儿,再进去时,一位看着精神矍铄的老太太主动和我聊起来,大赞我儿,说他拿笔姿势很好了。我困惑,说我觉得他手部肌肉力量还不够,暂时没有训练呢。老太太说,她以前是幼儿园老师,她一看就知道那些孩子里面,我娃控笔最自如。而且语言表达等各方面都很好。她觉得我儿的智能发育,能比她同月龄的孙女超出半岁距离。我感谢她的谬赞,但是暗地里不同意她说的得早点练好握笔。这事情上我是信奉顺势而为、水到渠成的。

不过,四岁左右,他对涂鸦的兴趣降到谷底。我注意到连幼儿园的日记也变成了线条、数字和字符。他常常在一张纸片上密密麻麻写满各种数字,我完全无法理解这种单调刻板的书写行动为什么能给他带来乐趣,但也都随着他。他依旧偏爱秀丽笔。有一次我突发奇想,用电脑打印了一张字帖,内容是他背过的诗歌,他很感兴趣,我把他写字的照片和写的字的照片发出来,亲友点赞。我笑说那并非规范地写出来的,和他两岁时画画一样,唬人卖萌而已。此时他的手指力量,仍然不足以正确控笔。我偶一为之,逗他也逗自己开心罢了。

他依旧乐此不疲涂抹数字和乱糟糟的符号。父亲不时感慨:这孩子以后应该会写字,但估计不会画画了吧。

去年六月底,饱受病痛折磨的父亲与世长辞。他走之前那段日子,我儿是他最大的快乐和安慰了。送走父亲,我情绪消沉,总是恍惚听到他的声咳足音,设想种种未能实现的挽救他生命的可能。八月里,我无意间看到网上一个水粉课程。心想孩子若是不喜欢,也不算什么损失。随材送到,第一课即是枇杷。他并无抗拒,拿来就画,画完我悚然一惊,这是国画典型的倒三角构图,他操起海绵刷调出来的颜色大胆又饱满,虽然是水粉,却是国画的趣味。而他,从没有学过呀……

这课程自由度很大,同样老师教导下,孩子的画作大不相同。我是见过其余孩子的作品的。

然后就一发不可收拾。几个月内他连续画了九十幅,起初是以一天一幅的速度,后面难度加大,又有其余功课,时间不够,就稀疏了些,但也完结了全部。他的表现令我惊讶。特别是他对色彩的运用。课程随材只提供了三原色和黑白颜料,他能自己调出丰富的色调。我尤喜一幅梅花图,又是水粉笔触而有国画意境,梅树后环形晕染,仿佛落下的花瓣被吸入了春日漩涡一般,让我想起定庵《西郊落花歌》来。他还不时起兴,自行"创作"。有一日我看到一幅蓝天白云彩虹和爬山小人,问画的什么,他说是"望庐山瀑布"。细看才发现他用银灰色珠光笔在水粉上覆盖了一层高处而下的水流。我心想,是不是每个小朋友来到世间,就携带了一个隐藏天赋技能点的匣子,只有在合适机缘、用合适钥匙,才会轰然开启?我又给他加了国画课程,接下去也许来个油画?

我和母亲相顾唏嘘:就差这么几个月……倘若父亲能亲眼见到他的画,该多么欣喜啊。

我还由此悟出了一个道理。起初我总纠结于他有没有遵循老师指引,画得"像不像",但是他偏多自由发挥——有些是力有不逮,有些却是刻意为之。我在旁边看着，总忍不住要出言干涉，有时甚至气急败坏。但渐渐醒悟到要遏制自己这追求"正确"的教师职业病。我发现他虽然和老师画得"不像"，但再看几眼，就觉得他处理得并不坏，另有一番趣味。放下执念，我索性闪过一边，随他发挥，暗搓搓期待、揣度他拿出什么成品来，等到画完再来享受拆盲盒一般的乐趣。

这并非彻底撒手。他画国画遇到了比水粉更多的难题。一来水粉的画材比毛笔宣纸更好控制，二来国画的水墨趣味这年龄幼儿不免隔膜，三来，水粉容易覆盖纠错，国画却须一笔成型。他偏生是个完美主义者，一旦画坏了就会暴走。这种时候我只能及时蹿出来，安抚、哄骗乃至弹压，才能让他重新回到画桌前，耐着性子完成。所以说，画画也是一件磨性子的工程呀。

当然，此刻所谓"画得好"，仍然没有超出幼儿涂鸦的范畴。任何技能想要从兴趣晋升专精，都需要经过漫长、枯燥而艰苦的磨练。但我也并不着急。我问过从事美育的同窗，她说小朋友正规训练至少得三四年级才开始，太早着手，揠苗助长，反而扼杀兴趣，戕损灵性，此时让他开心涂鸦就行。有她这句话，我就放心比照他其余学习任务一样继续广撒网、慢捕鱼好了。

写完这段文字，不由得想起多年前一个学生。

那孩子家境甚好，本地某海湾旁边的一座大酒店是他家产业之一。但他的高中生活，却并不快乐。一是学业压力，二是他的鼻炎。

我执教的学校，富二代什么的都有，我对学生家庭背景也不关心。这些学生倒是大抵低调内敛，并不（起码在我看起来并不）以家境傲人。说到底还是学业为王。他成绩普通，有时我和他谈话，他都会紧张得一直吸气。直到有一次和家长接触，我才知道他有严重鼻窦炎，母亲带他去外地做了手术，情况并没有缓解，他依旧时常申诉不适，但去医院又查不出什么。我多少和家长一样，觉得可能是心理压力导致。直到他毕业以后，某次看到一条恶性新闻的报道，我知道了一个名词叫"空鼻症"，和他情况相符，不由得十分怜惜：这真是不为外人理解的痛苦。

另一件让我对他十分怜惜的事情是，他母亲待人彬彬有礼，家族兄弟们在外圈地，妯娌们守着本土经营，看着就是一位女强人。然而她和我谈得最多的却是她父亲，一位文化人，在动乱年代的遭遇，和她年轻时未能深造的遗憾。她还和我说，这孩子小时候最喜欢画画，画得可好看了。但是初中以后，时间紧张，只能强迫他舍弃，专注学业。

我惊讶而不免腹诽，为何要强行掐断他的爱好呢？所谓读书上进，不过是对普通人家子弟的要求，所谓一代理工狗，二代法律金融，三代文史哲艺嘛。钱多到可以雇佣清北毕业生打工，何苦这么看不开……若是我这么有钱，只要是正当爱好，一切顺遂孩子心愿何妨。

当然，这是没钱的教书匠的幼稚想头。他母亲对家族继承人的要求和对她父亲的怀念，让她必然把沉甸甸的希望放在孩子身上。

后来他上了一所普通大学。有次带朋友去某湾玩，忽然记起可不就是他家产业，打电话让他帮我安排了酒店房间打了个折。见到他，已经俨然继承人一枚了。恼人的后青春期过去，他看起来挺好的。我心里有点冲动，想问问他，鼻子好了吗？现在还画画吗？但终究没有问。

多年后我有了孩子，看着他学画，想着我于书法绘画只有鉴赏之能而无创作之力，倒是他未来有几分继承家风的可能。我不由又想起了那个学生。我很愧疚己身不过一草根，做不到让我儿摆脱所谓读书上进的羁绊，必得老老实实走这条艰辛的道路，而不能放飞他的自由。为了他的自立，只能如此。惟望他负重前行之余，还能多保留点兴趣和热忱吧。

孙郁
昆曲小识

我来京工作后,才第一次在剧院接触了昆曲。大概是上世纪八十年代末,记得是在中山公园礼堂,洪雪飞演的折子戏《断桥》,缓缓的旋律中,音旨微婉,好像被引入古人的画中。此前在电影里看过一次昆剧《十五贯》,印象深的是故事,而舞与曲,都不大懂,只觉得是南方人的雅调,这类旧戏,是古风的一种,要欣赏它的美,需要有个慢慢的适应过程。

我们这代人,多是因为看了电影《十五贯》才开始知道昆曲艺术的。说起《十五贯》,不能不提黄源先生。他对于此剧的推广,功莫大焉。我和黄先生有过一点接触,但对于他的了解很浅。1991年筹备鲁迅纪念会,黄源先生从杭州来京,忙于会务的我,趁机向他请教过几个问题。因为那时候正是思想活跃的年代,黄源被视为老派人物,青年人与他有点隔膜。那次会议后,和他的交往很少。最初对于他的了解,十分模糊,只知道除了与鲁迅关系较好外,最大的功绩是在五十年代救活了昆曲。黄先生去世后,我很后悔没有和他多一些接触,曾到杭州见到了他的老伴巴一熔,想为鲁迅博物馆征集先生的遗稿。在这个过程中,看了许多旧物,先生的生平才清楚起来。

我的同事张一帆来自杭州,有一次聊起昆曲,席间谈到了黄源,没想到他对老先生解之很深。张一帆是戏剧研究专家,深味艺林掌故,仿佛是为戏剧而生的人。他的课很受学生欢迎,大概也是浑身有戏的缘故。近日读到他的新作《一出戏怎样救活了一个剧种——昆剧〈十五贯〉改编演出始末》,忽让我想起诸多往事,过去一些模糊的片段渐渐清晰了。这是一本有趣的书,围绕《十五贯》诞生的前前后后,写活了梨园里的一段历史。此书关于黄源的部分,颇为难得,彼时的政治环境与文化生态,都在变化,在缝隙中,黄源嗅出了时代的另一种气味,看到了戏剧改革的可能,便做了件惊动文坛的大事。

昆曲这门古老的艺术,到了民国期间,就已经衰微,张中行《韩世昌》一文,就描写过当年北平昆剧演出过程的清冷之景。喜欢这个剧种的,总还是少数。新文学中人,欣赏昆曲的人有多位,叶圣陶、顾随都对于这古老的艺术很熟悉,拍曲之乐,与文字之趣是相互交织着的。这种趣味也说明,士大夫的遗风与大众之心,总有些距离。

不过,民间的情况则是另一个样子,看张一帆的书才知道,在知识群落之外,流浪中的艺术家曾以顽强的方式支撑着昆曲。民国时,朱国梁与国风社在风雨飘摇之日,起旧音于新时,将昆腔活了起来。齐如山曾叹昆曲的衰落与创新不够有关,但我们看朱国梁与国风社的选择,是有烟火气的,且又保持了古老艺术的基本品质。虽然"跑码头"中消耗了诸多精力,但也深知百姓需要什么,自己的使命在哪里。在动荡年代还能不忘责任,歌舞中也多感时忧世之思。昆曲本是雅的艺术,但朱国梁却使其再现了活力,诗文妙意与世间冷暖悉存,难怪黄源第一次看到《十五贯》便被吸引,在古老的笛声里真能听出今人的心跳,那是让人感动的。

1950年,黄源任华东军政委员会文化部副部长,五年后任浙江省文化局局长。他开始注意昆剧《十五贯》,是在1955年年底。作为鲁迅的学生,不仅译过大量域外文学作品,其实对于国故也颇多趣味。他知道,江南丰富的戏剧遗产,可利用者多多,以何种方式激活旧的艺术,是有学问的。张一帆梳理《十五贯》的出现与昆剧的复活,不仅还原了一段历史,也礼赞了黄源等人的推陈出新的精神,其中史料中的风景不乏美学亮点。从剧本演变过程,和大众接受史,可以看出经典传播的不易。黄源为推出昆剧新作不遗余力,也由于他,一个地方院团的作品,遂红遍了天下。

先前的昆曲是士大夫的梦幻,有点像江南园林,石径缠风中,水木泛光。顺着那些形影,当可感受到浮世之彩,真幻之声。吴梅先生的研究,让我们知道了昆曲的要义,他的弟子韩世昌将曲与剧完美地结合,出出进进中,复活了某些音律。这期间有许多人物值得感念,如俞振飞先生就在创作中,风情种种,沿月踏风中,再现了古诗境界。他因为《十五贯》的成功而对昆曲的发展有了信心,在后来的普及与提高中,给艺林带来不少美谈。与俞振飞这样的艺术家不同,近来有的作家对于昆曲也颇多感情,白先勇倾力打造《牡丹亭》,有别样的寄托,小说家借着丝竹之音,追溯着故国之情,意义已经溢出了梨园,复兴旧戏的情思中,保留了艺林的一湾清纯。

一个古老剧种能因一出剧而复活,在戏剧史上可谓佳话。张一帆认为要从天时与地利、人和中看艺术在文化生态的变化,这是对的。入此径者,当有悟道之乐。五四之后,新文化冲击了某些传统,许多老艺术渐渐退出舞台。但一些真正的新文化人，对于老的遗存，不都是无视的。田汉话剧写作中的京剧元素，老舍对于戏曲形式的借用，曹禺笔下的梨园旧影，都颇有意味。而像郑振铎、阿英对于旧遗产的保护，都非彼时的遗老遗少可比。他们在一个大时代，以新文化精神，唤出被掩埋的世界里的精魂，也丰富了艺术的语境。新文学家与旧戏的关系，说起来可以写一本厚厚的书。白先勇的选择，当不是最后的遗响，相信这条路上的人，总会不断的。

在新文学作家中，对于昆曲体味最深的，大概是俞平伯。俞先生是懂得曲学的，他关于昆曲的理解，也带有五四新文化人的视角，言及元曲与近代昆剧，都有贴心之论。先生之于昆曲，仿佛也像赏析古文，注重的是其间滋味。与黄源这种革命者比，文字过于安静。他既肯定《十五贯》的创新，但也有保留意见，以为有些删改伤了元气。在新旧之间，旧的成分要多一点。相比起来，俞平伯更欣赏俞振飞的气质，彼此的相知，从他的《〈振飞曲谱〉序》中可见一二。

但俞先生的自我吟哦，知音能有多少，确是一个问题。常看到一些文章谈及那代人的拍曲之趣，觉得是象牙塔的高贵，与人间苦乐渐远。细想一下，那些亭台与书房间的雅音普及起来殊难，昆曲的寂寞也是自然的。看了张一帆的研究，更喜欢的是朱国梁这样在苦水里泡过，在风中穿过的艺人，辗转于危难中人对于苍生有彻骨的体验，他们于古音得到元气，在现实里呼应了传统，身体的热度辐射到了广大的世间。《十五贯》这样的精品当年走红，仰仗的就是艺术家们的慧能，与执着的审美理想。朱国梁遇到黄源，乃一幸也。黄源深味了时代精神，助力激活了古老的遗产，亦一幸也。说到根本，他们都站在古今的连接点上，又在大众的一边，大众的土壤深，艺术之树就绿了。

沈次农
沉思

《沉思》在国内一直是知名度最高的小提琴曲,很少有哪部作品能与之一争高下。《沉思》的出名还连带安妮-索菲·穆特。也有人说是穆特把《沉思》带给我们。这无所谓。反正,穆特与《沉思》,像双胞胎一样,几乎同时出现在很多人面前,还没法分开。

但穆特拉琴不煽情。从这点说,《沉思》比她拉得优美的大有人在。只是穆特已被奉为乐坛女神。多数乐迷认为女神的演奏没有不完美的,所以《沉思》也当然完美。

但很多人没注意,在乐谱或唱片目录上,曲名之后,往往带一条小尾巴:"From《Thais》"——来自《泰伊斯》。《泰伊斯》是法国作曲家马斯涅的歌剧。马斯涅写过许多歌剧,但流传到今天仅此一部,还极少上演。而这一部歌剧或许也是因为"沉思"才得以传诵至今。

马斯涅的歌剧多半在于人性描摹,他最优美的音乐都是为女声而写的,这是题外话了。虽然那个时候瓦格纳已经在德国雄起,但法国作曲家依然陶醉在"欧洲文化中心"的往日地位。他们的歌剧仍然描绘爱情。无论剧情故事还是音乐,都以抒情见长,温文尔雅,如古诺的《罗密欧与朱丽叶》,圣-桑的《参孙与达利拉》。优雅华美是他们的一致追求。比才的《卡门》有走私贩毒妒忌凶杀,充满仇恨凶险,却也满场都是华美旋律。

我知道《沉思》,是从一份小提琴乐谱开始。那还是开盘带时代。"文革"后期,一些原来的"四旧"又开始悄悄复活。听古典音乐就是其中之一。但当时身居中缅边境小城,即使开盘带也少得可怜。在没有音乐会、没有电台节目、没有唱片磁带的地方,我的面前只有一份乐谱。这份乐谱是我从我的小提琴老师那里抄来的。我的小提琴老师其实也是业余拉琴,职业是会计师,新加坡华人。他把自己从小在新加坡学到的小提琴爱好带到了这个边疆小城,把《沉思》带给了我。

那时乐谱全凭自己手抄,练习曲也一样。我从来没有为自己这么艰苦的学音乐环境有过任何抱怨,反而为自己能偶尔从老师那抄到一些乐曲而窃喜。抄《沉思》的时候,工工整整地,包括标题下的小字"From《Thais》",虽然不知是什么意思,照抄。像抄谱子上的表情术语,像圣徒抄《圣经》一样,虔敬恭顺,不敢疏漏。

乐曲早就拉得滚瓜烂熟,那行小字还在,但仍不知是什么意思。后来在上海听到电台播音员报"选自歌剧《泰伊斯》"时,才明白原来是法国作曲家的歌剧音乐。

就这一点信息,从不知到知,毛估估跨时将近十年。不是我笨,实在那时是一个资讯全无的时代。

后来唱片也有了,音乐会上也经常听到了。《沉思》于我,就像从小读的"床前明月光",已经滚瓜烂熟,可以翻篇了。

岂料前不久第一次看歌剧电影《泰伊斯》,却忽然发现,原来从前对"沉思"的种种了解,仅是皮毛啊。

以前从唱片听音乐,觉得《沉思》旋律优美动人,把它当成一首唯美主义乐曲。也知道剧情是一位基督教牧师,在拯救美艳名妓泰伊斯回归上帝的过程中,反被美色所惑而不能自拔的故事。

《沉思》在歌剧中是以"间奏曲"的形式出现。间奏曲在歌剧中是幕与幕之间演奏的音乐,多给人有"间插"的意思,让剧情紧张的叙述来一个间隙,一个呼吸,在音乐上并不一定要与前后有呼应。

而《沉思》恰恰不是。

《沉思》是第二幕第一场与第二场中间的间奏曲,由乐队首席小提琴演奏。在这之前,《沉思》的旋律没有出现过。

如果在这个幕间听《沉思》,或许我们还是会认为这只是一段优美音乐。在乐队首席拉完《沉思》全曲后,剧场内的听众会报以热烈掌声以示对独奏的赞美。但是当接下来舞台上继续沿着剧情进行下去的时候,我注意到,每当牧师与泰伊斯进行一次对话时,每当泰伊斯在天国与尘世之间反复挣扎犹豫时,"沉思"的旋律便响了起来。

当我们看着剧情听音乐时,我们很快便领悟了——那是她在纠结时想到了上帝。

这不是一般意义上的优美旋律。"沉思"旋律在这个时候,忽然升华为飘在天顶之上的遥远的召唤。那就是上帝在呼唤。音乐光辉灿烂,就像金光灿灿的阳光忽然照向舞台,照在泰伊斯身上。这时的配器已经不是小提琴独奏,而常常是整个乐队的全奏。而不管是哪些乐器,当"沉思"的主题出现,上帝的光芒就直射而下。一遍又一遍,"沉思"的主题几乎挤走了其他所有主题,成为下半部分的主旋律,一遍又一遍地重复,直至曲终。

我忽然明白:我平时听的都是唱片,是没有舞台表演,没有剧情进行的音乐。我听到的只是歌剧的伴奏部分,只是歌剧的一半内容。而现在我明明在音乐中听到了灿烂光辉。我竟然还以为自己对《沉思》早已了如指掌。

想起从前有一位法语教授前辈,在大半辈子学非所用后,终于在上世纪七十年代末、自己行将退休时,读到了小仲马的法语原版小说《茶花女》。老先生为法语原著中的优美文采赞叹不已,因身边无人能懂法语,自己内心的宝贵收获也就无法与人分享,却又按捺不住内心喜悦,以致我几次登门拜访时,每次他都对我提及。

我并不懂法语,只是对他的欣喜表示理解。我们读到的《茶花女》,都是经过翻译的中文版。如果能读到傅雷的翻译,已经觉得很荣幸、至高无上了。而老先生却已经明白,读了法文原著,才真正理解为什么这是世界名著。

现在回想起来,也亏得他多次提及,才让我记忆至今。

有时候,一首曲子,一本书,对文化人的内心震慑,是很难让旁人理解的。按现在的说法,是很私密的。

辑

陈思呈
春天里最轻盈的树

一

我想趁三月去趟乡下。

这个时间,春天刚开始,一切最新鲜,最忙碌。地里每一天的样子都有变化,人们每天每个小时不想浪费。再晚一些,虽然闻说双溪春尚好,也拟泛轻舟,但已经可以泛舟了,就是从争分夺秒的劳作中放松下来,开始欣赏和休闲了。那已经是花开到最大,月到最圆,不是我要的时刻。

于是我坐着朋友的顺风车,到海边的一个村子去。这是粤西茂名市电白区博贺镇的新沟村。

之前去过海南的乡村和广西的涠洲岛,每个村子里都有标志性景观:大树下每每横拉着一张吊床。新沟村也一样。它们之于海边的村庄,正如功夫茶具之于潮汕乡村。它们以摇晃带来安定,以狭窄奉献一个宽广的午睡。

但,同样是海边,去过多次的福建崇武乡村就没见过一张吊床。这说明什么呢?

首先说明吊床并不是海边村庄的标配,只是炎热天气的标配。其次说明崇武的海边没有粤西南的海边那么多的树。

新沟村的树很多,为那一张张的吊床提供了建筑基础。靠海处是防护林,村子内部,屋前屋后是各种果树,菠萝蜜、柚子树。柚子树是寻香遇到的,初则不敢相认,因为跟常见的沙田柚长得不一样,沙田柚是锥形,这种是纯圆形,个头小一点。

后来知道当地人叫它"甘抱",粤西一带的农村很多。但不好吃,苦涩少汁且多核。它只有几个作用:咳嗽时,剥一个蒸熟可止咳;中秋时,把柚皮削成长条状挂门口;遇霉运时,摘它的叶子来洗澡。

比柚树更好看的是黄槿树。

根据经验,叶子大的树风姿就没那么绰约,因为线条感没那么细腻。而且叶子大的树还往往稀疏,好像叶子一大就降低了自我要求。而且叶子大又必然容易破损,破损加上稀疏,实在很消沉。

但黄槿是个例外,它的叶子茂盛,张张完整,叠加在一起就是叶的平方,叶的立方,叶的数次方……

学植物的朋友告诉我,黄槿的原生环境就在华南地区的海岛、海岸和河口,都是一些盐度比较高的地方。按我的理解,这种树重口味,吃得咸一点。

但他又说,这种树的根系细胞对渗透压的适应性高,所以在内陆环境也能长得很好。那么说明它未必喜欢吃得咸,只是适应力强,吸收它需要的那一部分,对盐碱环境不挑剔。

黄槿树下的土壤还布满了贝壳。这真的是海边村庄才能见到的情形：枝头密集的树叶、脚下密集的贝壳，场景让人喜悦，虽然不能明确知道在喜悦着什么。

二

不过，我今天想说的，既不是柚子树，也不是黄槿树。我想说苦楝树。

那才是村子里最多的树。

也是一路上见得最多的树。

苦楝树本来就不是罕见的树。

中学时候，有个女同学对我说，她最喜欢的树是苦楝树，因为，苦楝就是"苦恋"。因为名字爱上一棵树并不奇怪，还会因为名字爱上一个地方，比如兰溪。

你的苦，正是旁观者的甜。海子说，秋天又苦又香，恋爱也又香又苦。所以苦楝树的名字，正靠这个苦字，一苦，意境全出。

当然，苦楝树也确实非常美。细碎的小紫花弥漫在枝头，配任何少女心都不逊色。它是世界上最轻盈的树。像安徒生笔下贫穷而美丽的女孩。

苦楝树太常见了。花太碎，而且也常常藏在叶子里，所以它的美丽是容易被忽略的。花色也太浅，几乎好像要在空气里融化掉。它又不成林，不会变成一种景观。

但是，在高速公路的两旁，树丛里如果出现一棵苦楝树，如果是春天，它总是从各种杂树里脱颖而出的。那些淡得像要消失在空气里的花,虽然那么淡,但很难不被注意到啊。它们让整棵树都有种微微离地的感觉,仿佛在上升。

前几年在吾乡乡下认识一个贩卖木材的大叔。他说,大概在1989年,当地一个村砍下来的苦楝树,能装满十辆四轮双缸货车,一车大概八千斤。这只是一个村子的量。

当时的木材生意十分兴盛。人们所有的家具都要自己打,有些人家生了孩子之后,就顺便种下两棵可以做家具的树,到了树成熟时,就卖掉打家具。苦楝树就是首选。

但也不是所有村子都喜欢苦楝树,往西边去的那几条村不欢迎这种树,就因为它的名字里有个"苦"字。

往东边去的村子却很务实。不知是心理强大不信这个邪,还是钱包决定他们没那么多讲究。他们喜欢苦楝树、遍种苦楝树,首先因为它好长。

种子落地就生根,不到十年,就能长成直径二三十公分的大树,整棵大树能有五六百斤,而且这个重量还要考虑到,它的材质轻。

那时候雨鞋还是奢侈品,下雨天人们爱穿木屐,鞋底高,能避水。木屐如果重,穿起来很累。苦楝树的木头是木屐最好的选择,够轻,又结实。

轻大概是因为水分少,在吾乡它还有一个名字叫"行军柴",意思是军队扎营生火的时候,苦楝木会比别的木头好烧,瞬间点燃,方便引火。

海边的渔民会收购苦楝木去做船桨,轻巧又不易变形。

做家具当然是最好的。衣柜、桌椅、床板……

苦楝木还有一个优势是,它的花纹很好看,所以,做家具不但实用,还兼顾了美观。

但是，它并不至于百搭。它随和但不至于圆滑。有一些场合不能迁就。

如果做砧板，它不行，因为木纹扭曲的方式不合适。乌榄树、合欢树、玉兰树都比它合适。

如果做臼槌，它也不行，它虽然结实，但不够硬和重，相思树、龙眼树，都比它更合适。

但作为一棵树，好长，材质好用，又长得美，开花花美，不开花树型也美，劈开来木纹还美，这样一棵树，还能对它提什么要求呢？

已经是树中的标兵，出得厅堂，入得厨房。

唯一有争议性的大概就是名字中那个"苦"字。

三

但是，贩木材的大叔告诉我，最近他把地里的几棵苦楝树弄死了，砍掉了。

他还具体地说了一下弄死的方法。什么先去掉皮，然后怎的，让人不想细听。我愤愤难平的是，别人弄死倒也罢了，他以前就是贩木材的，他最知道这种树的好。

像上面写到的苦楝树的这些好，都是他告诉我的。

现在却亲手弄死它。还几棵。

大叔说，"一时一局"，那时候是好卖没错，那时候一棵苦楝树的木头能卖一千元，在东津那边能有四十多个木工店。现在还有谁要用苦楝木？

并不是名字的问题，就是一时一局。现在都用红木花梨木，再不会有人用苦楝木，砍下来的也只能随它们烂掉。

开花是好看。好看能当饭吃？他反问我，说："要留着白食肥？"意思是，白白占用了土地的养分。而且树叶遮荫的地方，就种不了其他作物，所有的农作物需要日照。

砍了还能省下地方来。省下地方种棵果树，起码能有收成。虽然果树也不好卖。打一整天的橄榄才卖不到一百块钱。但再不好卖，也是个果树，有用。

我从小不是在乡下长大，这是我对乡下的生活总是抱持敬畏的原因。对村民的逻辑，敢怒不敢言。前不久正好看到旅行家保罗·索鲁的书《在中国大地上》，火车经过浙江前往广东时，保罗·索鲁写道：

山上没有能遮荫的树，树荫对于农业国家来说是不必要的奢侈品，它不利于作物的生长。这里的土地只有一个用途，就是生产粮食。粮食从来不会离开中国人的视线。经过农民改造的郊外，已经失去了原有秩序。他们总是能在饥饿的驱使下想出新的点子。

当时我看到这段，还不以为然，中国的乡村没有大树吗？不可能的，这是夸张了的说法。

但是贩柴大叔的说法倒是呼应了保罗·索鲁的观察。如果把他提及的树荫作为一个相对量来理解，这段话也是对的。

四

事情还没完。听到大叔砍掉苦楝换种果树，并不是最让人难受的。更难受的是很多村子把苦楝树（当然还有其他很多树）砍掉后，铺上水泥地,建房子。

我知道只有生活在其中的人有对自己的生活方式的选择权。虽然对此充满了商榷的愿望,但我只是一个春天要到乡下来走一走也要提前计划好久的人。

还是再说新沟村吧。

新沟村村头有很多苦楝树。间插在杂树之间,在鸡舍屋后。按吾乡大叔所说,渔民很喜欢这种树,材质轻又不易变形,做船桨很合适。

听当地的朋友说,小时候,哪个孩子腿脚乏力,蹲下去站不起来,老人就用苦楝树的叶子捣烂了涂在他的膝盖上,从此就好了。

新沟村属于电白区。海边自古居住了疍民,"天公分付水生涯,从小教他踏浪花;煮蟹当粮那识米,缉蕉为布不须纱",听起来很浪漫,实际情形恐怕未必。

穿过村子往海边走去,海边的沙地上建了很多临时的工棚,一家一家的渔民在这里清理渔网。每个人都戴着手套,其中有位大叔的手套很特殊,只套了五个手指,掌心是自由的。这种改良的手套很有创意,既保护手指不被渔网、虾蟹划伤,又能适当透气。

还听说了一件有意思的事情。说清朝顺治年间,就在这里,当时电白县的知县叫相斗南,当了三年知县竟然还没有见到不远处的大海,因为公务太忙了。

三年后他第一次见到大海,震惊坏了,说:"烟水相连,上下蒙蒙,天地间之奇观莫过于观海。"习惯田园和陆地的人,见到这广度和深度都无法想象的水体,就像见到宇宙本身一样恐惧。

疍民的生活也让他很震惊:"海上渔舶横列,以海为田,海滨之人,海佃为生,不耕而食。"面对这些双脚踩踏在水面上而不是地面上的人,以茫茫大海为田的人,知县的心里,想必是极大的空虚和动荡。

不知他和他们之间有过一些什么对话,会谈到生活或者心理更细致的细节吗?或者是像我这样,虽然对戴着创意型手套的大叔很好奇,也因为语言不通而无法交流。

以前觉得"谈笑有鸿儒,往来无白丁"是很高级的生活,现在越来越觉得,还是"开轩面场圃,把酒话桑麻;待到重阳日,还来就菊花"更有信息量。邀我至田家,这其中值得流连和回味的,并不仅是人情味,而是关于每棵树每片园地的知识、讲究和安排。

这也是三月想到乡村看一看的原因吧,我并不只是去看风景。

何频

夹竹桃
—— 南树北移的波折

郑州和北京纬度不同,因而植被与物候多有差异。这平时不显,但经历了今年元月上旬的一场严寒突袭,两地情况马上区别开了。已经是5月份了,北京几度报道,大量的石榴、无花果和竹子受冻厉害,包括北海公园快雪堂玉兰轩西侧的那株老石榴,树枝都干枯了。直到6月8日,好友从北京发微信来——他一直观察着的,海淀区的大石榴活了小半边,零星开红花了。附近开花的,也就这一株。往年这时不同啊,话说"端阳女儿节"的,老北京"自五月一日至五日,饰小闺女,尽态极妍"。有《北平俗曲端阳节》云:"五月端午街前卖神符,女儿节令把雄黄酒沽,樱桃桑葚,粽子五毒,一朵朵似火榴花开瑞树。"不仅城区,就连西山农村,石榴树开花结果挺喜气的,人家栽种颇多。

郑州吧,无花果、石榴和竹子,这三种植物,则完全未受这次冷冻的影响。石榴来到中原很早,《洛阳伽蓝记》说京师寺庙里嘉树美实满园,坊间盛传:"白马甜榴,一实直牛。"白马寺的大石榴七斤重,皇帝尝鲜后复赐后宫,而妃子娘娘也舍不得放开吃,赶紧转送外戚传观。石榴树虽然未受影响,但这次冷冻也给郑州树木留下深深一道伤疤——夹竹桃、橘子树、香樟,还有露天生长的苏铁,这四种常青植物冻伤明显。比较而言,香樟受冻较轻。

芒种正是中原麦收时节,杂树葳蕤浓绿,笼盖四野。城市街巷,蓬勃绿树,如涨潮水。石榴花开了一个多月,大部分花谢结果实了。女贞与北方栾同时发花,女贞浅黄,栾花金黄。水灵灵的红荷花也零星开放。也是6月8日上午,我在郑州北四环的月湖社区,看到院子里有工人登高,在受伤严重的橘子树上,用力挥舞手锯为病树"截肢"。这里橘子树不少,移植在此也好几年了,结的果实也不小,但口味酸涩不堪食。橘子树上边,攀墙的是红木香和披藤蔷薇,树下树周围,乃山茶和茶梅,上接下引,花果树荫甚美。经历这次冻害,山茶、蔷薇都没事,唯独橘子树被冻个半死,每棵树上,吊袋营养液一直挂着,直到盛夏来临,才有新绿错落分布,参差不齐。工人把干枯的大小树枝截下来弃了一地。这个不稀罕,树木移栽,造绿道绿地,总有些苗木不服水土长不好,工人为其"截肢"是正常现象。对此,我也用手机拍照,和老朋友交换浏览,并保存资料。

这些年,各地建设宜居城市大搞绿化,南树北移频频。北方不仅需要各种常青树,还要彩叶树木,增添了许多新的品种,令人眼花缭乱。据我的观察,郑州移植过来的常青树包括灌木,累计有香樟、椤木石楠、小叶石楠、红石楠、铁冬青、广玉兰、柊树、蚊母树、枸骨、八角金盘、江南冬青和阔叶功劳,还有日本女贞、橘子树、山玉兰等等。落叶树也贪的是稀罕的、开花鲜艳的,明显变多的有梅花、乌桕、无患子、枫香、重阳木、七叶树、南紫薇等等。大批南方的常青树到来，前仆后继植绿，成效显著，明显改变了本地冬天和早春时节荒寂空疏的局面，除了松柏类，后来居上的分别是女贞、石楠、桂花、枇杷、香樟、广玉兰、夹竹桃、法国冬青。法国冬青又名日本珊瑚树。这样算起来，恰是八大金刚。也就是新世纪以来，这二十年左右，郑州的植被与四季花木景观因此发生了大变化。

2012年之前，我还年富力强，每年的惊蛰至春分，不时要去南京和苏州看梅花。然后拐到上海稍事休息，在福州路老半斋吃碗刀鱼汁宽汤面，芦蒿马兰头也尝尝鲜再回来。但是最近这十余年免了，郑州以及焦作、开封、洛阳，春梅家族的红梅绿梅白梅，已经开得很好，美不胜收。还记得2003年元宵节才过，我和朋友到苏州看梅花，借宿石路一家客栈，那里距离留园很近，天气湿冷冻彻骨，可是，白天一阵过街风，劈头盖脑而来，顿时打得广玉兰和香樟、竹子哗哗啵啵有声，晴天还有大树深影。郑州那时不行，而现在，每年的元宵节过了，我都要特地在城市主干道花园路和纬四路一带穿行一番，不为别的，就是要听风摇绿树的声响——香樟、女贞、广玉兰的树头上，树枝树叶的婆娑声。一年有两个时段，郑州比苏沪杭江南地区的气温高，一是早春二月，一是芒种端午6月初，江南的气温低于中原。所以，每年3月初辛夷即望春玉兰开花，郑州常常比上海早。实话实说，我这个观察经得起科学检验的。

植物的个性与内涵，同样可以借用"人不可貌相"来比喻。就说广玉兰，清末从美国移植而来，于江南及合肥等地开始栽种。而今日之《燕园草木补》里有广玉兰了——刘华杰说：它是"南方生长的一种常绿乔木，但近些年被反复引进到北京，绝大部分被冻死、被风吹死……清华大学和北京大学在背风处栽活并已开花多年"。也是通过他的朋友圈,我得以知晓广玉兰进京,始于1960年代,1964年就开始移植了。当然,广玉兰这些年在郑州没有问题,已经是主要的景观常青树。竺可桢用竹子、梅花衡量气候变化。他在《物候学》里说:"竹子确是南北物候不同很好的一个标志。"又说:"秦岭在地理上是黄河、长江流域的分水岭,在气候上是温带和亚热带的分界,许多亚热带植物如竹子、茶叶、杉木、柑橘等等统只能在秦岭以南生长,间有例外,只限于一些受到适当地形的庇护而有良好小气候的地方。"我经常半开玩笑说,郑州、焦作隔着黄河,现在俨然变成亚热带了。郑州去年冬天三九严寒,栽竹造景,居然多半成活。我们单位老院里,十多年前,物业嫌绿地草皮养护太浪费水,就用竹子取代了时髦的草皮植绿。竹子移自伏牛山,偌大的一个公共绿地,竹子成活以后基本上靠自然降水,生长很好,小竹子逐渐长成大竹子,似南方毛竹了。素有"太行山下小江南"之称的焦作的博爱县,其《博爱县竹志》,总结两千年栽竹藝竹的历史经验,老家人曰竹子全靠水浇灌园——"竹子是水田,浇水是关键";"头水要早,末水要饱,中水要巧,出笋期要勤、要少"。而郑州现在栽竹,根本不用特别打理,颠覆了我对竹的认知。

有怕冻的橘子树和苏铁,可同样怕冻的,居然有资历很老的夹竹桃——怎么也喂不熟的夹竹桃。

上海淮海中路宋庆龄故居里,有一棵老树夹竹桃,比广玉兰还高。再者,湖北襄阳汉江两边的夹竹桃多老树。这都是我亲见的。和北京、山西等地盆栽夹竹桃不同,郑州和焦作,露天植夹竹桃造景很久了。1980年代开始评市树市花,焦作一开头评上的就是夹竹桃,后来换成月季花了。别看它引种早,比起刻下罕见的喜树、枫香、无患子等等,算是老资格。但是,夹竹桃每遇冬冻严重的年景,就要淘汰一茬。郑州的夹竹桃,包括甘草居,加上我连年追踪观察的,打2008年以来就换了三次。最显眼的是花园路上省群艺馆(现在叫文化馆),向阳花木早逢春的,可是它门前的夹竹桃,不止一次被冻死。对付冻伤的夹竹桃,园艺工人常用的办法是将其斫头——我家隔壁的小公园,春节来后,工人尝试了疏枝的办法,结果不行,后来还是沿袭斫枝砍头的办法,让它憋着再生新枝。我家原来种避邪的白花夹竹桃,中间换成开红花的,树在北窗边算避风较好的地方,但这一次同样被"截肢"了。5月中旬终于开花的,是挨着大夹竹桃的那棵小夹竹桃。明代文人王穉登写有记苏州夏日花草的《咏茉莉》:"章江茉莉贡江兰,夹竹桃花不耐寒。三种尽非吴地有,一年一度买来看。"这说明夹竹桃早在明代就移栽到江南一带了。而四五十年来,夹竹桃在大河两岸露天栽种普遍,白花红花以外,小花夹竹桃也有了,还没有黄花品种。我从1990年代末期记《看草》,明明白白记录在案,2009年、2015年和今年2021年,郑州的夹竹桃,三次出现严重冻伤情况。这不一般,说明夹竹桃的天性,真的不耐寒冷。对比广玉兰、香樟、枇杷、桂花、石楠这些勇往直前的后来者,夹竹桃应该害羞。

南树北移是个古老的行为。秦汉时期中原对南方的勇猛开拓,使岭南植物逐步移植长安。《南方草木状》说:"汉武元鼎六年,破南越,(长安)建扶荔宫,以植所得奇草异木。有甘蕉二本。"后来影响最大的,数北宋宋徽宗主持的花石纲了。清末以降,以京广铁路和107国道及现在的京港澳高速为纵轴,大动脉贯通南北,而江淮以北,次第有鄢陵、安阳和丰台,几大花木基地,接力使南方花木北上。连续多年中国城市化加速,最大规模、持续时间最长的南树北移行动方兴未艾。气候暖化对移植有利,而极端气候频发又造成危害。诸如此类,许多新的问题引人深思。

2021年6月9日于甘草居

又,7月11日六月初二入伏。木槿紫薇开至最盛,各处被斫头之夹竹桃发新枝又见花,白花红花,新花又开。

谁料想雨季汛期早来。太行山从北而南下大暴雨,入伏日当天,先是豫北丹河山洪从天而降。气象部门频发大暴雨预警,高温天沤到7月19日,风如拔山怒,雨如决河倾。下午大雨倾盆,不少道路积水成河。

一夜一天,密雨如绳。从20日下午起,朋友圈水灾报道频频。

下午四时,郑州市防汛应急果断调升为一级响应。登封、巩义、荥阳,也雨猛雨急,仿佛塌天了。

黄昏河南顶端新闻:郑州气象国家站报告,24小时降水量达258毫米,是历史记录极值!

晚上八点左右,地铁5号线遇险求救。旋又报常庄水库即将泄洪,让全市居民预备。

接着停电了。网络信号中断。

又整整一夜大雨。翌日中午天欲晴,蝉开口乱叫。我出门去,发现包括工商银行、郑州移动,等等,全停电了。只有河南电视台有电。门口倒伏的青杨树阻断道路一天多,直到20日入夜时分,市政才来清理。太乱了,真的弄不过来。

我蒙在鼓里什么也不知道。又是猛雨迎接天亮,22日大暑节气在大暴雨大灾害中来了,公交开通了,大小商店自照明营业,水和水果蔬菜供应还好,价格和往常差不多。商家颇自律。

直到中午,我实在忍不住,跑到电视台旁边,找小店借光给手机充电。街头人很多,找地方充电人很多。充电过程中,听到人们说全国聚焦郑州大水灾,说郑州籍海霞直播时都哭了,我才大体知道这次灾难空前。水火无情,即使高科技的当下,人面对自然异常,显得很脆弱,很渺小。

俗话说"七下八上"。意思是黄河流域及北方,7月下旬才入主汛期。但是,如今极端气候频发背景下,这一次郑州特大暴雨灾难,明显不按常理出牌。

2021年7月22日

黄开发
校园里的鸟兽

我所供职的北京师范大学的校园在北京三环路内,大致呈方形,分南北两片,南片是教学区,北片为家属区。我家住的宿舍楼靠近学校北门,位于二层,南北通透。两边窗外的树木多样,高低各异,适合不同的鸟儿栖居。北窗外还有喂鸟点和猫粮投放点,鸟兽们不时前来。

北屋窗下道路外侧停车位的区域有三棵樱花树,一棵早樱,两棵晚樱。东边挨着两棵柿树,柿树北边的绿地有三株白皮松。南阳台外的绿地挺立着十几棵比五层的楼还要高的白杨,空隙间生长着一些香椿、丁香等杂树。大树多鸟,早晨我常常是被鸟儿们叫醒的。

白皮松上一年四季都挂着松果。春天,枝丫上长出淡黄色的穗状松花,塔形,塔尖向上。秋天果实变黄,到了来年春天则慢慢地转为黑色。树枝上挂着的松果和红彤彤的柿子成了众鸟儿一个冬天的食粮和心事。

绿地西头的紫藤架边有个喂鸟点，放着棒渣、玉米糁子、小米之类东西，各色鸟儿在此停停飞飞。冬日，一大群麻雀吃饱后，落到红墙边的灌木上晒太阳，七嘴八舌地聊个不停。夏日里，有时飘过大嘴乌鸦黑云般的翅膀。离喂鸟点不远的东边还有一个猫粮投放点，开饭的时候，一些流浪猫们陆续过来进餐。

对读书人来说，观看鸟兽可以游目骋怀。春夏秋冬，总有鸟兽草木相伴，给我的书斋生活增添许多生趣。

早春的凌晨，窗外传来斑鸠的鸣叫：咕咕咕——咕咕咕——咕咕咕——，似乎还有彼此呼应；同时又能听到"咕咕咕——咕！咕咕咕——咕！"急促的声音，中间停顿的时间几乎不到两秒。校园里的斑鸠属于珠颈斑鸠，后颈围着一道黑底带白斑点的条纹，飞翔时尾羽呈扇形展开，显露出外侧的白色端部，有如镶上的两条白边。

3月初，走在早上阳光温煦的路上，惠风拂面，我听到乌鸫婉转浏亮的鸣唱：那歌声是带音节的，有高低起伏，像是激情的倾诉和呼唤。几只雄鸟站在高大、挂满褐色"毛毛虫"的白杨的高枝上，鸟喙橙黄，黑色羽毛润泽。路过信息楼和教七楼之间的曦园，一只乌鸫在园子中心一棵高大雪松的尖顶上，在海蓝的天空之下，引吭高歌。

乌鸫是春天校园里的首席歌唱家。其他的鸟儿也在鸣叫：斑鸠咕咕，喜鹊呷呷，麻雀啁啾，灰喜鹊呀——呀——，汇成一个迎春的大合唱，冬天的冷寂一扫而光。

今年春季学期，我在教七楼二层的教室讲"现代文学名著精读"，窗外是油绿的核桃树林。结课时，传来乌鸫的鸣啭。我问，你们知道这是什么鸟吗？有学生答是乌鸦。我说，不知你们注意到了没有，从初春到初夏，这门课自始至终都伴随着乌鸫的鸣啭。台下响起笑声和掌声。到了盛夏,乌鸫将停止歌唱,常在地面觅食。而斑鸠的"咕咕"声四时不绝于耳,只是不像春天时那么汹涌。

有几次,我走在路上,偶尔从远处传来几声"布谷,布谷"的鸣叫。每年都会听到几次,但从来也没有看见过鸟儿的影子。想寻找它,可是声源很远,叫声前后的间隔大,声音飘忽,很难定位。难怪华兹华斯在《致布谷鸟》一诗中写:"布谷鸟!我应该称你为鸟,/抑或你只是游荡的声音?"一次在梦中,我依稀听到布谷鸟的叫声,那声音像是从空中划过的,仿佛躺在故乡老屋的木板床上,脑海里翻滚着一层层麦浪。

初冬早晨。几棵柿树的枝上挂着稀疏的红柿子,在寒风中轻轻地摇动。白头鹎、啄木鸟、麻雀、喜鹊纷纷飞来享受自助早餐。一根细枝贴着一个柿子底下穿过,是最佳的啄食点。白头鹎依次进餐,麻雀也瞅空过去,喜鹊太沉了,只能在远些的粗枝上站立。一只彩衣的啄木鸟沿着树干上上下下,邦邦地敲击树干,另一只伫立梢头,有一搭没一搭地尝几口它似乎并不喜欢的柿子。

冬日下午,没有风。一二十只灰喜鹊在白皮松和玉兰树之间上下起伏飞翔,来来往往,不时地发出轻柔悠长的鸣叫,羽毛扯成一条青灰色的淡云。灰喜鹊与其他喜鹊相比,体型、羽色和声音都更为优雅,苇岸在《大地上的事情》里赞美:"灰喜鹊的形体柔美,羽色具有灰蓝和苍蓝的光泽。它们的叫声娇媚、委婉、悠然。它们聚在一起的时候,很像一群古代仕女。"它们一起载飞载鸣时,在我看来宛如一群翩翩起舞的女子。

我们校园是有名的乌鸦冬季栖息地。今年校庆的推文把学校戏称为"东方霍格沃茨"。关于校园乌鸦,我写过文章。此后有一次特别的经历,令我难忘。那是去年2月初,黄昏时分,雪花飘舞,气温下降到零下五六摄氏度。正值新冠疫情暴发后的寒假中,教学区阒无一人。道路两边悬铃木上的乌鸦陡然增多,飞飞停停,聒噪不安。天晴时,它们在高树上一动不动,安安静静的。走到教七楼东,眼前黑压压的景象令我吃惊:教七、教八之间的树枝上,教八楼的瓦顶上,落满了乌鸦,以前从未见过。它们栖息在瓦顶上,见有人走近,一部分哗啦啦飞起。我拿出手机拍照,亮光使得更多的乌鸦高飞。第一次见到乌鸦栖息在瓦顶上,该是因为楼内有暖气,又在避风处吧。白天冰天雪地,觅食不易,晚上还得受冻,活得不易呀。今夜露宿的野生动物们都不会好过。

除了草木和鸟,因为经常从工作室晚归,更有机会遇见一些昼伏夜出的邻居。它们主要是刺猬和黄鼬。通常在晚上十点半左右,我从工作室回家,路上行人稀少,夜静了下来。这时的我往往是哈欠连天,偶尔眼前闪现小生灵们的身影,动了好奇心,马上就来了精神。

刺猬通常在路边的灌木丛、花草丛边出没,见人来,便晃晃悠悠地跑走,躲藏起来。夏夜,刺猬活动最为频繁。晚上,我下楼倒垃圾,见一头刺猬过路,便走过去挡住;它原地不动,我用脚尖轻轻地触碰,它立即蜷缩成尖刺密集的板栗壳斗。在月季花丛中看到过一头刺猬,我悄悄走近,听到它咬断植物根茎时清脆的声音。我打开手机录像,灯光亮起来,它把头低下,一动不动,长鼻子几乎触地。

更常见的野生哺乳动物是黄鼬。一年四季,从傍晚到深夜,在家属区和教学区都可以看到它们紧贴地面快速奔跑的身影。不像刺猬还要冬眠数月。

晚上常见黄鼬在教学区的垃圾桶里熟练地进出,看来它们主要是依靠人类的食物垃圾为生的。我上初中的儿子午后出门,碰见黄鼬正在吃猫粮,掏出手机想拍照,黄鼬见状跑开,不过并没有跑远,而是躲在草丛里,露出脑袋观察。等人走开,它又回到碗边继续用餐。一天晚上,儿子给我看一段视频,问是什么玩意儿,在偷吃猫粮。晚上光线不好,画面模糊不清。不过一看那修长的身影就知道是黄鼬,两只眼睛反射着亮光。好多年没见到老鼠了,这未必是黄鼬或是流浪猫的功劳,估计它们早就忘记了抓老鼠。

早上,我走过宿舍楼东侧的墙下,一只黄鼬从墙角处的排水孔中探出了大半个身子,迎面碰到一只棕黄色胖大的流浪猫,流浪猫站着不动,四目对视。黄鼬大概意识到与对方非一个重量级,也未轻举妄动。僵持了大约三四秒钟,黄鼬转过身子,回到洞里,那只胖猫大摇大摆地走开。

去年7月中旬,疫情仍较为紧张,人们还在尽量避免外出。晚上十点多,我在小区里跑步,结束的时候到家边的小花园练踢腿。四周静悄悄的,东边隐约有音乐声。在灯柱淡黄色的光线下,从北边一片冬青树丛里,一前一后跑出两只小黄鼬,体型大约只有成年同类的一半大。一只钻进了旁边的日光菊花丛;另一只向左转弯,慢跑一小段,停了一下,然后跃过冬青树丛边一两尺高的萱草,钻进树丛,像是要酷。这时,花丛中的小家伙又现身,追赶前面的同伴,同样一跃而起,跳进了树丛。两个小家伙也许是白天睡好了觉,蓄足了劲儿,晚上趁父母出去打食,偷偷溜出来玩耍。走向小花园的东面,轻柔凉爽的音乐声渐渐清晰。一个中年女子,一袭素色的长裙,长发束在背后,伴着长椅上手机放出的音乐,在几株月季花前翩翩起舞。这夏夜宁静而美好。

我已在这个校园里生活和工作了二十年。总的来看,建筑物和停车场不断增多,应季种植的小片花草和盆景增多,而绿地和大树逐年减少。晚上,私家车几乎挤满每一个空间。去年,环境清幽的红楼区东侧的杂树林被改为一个半篮球场那么大的停车场。乐育8楼北边的一溜两三米高的冬青被移走,新增了二十来个停车位。这些地方本来是野生动物的家园。许多大树被砍伐或截枝,不同的鸟类和昆虫栖息于不同的高度,而城市是不喜欢高大和旁逸斜出的树木的。

每年冬季,大量的小嘴乌鸦是本校的一大景观。我曾在朋友圈里发过几次乌鸦翔集的照片,有朋友开玩笑,表示冬天要来看乌鸦,吃乌鸦炸酱面。去年秋天,乌鸦们只在校园里待了一周左右,图书馆前悬铃木下的路面刚刚被乌鸦的排泄物淋白,它们就不知去向。深秋,常常随着一场大风,成群结队的乌鸦从遥远的北方,回到银杏叶和白杨树叶纷飞的校园。岁月轮回,深秋将至,不知今年乌鸦们是否还会如期归来?

2021.9.12

吉米平阶
拉萨的北京中路

时间过得真快,一晃,我在拉萨北京中路旁的这座大院里已经住了快十八个年头了。

拉萨的老院子大多是这样:一部分区域办公,一部分区域住宿。在上世纪七八十年代,有的单位院子里还开一些菜地,干部职工自己种点蔬菜改善生活。

我住的这个院子不临街,四边被商铺住宅楼围着,过去是拉萨西郊拉鲁湿地的一部分,单位上世纪八十年代从八廓街搬迁过来的时候,相关部门说,就那一块地方,你们看着划线。彼时这里芦苇丛生,沟渠交错,并不是什么风水宝地,当时的决策者们就大着胆子划了四万多平方米地方。地大人少,刚搬进来的时候,还可以在院子里结网捕鱼。

不知从什么时候开始,周边逐渐被其他单位包围,东边是汽车运输公司,北边是民居和二环路,西边是话剧团,而南边最重要的通道,则被旅游汽车公司和民居围成一条幽深的小巷，仅容两辆小车交错。因为湿地基础，院子里杨树柳树成荫，间以大量沙棘、不知名的灌木，夏天绿荫笼罩，院子里的气温比院外低两三摄氏度。无车马喧嚣，无人声嘈杂，名副其实"都市里的村庄"。每天早上，人会被早起的鸟儿吵醒，上班不用闹铃。因为深藏不露，出租车司机经常把初次前来的客人或者送到妇联，或者送到残联，本单位的同事打车，要说"到文苑幼儿园"。那时候院子里有一家幼儿园，在拉萨名气很大，至少比"西藏文联"这几个字名气大得多。

现在大家知道了，我说的这个"单位"，就是西藏文联。

从文联的正门（也就是南门）南行200米，就到了拉萨的一条通衢大道北京路。北京路分东中西三段，我所说的位置位于中段，叫北京中路，大约相当于东到拉萨百货大楼娘热南路的丁字路口，西至拉萨海关十字路口这段距离，也有人说应该西至拉萨饭店与民族北路的十字路口，不过单位的门牌号是"北京中路85号"，我也乐于采信前一种说法，因为我所要记叙的许多精彩部分，实际上是发生在西至拉萨海关这一段的。

拉萨有两条东西向的主要通道，一条叫北京路，一条叫江苏路，因为拉萨市的主要援助地方是北京市和江苏省，在拉萨城市大规模扩建之前，这两条路，特别是北京路，基本贯穿拉萨东西城。当然，除了这两条东西向的大道，拉萨还有网络密布、四通八达的大街小巷，大部分的名称都极具地方特色，让人一看到地名就禁不住浮想联翩，不过它们都不在这篇文章的叙述范围，只好忍痛割爱了。

从文联大院出来到大街上，北京中路南边就是拉萨饭店，1984年国务院43项援藏工程之一，1985年开业。那个年代的拉萨，内地改革开放之风刚刚吹进不久,拉萨饭店矗立在罗布林卡旁边,与这个古老的园林交相辉映,在高原的阳光下熠熠闪光,卓尔不群。拉萨饭店现在还是自治区接待重要客人的地方。

我经常沿着北京路往西,到拉萨海关的十字路口拐向北,再到二环路向东转一圈,8 000步。因为海拔高,在拉萨不敢剧烈运动,散步转圈是好的锻炼。转圈多是顺时针,为什么顺时针呢,大概是在拉萨待的时间长了,形成习惯。其实顺时针也有它的道理,如果转到二环路不必非到马路北面的中干渠边上欣赏湿地的风景,就可以避免横穿马路避让车辆的麻烦。拉萨是个包容的城市,内地各省的车辆都有,路上跑着的车牌,像全国汽车博览会。这些师傅大概在内地堵车的憋屈大了,在这里通畅爽朗,"马儿"就放得飞快,行人过马路的确有点心惊胆颤。那样的话,溜着路沿的边边角角,就可以转回到文联院子。

散步多数时候是吃过晚饭,这时候北京路边上的小餐馆都生意红火,人声鼎沸。拉萨城市的包容还体现在饮食上,拿我每天要路过的地方说,就有甜茶馆(藏餐馆)、西北面馆、东北饺子、沙县小吃、云南腊味等等,当然,最多的还是川菜馆、炒菜、火锅、面馆,不一而足。有一家面馆叫"望丛",最早在北京路南面一家胡辣汤的隔壁,后来搬到了路北,生意一贯红火,饭点时要在路边支起好多折叠桌子。我经常去吃炸酱面和小抄手。

这条路上面馆很多,粗略统计了一下,专门卖面的和兼营卖面的,不下二十家,家家生意都不错,这倒是"正合孤意",我的老家巴塘以面食著称,我在中篇小说《团年》中有细致的解说。

甜茶馆(藏餐馆),顾名思义,是喝茶的地方,但里面也卖饭,主要是藏面,还有咖喱饭,条件好的,也做各类炒菜。一壶甜茶、一碗藏面、一碟酸萝卜,是甜茶馆的标配,饭量大的再加一个肉饼(夏帕里),除了解决肚皮问题,甜茶馆里的信息交流,也解决脑子问题。

甜茶馆是拉萨一景,现在已经被拉萨人移植到了西藏各地,成了西藏特色。过去,甜茶论杯卖,客人来了,在滚烫的开水锅里捞出一个茶杯,找位子坐下,添茶的姑娘就过来给你杯子里倒满茶,从桌子上拿起你早放在那里的零票子,如果是大票子,她再给你找回一沓零钱。客人在烟雾腾腾中海阔天空,掺茶姑娘在里面来回穿梭,你如果想请客,可以随意指指某位的茶杯,你面前的票子就会随之少一点。因为是拉萨一景,内地的客人慕名而来的渐多,名气大一些的甜茶馆已经进行了改进,由客人前台买票,后面取餐了。比如文联路口的那家"健康凉粉店"就是这样。

藏面俗称"钢丝面",因为硬。高原海拔高,在没有高压锅的时候,要把面条煮熟,就得加上大量的碱使之耐煮,方法是一大早先把面条煮好,待客人来了后在锅里烫热,再浇上熬好的骨头汤,舀一勺猪肉或牦牛肉丁,滴点辣椒油,撒上葱花。骨头汤加碱面,是解酒养胃的好配方,难怪许多拉萨酒徒说,是"钢丝面"解救了他们。而甜茶的做法要简单一些,用砖茶或红茶熬制茶汤,兑上牛奶或奶粉,加点糖即可。说简单,但每一家的甜茶都有特殊的风味,所以每一家又都有固定的茶客,这些客人就是冲着那种说不清楚的味道来的。

在文联南门的巷子里有这么一家,小巷深深,生客不多,还保留着吃完结账传统,是我有时醒酒的所在。有一个伙计已经很熟了,见我挑帘子进去拿杯子,二话不说,一壶一磅的甜茶,一碗"钢丝面",一张"夏帕里"。吃喝完毕,微微出汗,感觉浑身轻松,又"满血复活"了。问题是,这里离单位近、同事多,虽然我刻意找一个小房间"吃独食",

但结账的时候常常被同事请客,久而久之,像个吃白食的,只好迁到巷子口去买票取餐。

"健康凉粉店"1991年开业,有一点历史了,所以顾客盈门,常常得举着茶壶和杯子等位子,好在客人们都很理解,往边上挤挤,就给你空个座位出来。在这里,你壶里喝不完的茶,可以留给下一个茶客,我也经常喝别人留下的茶。各种小商贩在拥挤的空间里穿梭,兜售时令的苹果、核桃,田里出产的土豆、青椒,牧场里的奶制品,还有内地商贩的玩具、墨镜、手包,林林总总,品种很丰富。服务员对这些商贩,视而不见,客人们也安之若素,不时有人挑拣些物品成交。我在这里买过藏香葱,用来炖牛排,买过藏鸡蛋、土豆等等,当然,也买过盛情难却的无用之物。

要说健康凉粉店和北京路北的若干家甜茶馆的美好时光,大约要算冬日午后的那一段。冬季,拉萨阳光充足,风和日丽,午后太阳正好,过午的人们吃完了"钢丝面"和"夏帕里",三三两两,就着几杯甜茶,顶着暖洋洋的日头,闲聊,打盹,看街沿的小狗发呆。散步打他们的跟前走过,你得小心翼翼,生怕惊着了那些美丽的遐想。自然,我也不时会邀约几个人喝茶晒太阳,顺便把事情说了,临了结账,三五十元打住。

有时候时间充裕,也不转圈,顺着北京中路东行,看着繁华的街景,一直走到布达拉宫广场。在广场上看来自全国各地的游客在也是来自内地的摄影师们的引领下,穿着风格不明类似舞台表演的藏装(看色彩和式样,姑且把它们称之为藏装吧),从安检门鱼贯而入,在飘着白云的蓝天和布宫的背景下各种姿势入镜,是一件乐事。专业一点的摄影队伍,是那些拍婚纱照的,反光板、各种行头,浩浩荡荡,招摇过市,很吸引眼球。

另一条路线是走到西藏电视台路口左拐向北,去布达拉宫后面的龙王潭公园。龙王潭公园是17世纪布达拉宫重建时,从红山脚下大量取土形成的一个大水潭,西藏和平解放后改造成为公园,是拉萨市民日常锻炼和休闲的好去处。

龙王潭林木清幽,最有名的是一种叫左旋柳的古柳树,粗大枝干左旋,有的近匍匐于地面,都钉着古树名木的小牌子。沿潭水四周,零星散落着这样的古木,当然,大多数是现在栽培的名贵花木。龙王潭的最大特点是歌舞,它是自治区藏戏表演的一个固定场所,经常有各类专业的、民间的藏戏队伍在这里献艺,"八大藏戏"轮番登台,高亢的藏戏调子在公园外就能听到。除了藏戏,每天早晚,风雨无阻(因为有几处遮蔽风雨的场所),都有几支队伍在那里即兴表演,来自西藏各地的朗玛、堆协、锅庄、弦子,还有内地的广场舞、秧歌,常常是,有几个领头的随着音乐下场,不一会儿,后面就跟上了大队伍,参加的人轮番上下,场子永远热闹,夏天晚上要到九十点钟天黑方散。前一段时间抖音上火了一对男女青年,这一段时间是一个随性而舞、旁若无人的白胡子老头,龙王潭成了产生拉萨网络名人的地方。

我一般从新开的西门进,路过名叫"圆满乐园"的象房,这座象房曾经住过四头大象,是清乾隆年间清朝名将福康安率领由许多民族组成的大军在西藏抗击廓尔喀入侵胜利后,廓尔喀向清中央政府进贡的。依当时的条件,四头大象从现在的尼泊尔翻山越岭来到拉萨,真是个奇迹。据说拉萨气候干燥,日常要给大象身上抹大量的酥油"美容",防止皮肤皲裂,到了后来,这几头大象在太阳和酥油的共同作用下,浑身黝黑。黑大象每天绕布达拉宫一周,成为当时拉萨的奇特景观。我从象房沿公园北面绕潭水一周,布宫西北角出,在绕布宫的环路上逆行一段,就回到了布达拉宫广场旁的白塔下面。

现如今的布达拉宫广场,成了自治区举行各种重大活动的场所,也是所有来西藏游客的必到之地,蓝天白云下红旗招展,群鸽飞翔,既庄重肃穆又生机勃勃,成为拉萨的中心。而在和平解放初期,拉萨的主要人口集聚地,一是八廓街及其周边,再就是布达拉宫和雪村。"雪"在藏语里是下方的意思,专指山上城堡下方的村镇。雪村是布达拉宫山下所有建筑的总称,主要包括原西藏地方政府的办公用房及其附属建筑,比如布达拉宫印经院、造币厂、粮店、仓库、监狱、马厩等所在和个别僧俗贵族、官员的宅院,更多的是一些普通职员、工匠、农奴的住所。雪村居民的生活垃圾就堆积在现今的布达拉宫广场,天长日久,竟形成了一个污秽四溢的垃圾山。解放军和平进藏后,"进军西藏,不吃地方",为了解决生活问题,在拉萨河边购买了河滩地开荒。河滩地都是石块沙土,解放军提出帮助搬除这座"垃圾山",既解决了地力的问题,还让布达拉宫有了一个清洁的前庭。

双休日,可以去转拉鲁湿地。拉鲁湿地很大,我从德吉北路的入口进去,从二环路党校路口出来,一圈下来,十公里,得走两个多小时。拉鲁湿地是国家级自然保护区,是拉萨的"城市之肺",过去一直没有开放,直到2020年,经过规划和论证后,才在5月到10月这个时间段,向大众打开神秘之门。

拉鲁湿地的妙处是自然,除了搭起的人工栈道和几段石板路,入眼的全是自然状态的沼泽、草甸、水塘,芦苇丛生、野鸭遍地,有时时间晚了,在湿地里眺望前方灯火城市,感觉像身处两个世界,那些喧嚣和繁华,如此轻易地就可以掷诸脑后,不像是真的!

人不可能就这样轻易脱离你所栖身的城市,湿地到了晚上九点以后是要关闭大门的。从湿地到布达拉宫,不过一千米的路程。

想起上世纪九十年代我从北京中国作协来拉萨出差,在布达拉宫雪村前面招揽客人的中巴车上,卖票的小伙子一手拉着车门框,一手攥着一叠钞票,嘴里大喊"拉萨一元拉萨一元",我很纳闷:这里不就是拉萨吗?后来才知道,小伙子嘴里的"拉萨",指的是八廓街。小伙子说得没错,和平解放前,拉萨就是指八廓街周边两三平方公里的范围,这个概念一直延续到上世纪末,相对那个"拉萨",布宫和雪村都是郊区了。

如此说来,我现在所处的繁华的北京中路,在那时更是荒郊野外了。

张宪光
喝茶

吾乡是茶叶集散地,喜欢喝茶的人多。坐办公室的,几乎每人都带个玻璃杯,里面泡着龙井茶,一看叶芽,就知道茶的好坏。然而喝的多是绿茶,喜欢红茶、乌龙茶、普洱茶的,似不多。久未回乡,不知道如今喝茶的风气如何。我喜欢喝茶比较晚,不能喝酒了,才开始喜欢上茶,可是性不喜绿茶,先是喜欢乌龙,接着又喜欢上红茶。

记得第一次到茶城买茶,想买的是金乌龙。那家茶城就要搬迁了,黑魆魆的,只有零星几家还亮着灯。卖茶的老板不在,旁边有家店还开着门,我们只好踱过去。老板娘是个福建女子,瘦瘦的,笑容可掬,而拙于言辞。坐下,宽厚的茶桌隐隐的红色在灯光下也藏不住。几种乌龙茶,纷纷一过,平平无奇。老板娘说,试试这一种吧。她细心地从冰柜里取出来一个塑料袋,塑料袋里又是一个袋子,用茶匙舀了一点茶叶出来,褐色的茶叶,细丝一般,从来没见过。碗中茶叶的量很少,单薄得令人起疑。水冲进去,亦不见精彩处,端起茶杯,细啜一小口,则轻芬满口。继饮整杯,馥郁馨香,得未曾有。于是一连泡了七八泡,纤细的茶叶渐渐展开,鲜肥而收敛,低调而富美,香味始终不减。那个茶,我至今不知叫什么名字。老板娘说这个茶六千块一斤,你们要的话,三千块一斤就可以。我辈囊中羞涩,虽极爱之,终于没买,至今惜之。

七八年过去了,那个夜晚依然不能忘怀。我第一次知道茶叶在纤弱里藏着这么丰腴的色与味,在干枯以后还可以如此延展自我。乌龙茶的肥厚,直观可感,而那个夜晚纤细的芽尖不过是生命的初绽,缘何如此醇厚绵长?果真是天地精华之气,尽蕴其中?茶叶是有生命的,冲泡的过程就是生命展开的过程,第一泡常常是轻浮的,带着些茶叶的草木气和焦躁气,然后一泡一泡,在第四五泡的时候趋于鼎盛,之后慢慢坠落。泡茶就像写一首诗,慢慢地推进,把茶叶所经历的春露秋雨与日月风霜慢慢展开,每一泡里藏着不同的经验,藏着不同的欣悦与忧伤,——不过诗常常一半藏,一半显,结尾复常常蕴藏着高潮或惊异,而临近终点的茶叶则是生命在趋于凋零,宛若春蚕之死,宛若落花叹息着从枝头坠落,宛若秋叶依归于泥土。这个起落的过程,统计学上正态分布的模型约略可以近之。记得五年前,有个数学高才牛喝了我泡的茶,发明了一个所谓的喝茶函数,还专门开了一堂英文的数学课邀我去听,听得我一头雾水。

再一次喝到好茶,是在大理古城。那一年的十二月,我和土豆、山鬼、花椒诸君搞了一个"醉云南"的旅游,第一站就是大理。在古城里闲逛,土豆一路走,一路吃,举凡饵块、饵丝、米粉、米线、乳扇等等,都要尝尝,那胃口让人羡煞。走得乏了,看见一爿很大的茶叶店,进去转了转。老板也是位女士,一坐下便很热情地泡起茶来,殷勤得有些意外。一道一道泡出来,我们四个汉子便来者不拒地喝光。不知道是怎么回事,从来没觉得滇红这么好过,简直像上瘾了一样,那味道虽然不如前面所说的那一次,也可以说简直好极了。于是纷纷解囊,买了几千块钱的东西。拿回来自己一泡,不过是残枝败叶,还有几分暗暗的霉味。我们明明看着老板从那几个玻璃瓶里取出来的,难道还能作假不成?这个疑问,迄今尚未解决。这也成了我的一件糗事,屡屡被几个同伴提起。从那一回的经历,我才知道茶叶店的茶实在是不那么好讨的。

好茶难得,自古如此。宋代名茶的一些核心产地,有些茶人家里一春也不过产上几块小饼。晚明的袁宏道曾说,岕茶叶子粗大,真岕茶每斤要值上二千余钱,他找了数年,才弄到几两。现在的名茶,铺天盖地皆是,往往以次充好,故而好茶常常不是买来的,乃偶然得之。有一次,美女同事送我两大包六安瓜片,甚是壮观,内心思忖,如此海量,叶大而长,味必不佳。洗盏烹茶,不料浓烈馥郁,有似茶中烈士,不逊顶级乌龙。还有一次,有位领导知我爱茶,送了一盒金骏眉,竹质小匣,煞是精美。这年头茶的包装,大都金玉其外,败叶其中,尤其是那种几十包的大包装,多是糊弄人。那盒茶总共只有十二小包,包装美则美矣,我却没当回事,用自来水泡了一包,不料柔糯芬芳,回味悠长,其佳平生罕见。此后,那个茶每泡一次,都很郑重,不少人围坐左右,一品佳茗,令人至今思之不已。我后来曾在网上一个有名的茶庄里买过特级的金骏眉,却味道平平,让人失望。

疫中出门不便,存茶告罄,只好买大盒装川宁红茶解馋。对英式红茶,我素无好感,总以为这种工业化的生产方式不能将茶的真味发掘出来。这几年喝了一些英式红茶,却慢慢感觉到了这种茶的好:一是价格便宜,二是品质稳定。除了产地上的些微差异,英式红茶的品质稳定在中上等的水平,不会甚好,也不会甚差,性价比较高。冬夜深寒,读书间隙常常停下来,泡上一壶,不加糖,不加奶,慢慢地喝,最是冷寂中的一点余欢。有个学生从英国带回来一包玫瑰红茶,用塑料袋很随便地装着,味道不错。有段时间没茶喝,就是靠这袋茶支撑,只是玫瑰香气太重了。

文人雅士,多不喜粗茶。但相比那些以次充好的货色,我更喜欢粗茶。办公室的茶桌底下,有一包塑料袋装的云南粗茶,是山鬼以前云南的学生寄来的,系自家手种,茶枝粗硬,枝枝桠桠,如细铜丝,颜色暗黑,长可二寸许。偶尔泡一次,味道是苦的,而那种粗犷的野味,岂是假茶所能比拟。粗茶乃真人,冒名之茶乃伪士。

这几年喜欢上了台湾茶,梨山茶、大禹岭茶、金萱乌龙、冻顶乌龙、文山包种茶等等,几乎无一不佳。然而台湾茶皆产自高山之上,味重力大,不堪多饮。

陈眉公《茶董》小序里说:"独饮得茶神,两三人得茶趣,七八人乃施茶耳。"我喜欢自己喝茶,尤其是晚上喝茶,然而并不懂得什么"茶神",只是性好独饮而已。七八个人饮茶也是开心的事,给一二十个学生泡茶偶尔亦有之,然而的确并不常有。至于两三个人一起喝茶,也未必一定得其茶趣,倒是深夜茗话,常常扯得很尽兴。而今友人山鬼即将离沪返湘,我也赋闲在家,聚在一起喝茶的人越来越少了。

郁土
老而好学，改打长胶

我上初一时，参加闫玉虎师组建的东上卫学校乒乓球队，练习打乒乓一年有余，获中卫公社学生乒乓球比赛男子单打冠军。后来恢复高考，参加中考，高中、大学六年，不曾摸球拍。再打乒乓要从参加工作始，迄今从未中断过。所习为直握正胶、左推右攻之近台快攻型打法。初一这一年的训练，令我爱上乒乓，获益终身，再次感谢闫老师！

发球抢攻、近台快攻之打法深得吾心。每次与球友切磋，大汗淋漓，痛快痛快！当然，其间也曾对自己的打法发生过动摇。记得有一年观看乒乓球世锦赛，深为选手们所拉出的威力强大之弧圈球所吸引，就买了只反胶球拍去练习。结果，弧圈未练成，倒丢了自己快攻的优势。于是将崭新的球拍送人了事，依然返回正胶快攻打法。

从此之后，再无任何动摇与变化。且底板虽用过红双喜、多尼克与蝴蝶的，然胶皮全是红双喜的。刚开始是红双喜651，最近几年，一直使用红双喜的"龙影"。直至一忘年交球友陶老师告我，他所用为德国产多尼克正胶王,非常好用,劝我也一试。陶老师球技高超,球龄比我还长,他的话令我怦然心动,于是上网搜索比较,最终选购了日本TSP的底板与正胶。球拍贴好后试打,果然比此前的球速要快许多,也更下沉一些。

去年年底,应陶老师之邀,去他小区的乒乓房打球,对阵三人,无一胜绩,这是从未有过的事情。其中一比我年长的球友,他同我一样使用正胶,然关键时刻倒换了反面的长胶,我不能适应,败下阵来。另外两名对手,年龄较我为小,均为横握两面反胶打法。往往是我攻球不死,而为其反拉丢分。而此前,往往是攻击一两拍即可解决问题的。

春节期间,我痛加反省:自21岁步出校门,三十多年过去了,我就一直坚持直握正胶快攻打法而没有丝毫改变。然而,小小的银球,却由38毫米,变为40毫米,又变成40+毫米,球越来越大了。随着球之加大,球速必然下降,从前38毫米的球,一拍即可打死,现在就不行了。另外,年龄也越来越大,自而立至不惑再到知天命之年,体重增加,体力却在下降,攻球的力量无疑也减小了。你看,球在变大,人在变老,体重还在增加,而我的近台快攻打法却一直不变。正因为我的以不变应万变,方才有年前的惨败,宜乎此败也!

痛则思变!

然又向何处变呢?

改反胶拉弧圈显然不现实。那么,就还有长胶这一个方向。其实,败给长胶选手已经不止一次了。2019年我参加沪上"校长杯"比赛,两名队员自始至终从未输过一场,他们便全是打长胶的,其中的万老师告诉我,以前他也是打正胶快攻的,后来随着年龄的增大,攻不动了,就改打长胶,经过十年苦练,方有此战绩。前年我代表单位参加市里的一个比赛,在与一老先生对阵中,第一局我以11∶2大比分取胜。谁知从第二局开始,他换打长胶,打过来的球又飘又刁钻又下沉,忽左忽右,忽长忽短,看着不起眼,可真要攻击,不是下网就是出台。很快,我便连输两盘,败下阵来。

而最近的直接刺激则来自陶老师。去年年底,我邀请他来单位打球。年届72岁的他,连败我方三人,而我们的年龄要比他小十几二十岁,他用的也是长胶。陶老师言,他以前也是打正胶快攻的,后来年龄大了,才改打长胶,以怪取胜。

于是我决定在球拍反面再贴块长胶,今后在保持正胶发球抢攻的同时,接发球时使用长胶,一来破坏对手发球的优势,二来造成其失误,三来可创造机会倒板发动进攻。在征求了陶老师意见后,我买了块红双喜C8长胶贴到拍子的反面。于是我拎着改装后的武器匆匆上场,发球抢攻依然用正胶,接发球使长胶。结果可想而知,用长胶打过去的球对手固然一时不太适应,然我自己的失误比对手还要多。

于是,我关注了"长胶大联盟""哈尔滨好乒乓""乒乓国球汇"等微信公众号,阅读其中介绍长胶打法的文章,观看教学与比赛视频,并在日常的比赛中有意无意地练习使用这些技术,如拱、磕、挤、抹、切、攻等。慢慢地,我用长胶打出的球,失误越来越少,威胁越来越大。我就像一名刚入幼儿园的孩子,突击升到大班了。当然,因为没有系统的训练,都是以赛代练,以赢球为目的,动作难免变形,且往往因为太关注于长胶了,而影响到正胶的快攻。但我不后悔。陶老师介绍他打过大维388D-1单胶皮,现在又改打法国的死亡金属单胶皮了。我从网上搜索,综合球友意见,就又网购了大维388D-1套胶(0.5毫米厚海绵)。我觉得,即便今后练习打长胶,我突破的方向,就还是不能放弃长胶的进攻，所以，我不取长胶的单胶皮，而是略带0.5毫米厚海绵的长胶套胶，将长胶的怪异与进攻特性结合起来。当然，这属于远景规划了，其间还有很长的路要走。

因为重新学习长胶的打法，我似乎又回到当年初学打乒乓的时候，午休时练习打，晚上做梦也在打。当年沉迷于打乒乓时，爷爷就对我说："晚上你做梦都在打乒乓！"昨晚与妻散步时，我向她介绍初打长胶的种种心得，她就说："现在，你的眼里只有长胶了，今晚你就和你的长胶皮去睡吧。"

昨晚临下班时，一球友得知我学打长胶的消息，就将自己备而不用的一块蝴蝶Feint AG长胶套胶赠我，而此块胶皮属于攻击性选手所用。网购的大维388D-1尚在路上，而这块蝴蝶长胶皮先到。蝴蝶胶皮价钱较国产为贵，许多球友都舍不得去买。今日球友馈赠，真可谓雪中送炭矣。

古人云"人过四十不学艺"；英语里也有"You can't teach an old dog new tricks"（老狗学不会新把戏）。可古人不是还说"活到老，学到老"嘛。乒坛名宿瓦尔德内尔言："打乒乓球最正确的理由，那就是我热爱乒乓球。"自从学打长胶，我就感觉自己又重新回到了十三四岁，更加热爱乒乓了。老而好学，有何不可呢。

现在，我要结束本文，去贴蝴蝶长胶皮去了。至于今后的战绩会怎样，只能留待下文了。

二〇二一年三月十日上午

路明
老足球

校长说：你就是这块料，回去，你什么都不是。

校长又说：出身怕什么，我家庭成分也不好。留下来，好好练，有前途的。

他不知该说什么，索性低了头。心里打定了主意。

到北京的头一个月，他寄回与周总理的合影。姆妈脸上有荣光。弄堂里的小伙伴，都当他跳了龙门。舞蹈学校伙食好，常有外宾来参观，十次有八次是周总理陪同。学校男生少，女孩子众星捧月地围着他。老师也喜欢他，把他当未来的芭蕾舞王子培养。黑白相片里的王子，穿雪白的紧身裤，长身玉立，高高昂起头，一副不食人间烟火的模样。

可是他开心不起来。他想念姆妈做的黄鱼鲞，想念姐姐弟弟们，想念弄堂的小伙伴，想念坑坑洼洼的足球场。一群野蛮小鬼，追逐一个三角四分的"永"字牌橡皮球，风里雨里，一身汗一身泥，是他最快活的时光。

那天他好好上着课,班主任把他叫出去了。说北京来了老师,想看看他。老师说一口好听的京片子,请他举起手,抬抬脚,转个身,跳一跳。老师满意地点点头,递给他一张准考证。

他这才晓得,是新成立的舞蹈学校来上海挑苗子。照着准考证上的地址,他稀里糊涂地去了。在此之前,他没跳过一天舞。前后考了四轮,最后一关是面试,评委席上坐着乌兰诺娃。两千多个孩子,最终选中十二个,其中有他。他光荣而懵懂,像被打包的土特产,跟着老师到了北京。

开肩,压腿,从基本功练起。谈不上多喜欢舞蹈,但规定的动作,总比别的孩子掌握得快些。第二年,他就登台演出,芭蕾舞剧《虞美人》,主演是陈爱莲,他在后面踩高跷。又过了一年,莫斯科大剧院芭蕾舞团访问香港,向舞蹈学校借调六名小演员,名单里有他。他开心极了。最终赴港人员公布,一个各方面条件不如他的男孩顶替了他。他被卡在政审这一关:爹爹是上棉十七厂的门卫,解放前拜过"老头子",属于"历史问题不清楚"。

他有数了,自己不是工了的料。他就是工人家里的小囡,野球场是他的王国。他去找校长,要求退学。校长拒绝了。一张北京到上海的火车硬座票是十三元五角,家里每个月给他寄五块钱生活费。他攒了三个月,偷偷买一张票,跑回了上海。

等过完这个年,他就七十六了。如今他一礼拜踢一次球,还是在从前的球场,和一帮从小玩到大的兄弟们。只是这几年,老兄弟减员得厉害。骨质疏松的,心脏搭桥的,有人消失了一阵子,再次看到名字是讣告。不知从什么时候起,自己成了球场上年纪最大的一个。他摔断过一次肋骨,没打石膏,敷了点中药,骨头自己长好了。他想,是个提醒,不服老不行。以后踢球得悠着点,多传中,少过人,尽量待在自己的区域。让那些五六十岁的"年轻人"去折腾吧,他就意思意思,算了。

给你讲个笑话,他说。他的口头禅是"讲个笑话"。这一辈子,碰到的笑话比较多。

侬晓得,当初我回到上海,最大的困难是什么?

是户口。他哈哈大笑。人跑回来了,户口还在宣武区——如今多少人梦寐以求、花钱都买不到的北京户口。

没有本市户口,他就进不了厂,上不了班。眼看就满十六岁,不见得在家吃白饭。天无绝人之路,有个上棉十九厂的领导欣赏他的球技,跑去跟舞蹈学校谈,最后付了两万块"培养费",户口迁回定海桥。在那个年代,两毛钱够买一斤大米,八毛钱一斤猪肉。到底工人阶级大佬倌,等于用两万五千斤猪肉,把他换了回来。

他知恩,从此死心塌地留在十九棉。一边当钳工,一边在厂队踢球。八一队要他去,安徽省队要他去,空四军要他去,他一口回绝。"我这个人就是这样,任性,忠心,"他猛吸一口烟,像总结自己的一生,"他妈的没好日子过。"

要等到很多年以后,他才理解校长那句"一事无成"的意思。并不是讲,离开了舞蹈学校,就做什么都不行;而是说,这种骄傲、不计后果的个性,是要吃苦头的。

许多人为他可惜,觉得他浪费了宝贵的天赋。他本该是足球明星,或者芭蕾舞王子。到头来,干了一辈子工人,直至退休。

甚至于,他为之坚守的工厂已经不在了——十九棉消失在改制的洪流中。工人足球那一页翻过去了。

可是,什么叫浪费?什么才是值得?球场上,他是横刀立马的中后卫;车间里,他是响当当的八级钳工。放下身段,踮起脚尖那一套,他学不来。在我看来,是一个普通人,在变革的年代里,按照自己的心意,度过了平凡有尊严的一生。

晚上,老兄弟来看他。他不喝茶,倒一杯清水,陪老兄弟抽香烟,看足球,聊些陈年旧事。老兄弟指着屏幕上的卡纳瓦罗,对我说,喏,这个人老早踢球蛮像伊的。

张蛰
在城市步行

过去的一年,除了为数不多的几次单车骑行,我都是步行通勤。

从居所到上班地方大约三公里,我一般是沿着察哈尔路穿过华严岗门洞左拐,在明城墙下走一段,这是小桃园公园的一部分,然后从公园的一个栅口出来,再穿过一条很窄的马路下台阶,就到了秦淮河边,顺着河边的步道一直往南走到草场门大桥,从那里拐入北京西路后,到我的办公室就只有150米的距离了。

我不属于城市步行健身族,疫情发生后,南京公交出行的人锐减,可能是出于节约成本的考虑,我每天通勤的302路公交车间隔时间开始拉长,在华严岗门站台上候了两次车,实在耗不起,决定步行。这一走,居然一年就过去了。

有研究者说,步行可以有效缓解现代人的工作压力,开车或者公交上下班,封闭的车内空间会给人无形的心理负担。我并没有体验到公交通勤带来的消极情绪,挺享受每天上下班路上车窗外不断变换的熟悉街景。赶在雨天,坐在302路公交车上,看着雨中的行人、车辆和建筑,感觉自己是在欣赏一部城市无主题艺术电影。只是疫情打乱了我按部就班的生活,步行成了我日常的一个重要内容。我曾经从草场门步行近一个半小时到中央门的一家茶舍去参加一场朋友间的聚会,他们都惊讶我在南京七月的大太阳下走了一个半小时。是的,我走了一个半小时,那个时候我已经喜欢上了在南京步行。

喜欢上步行的一个重要原因是我步行中发现了南京城的另一面。在明城墙下,我每天都能有强烈的现实感。鸟叫了,就在那棵树上或者这棵树上。那些擦肩而过的晨跑者,原来有各种不同的呼哧声。不止一个老人用背把一棵大树撞得嘭嘭闷响,有人走路会莫名其妙地啊呀呀个不停,有人面对老城墙砖无声地龇牙咧嘴不知干什么,有人抱着播新闻的老收音机坐在石凳上一动不动。有次一个大妈笑出了少女的兴奋。有苏北(也可能是皖北)话、河南话、东北话、南京话混杂在一起,唾沫飞溅,争论美国总统和天下大局。有时,城墙上会传来分不清男女的一声声长啸。

这就是南京,新街口、鼓楼、大行宫、紫金山、玄武湖、夫子庙、总统府以外的南京。这是古都南京的后院和自留地,烟火气滚滚,粗糙扑面而来,毫不掩饰,赤裸裸地存在,让人忍俊不禁,暗自惊喜,内心惬意。我曾连续一个礼拜不止,几乎在同一个地点,遇到一位行动极为困难却无人陪伴的老者,他腰间吊着一个不知什么牌子的播放器,播放的始终是邓丽君的《何日君再来》。他总是站在那里,大老远就让我听到:好花不常开,好景不常在。愁堆解笑眉,泪洒相思带。今宵离别后,何日君再来?……我承认自己被撞击了,不是歌唱,是老者的样子。他努力挺直腰身却再挺不直,从头顶到脚跟没有一个地方不浑浊,手中的拐杖看起来是那么的不干净。那是一场故事还是一场事故?我走着路想。暮年的人会在生命的尽头遇到什么?检索一生是一个人最后的功课吗?执念是一种性格缺陷还是一种诗意品质?几次我都想停下来,与老者聊上几句,但还是忍住了。有一天,老人消失了,再也没有出现。我有些失落,真希望某天,在我通勤的那个地点或其他任何地方,又不期遇到他,他依旧浑浊,旁若无人,腰挂播放器,沉寂在自己制造的声音和世界里。但再没有。老人消失后有一阵子,走过他伫立的地方我就有些恍惚,似乎他还在,旁若无人地在,只是我看不见。

后来走路时我想明白,只有自己世界的老者其实就是生活的一个隐喻。人即生活,生活即故事,故事本来就是猛然开始突然消失的情节。没人说得清楚生活,就像没人看得透自己。一如我步行听Bandari《清晨》的那一天,秦淮河上有一条单人皮划艇在晨练,划桨人轻松,不疾不徐,又铿锵有力,两只白鹭在悠闲地展翅。这既是生活的一个片断,又是一个完整的生活画面,谁能说清其中的味道呢?

应该是二零二零年的六月,南艺后街工地的最后一片围档拆掉了,水木秦淮街区在改造后正式对外营业,我步行终于可以从秦淮河岸边拾级而上走进这条属于年轻人的时尚街区。这条南北300米不到的步行商业街上,有九家中式餐饮店一家日本居酒屋、三家音乐吧一家清吧、一家咖啡店、一家想象创意空间、一家新潮电玩店、一家声创店,还有一些大大小小的其他店铺。我有时候在午后,或者半下午,会走去喝杯咖啡。因为不到年轻人消费的时间,街区很清静,咖啡质量一般,但店外的卡座很舒适,坐在那里消磨一段时光还不错。从身旁偶尔走过的年轻人,欢天喜地,都很青春。因为疫情,不能出南京,日常的工作内容少了许多,家又在外地,所以有好长一段时间,我每天都会在晚上九点半左右步行回寓所,商业街开通后,就选择穿过这条南艺后街上的时尚街区。这个点上,整条步行街上人头攒动,年轻人拥挤在酒吧里,驻唱歌手正激情澎湃或喃喃自语。在街区南头的小广场和街区的中间空地上,常有年轻人练歌。可能在校园里已经有了一些小名气,他们都有固定的支持者,每首歌罢,听歌者都会打开手机电筒,像正式演唱会上的歌迷捧场那样将手机晃来晃去,给唱歌的人加油。我有时会驻足听上一两首,但显然已经落伍,多半听不懂他们在唱什么,这大概就是代际了。当年听崔健,也曾经被更老的人批评,嘲讽为鬼哭狼嚎,一样。上下两代人间,互相瞧不上太正常了。

不过,自从年轻人的商业街开放后,如果哪天感觉有些疲惫,我也会拐进街区那家唯一的清吧,要杯冰啤酒,从酒吧的后门出来,坐在露天的桌椅上,享受半小时的夜色。端着酒杯,坐在河边,看对岸万家灯火,寂静中就有生活的感慨。面前无声的秦淮河水,会在差不多四公里后汇入长江。从那里左拐,步行二十二公里,可以到达南京的鱼嘴,听说鱼嘴那儿正有南京的第一高楼拔地而起。中间一段路还可以拐进南京的夹江,夹江上有南京眼。

二零二一年的某一天,我要走着去一趟这些地方。

2021.1.15 草于句容禾木山庄
2021.1.19 改定于西高山听雨楼

孙小宁
那么好的电影,那么寂寞的电影院

在北京,作为影迷,尽管平常也在看电影,但仍然特别享受一年一度的北京国际电影节,那是影迷的年,可以天天盯着排片表,心安理得地密集看电影。同时这盼望的日子,也涌出无数回忆。正写着这样的一篇,新一拨疫情又起,等来个北影节推迟的消息。

也罢,这也是这篇文章中应有的一笔。

我在做我的影院回忆,被触动的来源是小西天影院刚放不久的贝特朗·塔维涅的《我的法国电影之旅》。它让我忍不住又将家中的法国电影碟检阅一遍。对比所藏,他的作品中,没有2016年这部。

四十岁前追新,四十岁后温故,在这个意义上说,家中的碟片和我热爱的艺术影院中间,永远有这种微妙可见的往复关系,比如:有时,家中明明是有某些导演的碟,但一直浑浑无感。某天在大银幕上看了一部,回来,对他的其他作品都好像能一通百通,这是一种影院的通灵效应。而有的,看碟时喜欢,再在影院看,岁月的时差中,碟片就有了新一轮的淘洗与排序整理，对应着新的价值评定。岁月在我心中书写着电影史，也常常对它做着修正。像贝特朗·塔维涅，原来他的创作并不像我碟片收藏的那样"到此为止，没有后续"。一个写入影史的人，其实也和我们处于同一时空——贝特朗·塔维涅今年三月才离世。就像很多男人不太相信，那在银幕上早已化为梦幻女神的女星，如今作为沧桑老太，还在以自己的方式活着，我对他怕也有这样的心理误读。

　　网上我又查到，他在侯麦的《面包店女孩》中也有出镜。可是演的哪一个呢？也记不得了。作为演员的贝特朗·塔维涅在我这里，存在感真是弱。但这不妨碍我看完他那部三小时的电影，喜欢上这回银幕上的他。类似的，我还看过马丁·斯科塞斯的《我的意大利之旅》，四小时之长，都是迷影性质的专业导览，也都氤氲着迷人的电影氛围感。

　　贝特朗·塔维涅说到早年看一部电影，影院中还有脱衣舞表演。他最后的结论是：电影比脱衣舞好看多了。我相信这是他诚实的感受。被他带起的法国电影往事，于我，大多陌生得如同前史，但这一点颇让我亲切，他原来也是一位将电影与影院氛围混合着记忆的导演。

　　正是这个激起我的回忆。后窗看电影，现在是作为电影的隐喻说法而存在。但对我，确有这么个后窗，存在于上世纪七八十年代我成长的小城。这样的小城在全国不知有多少，并没多少稀奇。但对我来说，它的特别，就在于有座那样的影院，有独立的场院，但还没设全封闭式围墙。其后门，对着的是一片空场。巧的是，这片空场，又在老爸所在的机关大院到后面家属区的必经路上。也就是说，每当我从机关正门进入，要回自己的家时，如果愿意，我可以在这里停步，去靠近那道门。这是一个电影后窗式的诱惑。

印象中的影院后门,是两扇合掩的破旧红木门,中间挂锁,但整体松松垮垮。稍稍往里推的话,还能推出一道缝隙,窄窄一溜银幕铁定是能窥到,有电影放时,里面的打打杀杀抑或缠缠绵绵,都引人去猜这是部什么电影。当年我确也拿它去温习那些我看过并喜欢的电影。有限的画面与无限的声效,都加深着我对电影的记忆。关键性台词更是电影进程最好的提示。这很长时间影响了我的观影重点。有的人看电影,是瞬间被画面俘虏,而洒落我心间的,常常是某些台词。"尽形寿,不杀生,汝今能持否?"《少林寺》中这段剃度问答,几戒中我最记得的并不是这一条,而是涉及男女的那条,因为电影到这里,有一个年轻和尚觉远低头说"能持"的特写,连我这少不更事的人,都能觉得他多么难。

这样一家电影院,现在早已荡然无存。那种被称为影院的存在,如今也变成和全国一水儿的标准化规制:设在商厦里面,上映一些院线电影。如果不是特别的节日档,或者有大热门电影,它们多数时都无限冷清。这是一个电脑、手机屏,替代影院的时代。

但真的可以替代吗?如果客观条件允许,我会在心中说一千个不。电影是视听艺术,电影又不仅仅是视听本身。作为创造物的投射,它从来都有创作者自己的设定。从无声到有声,从黑白到彩色,连同电影画面所对应的银幕面积与比例,都是一个整体。我甚至觉得,连银幕所悬挂的高度与观众席的距离,都暗含着最合宜的参数。你坐在影院,银幕既在你的视野之前,又在其上,这是一个神圣而又亲切的高度。它让你微微仰视,又小心地将你环揽其中。以一张票根为契约,你进入场内坐下,灯暗幕启,你和这部电影就形成了一对一:银幕为你展开它想要说的一切,这中间没有暂停、快进。优美也罢恐怖也罢,纷乱与杂沓,乃至镜头的快速跳接与缓慢不动,都得你在这约定的时长内理解。有的看着轻松解颐;有的则和你完全不是一个气口,非得和它调一致才行。

这些年我所能重温并终于看懂的电影经典,都离不开好的影院氛围的加持。类似小西天资料馆影院。理想的影院总是会放一些历久弥香的宝藏电影。你在其中看不到算法,而只见创作者的才华与诚意。它们指示着电影的来路,也更显电影的初心。这样的电影值得你一遍一遍地看,而它也吸引如是想的同好者。一小时两小时或者时间更长,大家都愿意挺到最后。不,这还不是最后,安静中,慢慢掌声四起,算是完成对一部好电影最后的礼敬。我曾在这样的影院大银幕,看过一场《绝美之城》,意大利式的甜蜜、梦幻,华衣美服,浮世众生,能感到微微的讽意,但它最终都化为绝美音乐里的孤寂,后劲强大,让我出得影院,心里边仍然有无限的伤感潮涌。

人类的悲欢可以相通吗?电影永远是以它的方式,回应着这个问题。

每在影院看完这样一部电影,我都习惯性环视一下四周,若观众的数量远远配不上它的好,心底总会一叹:这么好的电影,这么寂寞的影院。

这样的叹息不止一次从心中响起,更多的,是在一些普通影院。我曾在离家最近的一家影院看电影,周四女士半价,但整个观影过程中,只我一人。我去的当口,网上正热议纽约影院枪击案,不免中途有些出戏。结束时,清洁人员对我说:专场啊,为你一人放的。而门口的工作人员,则一律对我微笑目送。而就是这样一家影院,疫情中间再去，商厦属于它的那块区域，已经立起一道灰色卷帘门，几张租金催缴单贴在上面。再过一阵子，一座楼的整一半，全被围挡墙封起。

还有一家影院，我是去年北影节才知道它的存在。远在南四环外，但我当时想看的日本电影《漫长的告别》，只有这家影院可选。而那天同时还想看的一部，又在城中心影院。时间勉强接得上，但得做影院间的出行攻略。这从来不是我的强项，所以到达时片子已经开演二十分钟。赶紧递票给检票员，却听到他回身一喊：客人来了。啊，原来我又是这场的唯一。放映员放映后发现影厅没人，于是迅速按下了暂停键。

接着放映前，放映员到影厅和我做了一番说明：放过的部分不能重放，因为下一场也有固定时间。我忙不迭地点头，心说：可以了，很可以了。迟到了，还有电影可以看。电影节中还没有过。虽是续放，影院安全须知与龙标他还是又放一遍。这让我又增加了一份感动。观影至今难忘。片子本身没得说，有我喜欢的老爷爷山崎努，有年轻的苍井优。最重要的，还有竹内结子。几个月后，她成为疫情中日本演艺界以自杀了结生命的几位演员之一。寂寞的影院留着她最后的影像。但是：人生不是漫长的告别吗？何以结束得如此仓促？

电影节是电影的嘉年华，每年不知流动多少银幕上下的故事。但是疫情中公共空间的各种变数，又让影迷为影院悬一份心。虽说电影完全可以在线上放映与观看，但是，影院也要维持生存啊，并且，这种真实的交汇碰撞就少许多。氛围感，氛围感其实也很重要，我喜欢的阿涅斯·瓦尔达的夫君、同样杰出的导演雅克·德米就这样说过：我爱电影，因为它会动，有生命，因为其中既有欢笑又有眼泪。因为在电影院里，四周漆黑一片却让人觉得温暖，会有人撞到你的膝盖，有女孩移开腿,会有前排的混蛋大声说话,会有一头乱发的聪明家伙让你别念字幕……

今日的影院,这种黑暗中的喧腾固不可再见:被电影熏习百年的观众,已洞悉电影的秘密;多数人会把电影与人生分开,并且自觉遵从公共空间的礼仪。但是,这样的描述还是会令人心跳加速,因为它和电影有更深的联结。如同看费里尼,那部《小丑》的开场:深夜、屋外,旷野中。一个大大的圆顶帐篷如自天上降落,许多杂耍艺人奔忙于其中。表演者、观看者,笑闹声、喘息声、呼叫声织成一体……费里尼的少年记忆,那个马戏团的圆顶帐篷,便是他心中影院的代名词。那些热闹游戏,那些悲喜众生,最后都成一道潜流,汇入他的电影。

影院如果是一个记忆的容器,它百年来所收集的信息,足以做很多人类学课题。说到底,独自居家观影,你是与电影中的人呼应。而去影院,感受到的,总能大过电影本身。电影有它的神秘。观众的反应也带着某种不可知。网上曾见影迷的讨伐帖,直指同场某位观众为惊笑狂魔——明明是惊悚悬疑,他却不断地发出狂笑。但我很少见到有人讨伐影院的哭泣者,以及那些有声无声的睡神。我一位迷影朋友曾对我说,看电影多了,他已经能在影院秒睡秒醒。而一部德国的默片八十多分钟,观众席某位的鼾声响了四十分钟。这在我也是亲身经历。但,"你不用叫醒那个睡在影院的人",因为他生生将一部无声电影变成了有声。

在家看碟,我其实也常常看睡过去,这是个理解的中断。就像我每发下雄心,要将家中的乱碟做彻底的归类整理,但都半道而止。你所热爱并熟悉的,每次都面目清晰,而不熟悉不理解的,就永远混乱杂陈。物品陈放的状态,其实也反映主人头脑中的状态,如此,我似也能回答,一部电影以可见之物共处于屋中,和存于硬盘中有什么不同——它们分堆码放,中间夹着我为它们所写的标签。书架上、电视柜子旁,或者就靠着墙堆放,像在四处漫溢,侵占着主人的活动空间。某些,还会在夜间神秘地垮塌,散落一地。但是绕行其间,会让我有在自身体内穿行的感觉。通畅处自已通畅,滞涩的,还待疏通。一条路在其中延展,它通向影院,也通向某个悄然自喜的会心处。

图书在版编目（CIP）数据

我也浮过生命海：2021笔会文粹 / 文汇报笔会编辑部编. —上海：文汇出版社，2022.8
ISBN 978-7-5496-3864-2

I.①我⋯ II.①文⋯ III.①散文集—中国—当代 IV.①I267

中国版本图书馆CIP数据核字（2022）第152877号

我也浮过生命海
2021笔会文粹

编　　者 / 文汇报笔会编辑部
责任编辑 / 何　璟
装帧设计 / 一亩幻想

出 版 人 / 周伯军

出版发行 **文匯出版社**
上海市威海路755号
（邮政编码200041）
经　　销 / 全国新华书店
排　　版 / 南京展望文化发展有限公司
印刷装订 / 上海颛辉印刷厂有限公司
版　　次 / 2022年8月第一版
印　　次 / 2022年8月第一次印刷
开　　本 / 890×1240　1/32
字　　数 / 220千字
印　　张 / 10.5

ISBN 978-7-5496-3864-2
定　　价 / 49.00元